A
JORNADA
da
HUMANIDADE

CB039890

A
JORNADA
da
HUMANIDADE

As origens da riqueza e da desigualdade

ODED GALOR

Tradução de Antenor Savoldi Jr.

TÍTULO ORIGINAL
The Journey of Humanity

COPIDESQUE
João Guilherme Rodrigues
Carolina Leocadio

REVISÃO
Ana Grillo
Bianca Garcia
Clarice Goulart

DIAGRAMAÇÃO
Ilustrarte Design e Produção Editorial

DESIGN DE CAPA
© Luke Bird

CIP-BRASIL. CATALOGAÇÃO NA PUBLICAÇÃO
SINDICATO NACIONAL DOS EDITORES DE LIVROS, RJ

G167j

    Galor, Oded
    A jornada da humanidade : as origens da riqueza e da desigualdade / Oded
Galor ; tradução Antenor Savoldi Jr. - 1. ed. - Rio de Janeiro : Intrínseca, 2023.
    336 p.

    Tradução de: The journey of humanity
    Inclui bibliografia e índice
    ISBN 978-65-5560-382-8

    1. Desenvolvimento econômico. 2. História econômica. 3. Igualdade. I. Savoldi, Antenor. II. Título.

22-81089   CDD: 338.9
                       CDU: 338

Gabriela Faray Ferreira Lopes - Bibliotecária - CRB-7/6643

Para Erica

Sumário

Mistérios da jornada humana   11

I A ODISSEIA HUMANA

1 Primeiros passos   25
   Gênese   26
   O êxodo do berço da humanidade   31
   Os primeiros assentamentos   33
   O despertar da civilização   36

2 Perdidos na estagnação   41
   A tese malthusiana   42
   O inevitável surgimento da agricultura   45
   Mudanças populacionais   49
   A era do gelo da economia   55

3 A tempestade abaixo da superfície   58
   Teoria unificada do crescimento econômico   59
   As rodas da mudança   62

4 A todo vapor   73
   A aceleração do desenvolvimento tecnológico   74
   Educação na era pré-industrial   79

Industrialização e capital humano 84
O advento da educação pública universal 91
O fim do trabalho infantil 98

5 Metamorfose 105
Os gatilhos da transição demográfica 108
A redução da disparidade salarial entre os gêneros 112
Casos de família 115
Transição de fase 121

6 A terra prometida 124
O crepúsculo da indústria 131
A era do crescimento 135
Crescimento e degradação ambiental 142

Coda: resolvendo o Mistério do Crescimento 146

II AS ORIGENS DA RIQUEZA E DA DESIGUALDADE

7 Esplendor e miséria 155
Fatores contrastantes 159
Ferramentas enferrujadas 161
Comércio, colonialismo e desenvolvimento desigual 164
Fatores profundamente enraizados 170

8 As impressões digitais das instituições 173
Origens institucionais da ascensão britânica 177
Instituições e desenvolvimento a longo prazo 183
O legado do colonialismo 185
A origem das instituições 193

9 O fator cultural 196

O poder da cultura 198
Uma cultura de crescimento 203
Inércia cultural 206
Cultura e prosperidade 210

10 A sombra da geografia 214
Fragmentação geográfica e ascensão da Europa 217
As origens das instituições extrativistas 222
Raízes geográficas dos traços culturais 224
Raízes do desenvolvimento comparado 237

11 O legado da Revolução Agrícola 239
Raízes e impactos da revolução neolítica 240
Os grãos da civilização 247
Cedendo a vantagem 250
O decreto da geografia 252

12 Saindo da África 255
Origens da diversidade humana 259
Medindo a diversidade 263
Diversidade e prosperidade 266
As garras do passado 272

Coda: desvendando o Mistério da Desigualdade 275

Epílogo 282

Agradecimentos 287
Referências 290
Notas 312
Índice remissivo 319

Mistérios da jornada humana

Um esquilo corre ao longo do peitoril de uma janela gótica veneziana na Brown University. Ele faz uma pausa e, um tanto curioso, espia um ser humano esquisito que, em vez de dedicar sua energia ao estoque de comida — como deveria —, gasta o tempo escrevendo um livro. Esse esquilo é descendente daqueles que, milhares de anos atrás, correram pelas florestas ainda intocadas da América do Norte. Como seus antepassados distantes e seus contemporâneos em todo o mundo, ele passa boa parte do tempo coletando alimentos, fugindo de predadores, procurando parceiros para procriar e buscando abrigo contra condições climáticas precárias.

E, na verdade, durante a maior parte da existência humana, desde o surgimento do *Homo sapiens* como uma espécie distinta há quase trezentos mil anos, o impulso básico da vida humana era muito semelhante ao de um esquilo, definido pela sobrevivência e pela reprodução. Os padrões de vida beiravam o nível de subsistência e pouco mudaram ao longo dos milênios ou ao redor do mundo. Mas, de forma surpreendente, nos últimos séculos nosso modo de existência se transformou por completo. Do ponto de vista histórico, a humanidade experimentou uma melhoria incrível e sem precedentes na qualidade de vida quase da noite para o dia.

Imagine se na época de Jesus, dois mil anos atrás, alguns habitantes de Jerusalém entrassem em uma máquina do tempo e viajassem para a Jerusalém governada pelos otomanos, em 1800. Sem dúvida, eles ficariam impressionados com a nova e magnífica muralha da cidade, o considerável crescimento populacional e as inovações adotadas. Porém, embora a Jerusalém do século XIX fosse bem diferente de sua predecessora romana, nossos viajantes do tempo se adaptariam com relativa facilidade ao novo ambiente. Decerto teriam que adequar seu comportamento às novas normas culturais, mas seriam capazes de manter os ofícios que praticavam no início do primeiro século e, assim, se sustentar com bastante facilidade, uma vez que os conhecimentos e habilidades adquiridos na antiga Jerusalém continuariam pertinentes na virada do século XIX. Eles também estariam vulneráveis a perigos, doenças e ameaças naturais semelhantes aos enfrentados no período romano, e sua expectativa de vida não teria uma variação muito grande.

No entanto, visualize a experiência de nossos viajantes do tempo caso fossem levados outra vez pela nossa máquina do tempo, indo apenas mais duzentos anos à frente, até a Jerusalém do início do século XXI. Eles ficariam totalmente perplexos. Suas habilidades agora estariam obsoletas, a educação formal seria um pré-requisito para a maioria dos empregos, e as tecnologias, que talvez lhes parecessem feitiçaria, seriam necessidades diárias. Além disso, como várias doenças fatais do passado teriam sido erradicadas, a expectativa de vida deles dobraria no mesmo instante, o que exigiria uma mentalidade completamente diferente e uma forma de encarar a vida pensando no longo prazo.

O abismo entre essas épocas torna difícil conceber o mundo que deixamos para trás há não muito tempo. Como disse, sem rodeios, Thomas Hobbes, filósofo inglês do século XVII, a vida humana era *desagradável, brutal e breve*.[1] Na época, um quarto dos recém-nascidos morria de frio, fome e doenças diversas antes mesmo de completar seu primeiro aniversário;

mulheres morriam durante o parto e a expectativa de vida raramente ultrapassava os 40 anos. Era um mundo dominado pela escuridão depois que o sol desaparecia no horizonte, um lugar onde mulheres, homens e crianças dedicavam longas horas ao transporte de água até suas casas, lavavam-se com pouca frequência e passavam os meses de inverno em moradias cheias de fumaça. Um período em que a maioria das pessoas vivia em áreas rurais distantes, raramente se aventurando fora de seu local de nascença, e sobrevivia à base de dietas pobres e pouco variadas, sem saber ler nem escrever. Uma era sombria em que uma crise econômica não exigia apenas medidas de austeridade, mas levava à fome e morte em massa. Muitos dos obstáculos diários que preocupam as pessoas nos dias atuais são pequenos em comparação às dificuldades e tragédias enfrentadas por nossos antepassados não tão distantes.

Há muito tempo prevalece a ideia de que, ao longo de todo o curso da história humana, os padrões de vida aumentaram gradativamente. Trata-se de uma distorção. Embora a evolução da tecnologia tenha sido, de fato, um processo bastante gradual, que se acelerou no decorrer do tempo, isso não trouxe uma melhora equivalente para as condições de subsistência. A surpreendente ascensão da qualidade de vida nos últimos séculos foi, na verdade, o produto de uma transformação abrupta.

A vida da maioria das pessoas de alguns séculos atrás era comparável com a de seus ancestrais mais remotos e também com a da maior parte das outras pessoas do mundo na época, e não com a vida dos seus descendentes atuais. As condições de vida de um fazendeiro inglês na virada do século XVI eram semelhantes às de um servo chinês do século XI, de um camponês maia há 1.500 anos, de um pastor grego do século IV a.C., um fazendeiro egípcio há cinco mil anos ou um pastor em Jericó onze mil anos atrás. Mas, desde o início do século XIX, uma fração de segundo em comparação com a duração da existência humana, a expectativa de vida mais que dobrou e a renda *per capita* disparou, multiplicando-se em vinte vezes nas regiões mais desenvolvidas do mundo e quatorze vezes no planeta Terra como um todo (Fig. 1).[2]

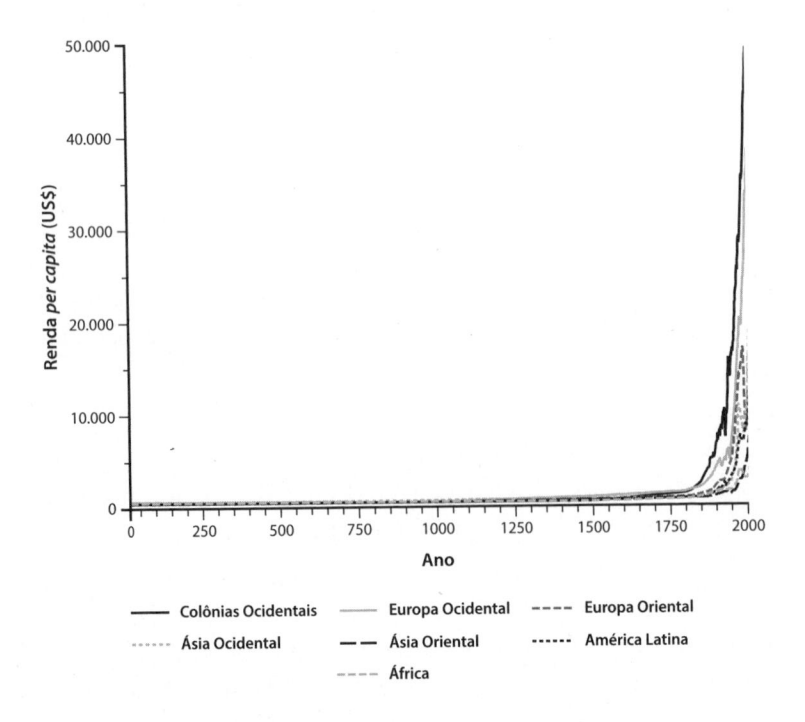

Figura 1. O Mistério do Crescimento
O aumento acentuado da renda *per capita* em todas as regiões do mundo nos últimos dois séculos veio após milhares de anos de estagnação.[3]

Na verdade, tal progresso contínuo foi tão radical que muitas vezes perdemos de vista o quanto esse período é excepcional em relação ao resto da nossa história. O que explica esse *Mistério do Crescimento* — a transformação quase inimaginável na qualidade de vida dos últimos séculos, em termos de saúde, riqueza e educação, que ofusca quaisquer outras mudanças nesses aspectos desde o surgimento do *Homo sapiens?*

Em 1798, o pensador inglês Thomas Malthus ofereceu uma teoria plausível para o mecanismo que fazia os padrões de vida permanecerem estagnados, prendendo as sociedades na pobreza desde tempos imemoriais. Ele argumentou que, sempre que as sociedades conseguiam gerar um excedente de alimentos por meio da inovação tecnológica, o consequente aumento nos padrões de vida só poderia ser provisório, pois inevitavelmente levaria a um aumento correspondente nas taxas de natalidade e a uma redução nas taxas de mortalidade. Portanto, era apenas uma questão de tempo até que o crescimento populacional subsequente esgotasse os excedentes de alimentos e, assim, as condições de vida voltassem aos níveis de subsistência, deixando as sociedades tão pobres quanto antes daquela inovação.

Durante o período conhecido como era malthusiana — ou seja, a totalidade da história humana até a recente e incrível melhora —, os frutos dos avanços tecnológicos foram de fato canalizados principalmente para populações maiores e mais densas, e só tiveram impacto limitado em sua prosperidade a longo prazo. As populações cresciam, e as condições de vida estagnavam e permaneciam próximas à subsistência. Em termos de sofisticação de tecnologia e produtividade de suas terras, as variações entre as regiões refletiam-se em diferentes densidades populacionais, mas os efeitos que tinham nas condições de vida eram em grande parte transitórios. Ironicamente, no entanto, assim que Malthus completou seu tratado e declarou que essa "armadilha da pobreza" ia durar para sempre, o mecanismo que ele identificou perdeu força de forma repentina, e ocorreu a metamorfose da estagnação ao crescimento.

Como a espécie humana escapou dessa armadilha da pobreza? Quais foram as causas subjacentes para a duração dessa época de estagnação? Será que as forças que governaram a prolongada era do gelo econômica, e nossa saída dela, podem ajudar a compreender por que as atuais condições de vida são tão desiguais em todo o mundo? Alimentado pela convicção e pela evidência de que, para entender as causas da grande desigualdade na riqueza das nações, teríamos que identificar as principais forças motrizes por trás do processo de desenvolvimento como um todo, desenvolvi uma teoria unificada que procura abranger a jornada da humanidade em sua totalidade.[4] Ao lançar luz sobre as forças que governaram a transição de uma época de estagnação para uma era de crescimento sustentado dos padrões de vida, essa teoria revela as pegadas de um passado distante que conduziram ao destino das nações.

Na primeira parte da nossa viagem, vamos explorar o "Mistério do Crescimento", nos concentrando no mecanismo que restringiu a espécie humana à busca pela sobrevivência durante a maior parte da história e nas forças que enfim permitiram que algumas sociedades escapassem dessa armadilha e chegassem aos níveis de prosperidade sem precedentes os quais muitos dos habitantes do mundo desfrutam hoje. Nossa viagem começa no ponto de partida da nossa própria espécie — o surgimento do *Homo sapiens* na África Oriental há quase trezentos mil anos — e traça os principais marcos da jornada da humanidade: a migração do *Homo sapiens* a partir da África há dezenas de milhares de anos, a dispersão de pessoas pelos continentes, a subsequente transição das sociedades de tribos de caçadores-coletores para comunidades agrícolas sedentárias e, mais recentemente, a Revolução Industrial e a Transição Demográfica.[5]

A história da humanidade é riquíssima em detalhes incontáveis e fascinantes: ascensão e queda de civilizações poderosas; imperadores carismáticos que lideraram exércitos rumo a grandes conquistas e derrotas; artistas que criaram tesouros culturais encantadores; filósofos e cientistas que desenvolveram nossa compreensão acerca do universo, bem como das inúmeras sociedades e bilhões de vidas que viveram longe dos holofotes. É fácil ficar à deriva nesse oceano de detalhes, fustigado pelas ondas, ignorando as poderosas correntes que agem sob a superfície.

Em vez disso, este livro explora e identifica essas correntes subjacentes: as forças que governaram o processo de desenvolvimento. Também demonstra como essas forças operaram de forma implacável, apesar de invisíveis, no decorrer da história humana e de sua longa era do gelo econômica, ganhando ritmo até que, finalmente, os avanços tecnológicos no decurso da Revolução Industrial aceleraram para além de um ponto de inflexão, no qual a educação rudimentar se tornou essencial para a capacidade de adaptação dos indivíduos a um ambiente tecnológico em transformação. As taxas de fecundidade começaram a diminuir e o aumento dos padrões de vida ficou livre dos efeitos compensatórios do crescimento populacional, dando início a uma prosperidade de longo prazo, que continua em crescimento nos dias atuais.

No centro dessa exploração está a questão da sustentabilidade da nossa espécie no planeta Terra. Durante a era malthusiana, condições climáticas adversas e epidemias contribuíram para a devastação de um grande contingente humano. Hoje, o efeito do processo de crescimento na degradação ambiental e nas mudanças climáticas traz preocupações relevantes sobre como nossa espécie pode evitar os resultados demográficos catastróficos do passado por meio de modelos de vida sustentáveis. A jornada da humanidade oferece uma perspectiva tranquilizadora: o ponto de inflexão que o mundo atingiu recentemente, resultando em uma redução persistente das taxas de fecundidade e na aceleração da formação de "capital humano" e da inovação tecnológica, pode permitir à humanidade mitigar esses efeitos prejudiciais e ainda será fundamental para a sustentabilidade da nossa espécie em longo prazo.

Curiosamente, a disparada da prosperidade nos últimos séculos aconteceu apenas em algumas partes do mundo, desencadeando uma segunda grande transformação particular a nossa espécie: o surgimento de imensa desigualdade entre as sociedades. Pode-se supor que esse fenômeno ocorreu, em especial, porque a saída do período de estagnação aconteceu em diferentes momentos em todo o globo terrestre. Os países da Europa Ocidental e algumas de suas ramificações em colônias na América do Norte e Oceania experimentaram o notável salto nas condições de vida já no século XIX, enquanto essa ascensão foi atrasada, na maioria das regiões da Ásia, África e América Latina, até a segunda metade do século XX (Fig. 2). Mas o que explica que essa transformação tenha ocorrido em algumas partes do mundo antes de outras?

Decifrar o Mistério do Crescimento nos permitirá enfrentar, na segunda parte da nossa jornada, o Mistério da Desigualdade — as raízes da diferença nos caminhos do desenvolvimento entre as sociedades e o significativo aumento do desnível entre as nações no que se refere aos padrões de vida nos últimos duzentos anos. A descoberta dos elementos fundamentais dessa disparidade global nos leva a reverter o curso da jornada e a dar grandes passos rumo ao passado, chegando, por fim, ao lugar onde tudo começou — o êxodo do *Homo sapiens* a partir da África, dezenas de milhares de anos atrás.

Para isso, vamos levar em conta fatores institucionais, culturais, geográficos e sociais que surgiram na Antiguidade e impulsionaram as sociedades em suas diferentes trajetórias históricas, influenciando o momento de sua saída do período de estagnação e provocando a disparidade de riqueza entre as nações. Em momentos históricos aleatórios, as reformas institucionais ocasionalmente colocaram os países em caminhos distintos e contribuíram para essas diferenças no decorrer do tempo. Da mesma forma, a proliferação de normas culturais diversas contribuiu para a variação no movimento das grandes engrenagens da história em todo o globo.[6]

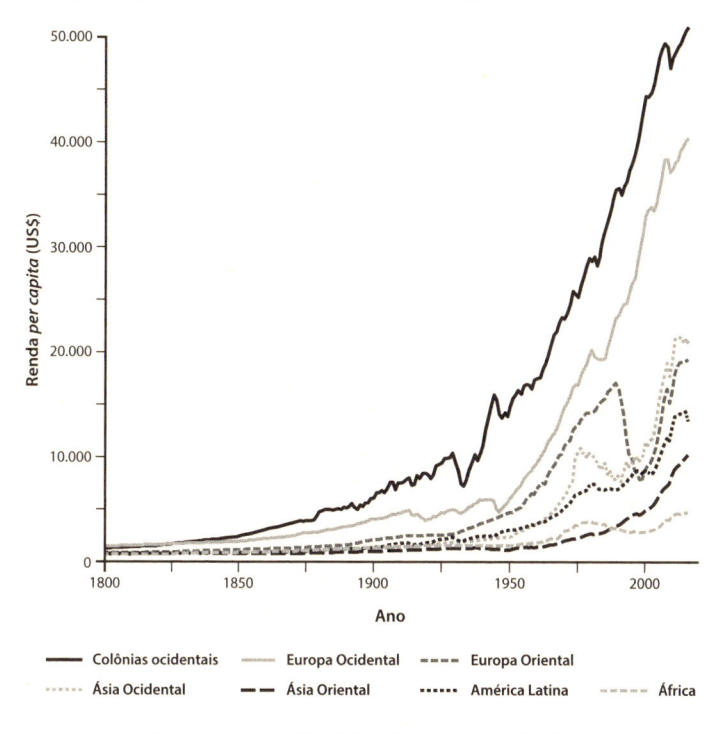

Figura 2. O Mistério da Desigualdade
A divergência na renda *per capita* entre as regiões do mundo nos últimos dois séculos.[7]

Ainda assim, fatores mais profundos, enraizados em um passado distante, muitas vezes sustentaram o surgimento de normas culturais, instituições políticas e mudanças tecnológicas, controlando, desse modo, a capacidade das sociedades de crescer e prosperar. Fatores geográficos, como solo favorável e características climáticas, promoveram o avanço de traços culturais que fomentam o crescimento — cooperação, confiança, igualdade de gênero e uma mentalidade voltada para o futuro. A adequação da terra para grandes plantações contribuiu para a exploração e a escravidão e, ainda, para o surgimento e a continuidade de instituições políticas extrativistas. As doenças ambientais afetaram de forma adversa a produtividade agrícola e do trabalho, o investimento em educação e a prosperidade a longo prazo. E a biodiversidade que estimulou a transição para comunidades agrícolas sedentárias teve efeitos benéficos sobre o processo de desenvolvimento na era pré-industrial, embora essas forças favoráveis tenham se dissipado com a transição das sociedades para a era moderna.

Mas há outro fator escondido por trás das características institucionais e culturais modernas, que se une à geografia como motor fundamental do desenvolvimento econômico: o grau de diversidade dentro de cada sociedade, seus efeitos benéficos sobre a inovação e suas implicações adversas para a coesão social. Nossa exploração acerca do papel das características geográficas nos levará doze mil anos de volta no tempo, até o alvorecer da Revolução Agrícola. A análise das causas e consequências da diversidade nos levará para dezenas de milhares de anos antes, de volta aos primeiros passos da nossa espécie a partir da África.

Essa não é a primeira tentativa de descrever o principal motor da história humana. Grandes pensadores como Platão, Hegel e Marx argumentaram que a história se desdobra de acordo com leis universais inevitáveis, muitas vezes deixando de lado o papel das sociedades na definição de seus próprios destinos.[8] O presente livro, por outro lado, não postula uma marcha inexorável da humanidade em direção à utopia ou à distopia, nem pretende chegar a entendimentos morais sobre a conveniência da direção dessa jornada e suas consequências.

É suficiente dizer que a era moderna de contínua melhoria nos padrões de vida não se assemelha ao Jardim do Éden, onde conflitos sociais e políticos não se fazem presentes. Ou seja, as enormes injustiças e desigualdades persistem.

Em vez disso, a fim de compreender e ajudar a mitigar as causas definitivas da imensa desigualdade de riqueza entre as nações, este livro foi projetado para apresentar, de maneira fiel, uma narrativa interdisciplinar e com embasamento científico da evolução das sociedades desde o surgimento do *Homo sapiens*. De acordo com a tradição cultural que vê o desenvolvimento tecnológico como progresso,[9] a perspectiva fruto dessa exploração pode ser considerada fundamentalmente esperançosa no que diz respeito à abrangente trajetória das sociedades em todo o planeta.

Ao ter como foco o grande arco da jornada da humanidade, não pretendo diminuir a importância da enorme desigualdade dentro das sociedades e entre elas, mas sim fornecer a todos nós uma compreensão das ações que poderiam amenizar a pobreza e a injustiça, além de contribuir para a prosperidade da nossa espécie como um todo. Como será proposto, enquanto as grandes forças subjacentes à jornada da humanidade continuam a operar de forma implacável, a educação, a tolerância e equidade de gênero são as chaves para a prosperidade da nossa espécie nas décadas e séculos que estão por vir.

I

A odisseia humana

1

Primeiros passos

Ao subir pelo sinuoso caminho em direção às cavernas do monte Carmelo na Israel dos dias de hoje, é possível imaginar o majestoso meio ambiente que cercava a região nos tempos pré-históricos. O clima mediterrâneo seria agradável em todas as estações, com moderadas variações de temperatura. O riacho que serpenteava por entre as montanhas no vale verdejante do entorno seria uma fonte de água potável. As florestas ao lado da cordilheira seriam adequadas para a caça de veados, gazelas, rinocerontes e javalis, e na natureza, nas áreas abertas adjacentes à estreita planície costeira e às montanhas de Samaria, cresceriam espécies pré-históricas de cereais e árvores frutíferas. O clima quente, a diversidade ecológica e as matérias-primas que cercavam as cavernas do monte Carmelo fariam do local o lar ideal para inúmeros grupos de caçadores-coletores ao longo dos milênios. E, de fato, os vestígios desenterrados nessas cavernas antigas, agora Patrimônio Mundial da Unesco para a evolução humana, atestam uma sequência de assentamentos pré-históricos no decorrer de centenas de milhares de anos, bem como a possibilidade do fascinante encontro do *Homo sapiens* com o homem de Neandertal.[1]

Descobertas arqueológicas desse e de outros locais em todo o mundo indicam que tanto os humanos arcaicos quanto os primeiros modernos, lenta mas constantemente, adquiriram novas habilidades, dominaram o uso do fogo, desenvolveram lâminas, machados de mão e ferramentas de sílex e calcário cada vez mais sofisticados, e criaram obras de arte.[2] A peça--chave para tais avanços culturais e tecnológicos que vieram a definir a humanidade e nos diferenciar das demais espécies foi a evolução do cérebro humano.

Gênese

O cérebro humano é extraordinário: grande, compacto e mais complexo do que o de qualquer outra espécie. Nos últimos seis milhões de anos seu tamanho triplicou, e a maior parte dessa transformação ocorreu entre duzentos mil e oitocentos mil anos atrás, ou seja, em grande medida antes do surgimento do *Homo sapiens*.

Por que as capacidades do cérebro humano se expandiram de forma tão significativa ao longo da história da espécie? À primeira vista, a resposta pode parecer óbvia: ter um cérebro avançado sem dúvida nos permitiu atingir níveis de segurança e prosperidade que nenhuma outra espécie na Terra conseguiu alcançar. No entanto, a realidade é muito mais complexa. Se um cérebro semelhante ao humano é de fato tão inquestionavelmente benéfico para a sobrevivência, por que nenhuma outra espécie desenvolveu um cérebro parecido ao longo de bilhões de anos de evolução?

Pense um pouco nessa particularidade. Os olhos, por exemplo, desenvolveram-se de modo independente ao longo de várias trilhas evolutivas. E tal evolução aconteceu entre vertebrados (anfíbios, pássaros, peixes, mamíferos e répteis), cefalópodes (incluindo chocos, polvos e lulas), e também de uma forma mais simples — ocelos — em invertebrados como abelhas, aranhas, medusas e estrelas-do-mar. O ancestral distante de todas essas espécies, que viveu há mais de quinhentos milhões de anos, aparentemente tinha apenas receptores básicos de luz, os quais só eram capazes de distinguir entre luz e escuridão.[3] No entanto, uma vez que a visão mais precisa trouxe uma vantagem de sobrevivência específica em diferentes ambientes, os olhos complexos evoluíram de maneira independente em alguns desses diferentes grupos, adaptados de forma única em cada caso ao habitat de cada espécie.

Tal fenômeno, pelo qual características semelhantes evoluíram de modo independente em espécies diferentes em vez de partir de uma característica existente em um ancestral comum, é conhecido como *evolução convergente*, ou convergência evolutiva. Há vários outros exemplos, como o desenvolvimento de asas entre insetos, pássaros e morcegos, e a forma corporal similar desenvolvida por peixes (tubarões) e mamíferos marinhos (golfinhos) para se adequar à vida subaquática. Evidentemente, várias espécies adquiriram características benéficas semelhantes por meios independentes — mas não cérebros capazes de criar obras-primas literárias, filosóficas e artísticas ou de inventar o arado, a roda, a bússola, a imprensa, a máquina a vapor, o telégrafo, o avião e a internet. Esse cérebro só evoluiu uma única vez — nos humanos. Por que, apesar de suas óbvias vantagens, um cérebro tão poderoso é tão raro na natureza?

A resposta para esse quebra-cabeça está, em parte, nas duas principais desvantagens do cérebro humano. Primeiro, ele consome enormes quantidades de energia. Nosso cérebro consiste em apenas 2% do peso do corpo, mas gasta 20% de sua energia. Em segundo lugar, seu tamanho considerável torna difícil que a cabeça de um bebê passe pelo canal do parto. Dessa forma, o cérebro humano é mais comprimido, ou "dobrado", que o de outras espécies, e os bebês humanos nascem com cérebros "semiprontos", os quais precisam de anos de aperfeiçoamento para atingir a maturidade. Portanto, bebês humanos são indefesos: enquanto os filhotes de muitas outras espécies podem andar sozinhos logo após o nascimento e em pouco tempo são capazes de conseguir o próprio alimento, os humanos precisam de alguns anos até se tornarem capazes de caminhar por conta própria de maneira estável, e muitos outros anos até alcançarem a autossuficiência material. Dadas essas desvantagens, o que levou ao desenvolvimento do cérebro humano? Pesquisadores argumentam que várias forças podem ter contribuído de forma conjunta para esse processo. A *hipótese ecológica* sugere que o cérebro humano evoluiu como resultado da exposição da nossa espécie a desafios ambientais. À medida que o clima variava e as populações de animais próximas se adaptavam, os humanos pré-históricos com cérebros mais avançados teriam se tornado mais capazes de identificar novas fontes de alimentos, planejar estratégias de caça e coleta e desenvolver tecnologias de cozimento e armazenamento, permitindo-lhes sobreviver e prosperar na mudança das condições ecológicas de seu habitat local.[4]

Por outro lado, a *hipótese social* sustenta que a necessidade crescente de cooperar, competir e comercializar dentro de estruturas sociais complexas deu uma vantagem evolutiva ao cérebro mais sofisticado, com sua melhor capacidade de compreender os motivos dos outros e antecipar suas reações.[5] Da mesma forma, ser capaz de persuadir, manipular, elogiar, relembrar e entreter — tudo o que beneficiaria a posição social do indivíduo, além de lhe conferir vantagens por si só — estimulou o desenvolvimento do cérebro e da capacidade de fala e discurso.

A *hipótese cultural*, por sua vez, destaca a capacidade do cérebro humano de assimilar e armazenar informações, permitindo que fossem transmitidas entre as gerações. De acordo com esse ponto de vista, uma das vantagens exclusivas do cérebro humano é a capacidade de aprender, com eficiência, por meio das experiências, facilitando a aquisição de hábitos e preferências que aumentam as chances de sobrevivência em diversos ambientes, sem depender do processo de adaptação biológica, que é muito mais lento.[6] Em outras palavras, os bebês humanos podem ser fisicamente indefesos, mas seus cérebros são equipados com capacidades únicas de aprendizado, como a habilidade de compreender e reter as normas de comportamento — ou seja, a cultura —, que possibilitaram a sobrevivência de seus ancestrais e vão ajudar seus descendentes a prosperar.

Um mecanismo que pode ter contribuído ainda mais para o desenvolvimento do cérebro é a *seleção sexual*. É possível que os humanos tenham desenvolvido uma preferência por parceiros com cérebros mais avançados, mesmo que as vantagens evolutivas do próprio cérebro não sejam evidentes.[7] Talvez esses cérebros complexos atestassem qualidades invisíveis que eram importantes para proteger e criar filhos, e os potenciais companheiros fossem capazes de inferir essas qualidades a partir de atributos perceptíveis, como sensatez, articulação, raciocínio rápido ou senso de humor.

A evolução do cérebro humano foi o principal impulso para o avanço excepcional da espécie, até porque seu desenvolvimento ajudou a trazer o progresso tecnológico — maneiras cada vez mais sofisticadas de usar em nosso benefício materiais e recursos naturais ao nosso redor. Esses avanços, por sua vez, moldaram os processos evolutivos, permitindo que os seres humanos se adaptassem com mais sucesso aos ambientes em constante mudança, criando e utilizando novas tecnologias — um mecanismo de repetição e intensificação que levou a avanços tecnológicos cada vez maiores.

Em especial, acredita-se que avanços no domínio do fogo, que permitiram aos primeiros humanos começar a cozinhar seus alimentos, estimularam um maior crescimento do cérebro, pois reduziam a energia necessária para mastigar e digerir, tornando assim as calorias mais acessíveis e liberando um espaço no crânio que antes era ocupado pelos ossos e músculos da mandíbula.[8] Esse ciclo de reforço pode ter fomentado mais inovações nas tecnologias de cozimento, o que talvez tenha levado a um maior crescimento do cérebro.

No entanto, nosso cérebro não é o único órgão que nos diferencia dos demais mamíferos. A mão humana é outro. Em conjunto com nosso cérebro, nossas mãos também evoluíram em parte como resposta à tecnologia, sobretudo aos benefícios de criar e utilizar ferramentas para caça, além de agulhas e utensílios de cozinha.[9] Em particular, quando a espécie humana dominou a tecnologia de esculpir pedras e fazer lanças de madeira, isso melhorou as perspectivas de sobrevivência daqueles capazes de usá-las com força e precisão. Afinal, os melhores caçadores poderiam sustentar suas famílias de maneira mais confiável e, portanto, criar mais filhos até a idade adulta. A transmissão dessas habilidades de geração para geração aumentou a participação de caçadores especialistas entre a população, e os benefícios de outras inovações, como lanças mais robustas e, mais tarde, arcos e flechas mais resistentes, contribuíram para a vantagem evolutiva dessas habilidades de caça.

Ciclos semelhantes de reforço positivo surgiram ao longo da nossa história: mudanças ambientais e inovações tecnológicas permitiram o crescimento populacional e desencadearam a adaptação dos humanos ao seu habitat em transformação e às novas ferramentas; por sua vez, tais adaptações aumentaram nossa capacidade de manipular o meio ambiente e criar novas tecnologias. Como fica evidente, esse ciclo é fundamental para compreender a jornada da humanidade e resolver o Mistério do Crescimento.

O êxodo do berço da humanidade

Ao longo de centenas de milhares de anos, a espécie humana perambulou em pequenos bandos de caçadores-coletores na África, desenvolvendo complexas habilidades tecnológicas, sociais e cognitivas pelo caminho.[10] À medida que os humanos pré-históricos se tornavam melhores na caça e na coleta, sua população nas regiões férteis da África aumentou de forma significativa, o que acabou por reduzir o espaço vital e os recursos naturais disponíveis para cada um deles. Assim, quando as condições climáticas permitiram, os humanos começaram a se dispersar para outros continentes em busca de novas terras férteis.

O *Homo erectus*, provavelmente a primeira espécie humana de caçadores-coletores, espalhou-se pela Eurásia há quase dois milhões de anos. Até o momento, os fósseis mais antigos do *Homo sapiens* primitivo descobertos fora da África têm 210 mil anos (encontrados na Grécia) e entre 177 mil e 194 mil anos (encontrados no monte Carmelo, no norte de Israel).[11] No entanto, parece que os descendentes desses primeiros humanos modernos a deixar a África se extinguiram ou retornaram para o continente devido às condições climáticas adversas durante o período glacial.[12]

Então foi na África, cerca de 150 mil anos atrás, que o mais recente ancestral (matrilinear) de todos os humanos vivos, a eva mitocondrial, surgiu. Embora, é claro, houvesse muitas mulheres na África à época, as linhagens delas acabaram se extinguindo. Logo, todos os humanos no planeta Terra hoje descendem dessa mulher africana.[13]

Bastante aceita, a hipótese "Fora da África" — do inglês *Out of Africa*, também conhecida como "hipótese da origem única" — sugere que a população atual de humanos anatomicamente modernos em todo o mundo descende sobretudo de uma migração mais significativa do *Homo sapiens* da África entre cerca de sessenta mil e noventa mil anos atrás.[14] A humanidade migrou para a Ásia por duas rotas: pelo norte, através do delta do Nilo e da península do Sinai, para a região mediterrânea oriental conhecida como Levante; e pelo sul, através do estreito de Bab-el-Mandeb, na foz do Mar Vermelho na Península Arábica (Fig. 3).[15] Os primeiros humanos modernos alcançaram o Sudeste Asiático há mais de setenta mil anos,[16] a Austrália entre 47 mil e 65 mil anos atrás[17] e a Europa há quase 45 mil anos.[18] Eles se estabeleceram na Beríngia há cerca de 25 mil anos, cruzando a ponte de terra sobre o estreito de Bering durante vários períodos da Era do Gelo, ou Pleistoceno, e penetraram mais profundamente nas Américas entre quatorze mil e 23 mil anos atrás.[19]

Essas ondas migratórias a partir da África contribuíram para o tamanho e a diversidade da população humana em todo o planeta Terra. À medida que os humanos pré-históricos estabeleceram novos nichos ecológicos, tiveram acesso a outros territórios para caçar e coletar e, como resultado, começaram a se multiplicar mais depressa. Enquanto isso, sua adaptação a ambientes novos e distintos levou a uma maior diversidade humana e tecnológica, fomentando a disseminação e a polinização cruzada de inovações, acarretando um maior crescimento populacional.

Porém, no fim das contas, o crescimento populacional levou à mesma escassez de terras férteis e recursos que inicialmente havia estimulado a migração da África. Apesar de suas novas ferramentas e técnicas, aos poucos os padrões de vida dos humanos retrocederam para o nível de sobrevivência. A incapacidade de sustentar a população em crescimento, assim como as mudanças climáticas, acabou induzindo a humanidade a explorar um modo alternativo de subsistência — a agricultura.

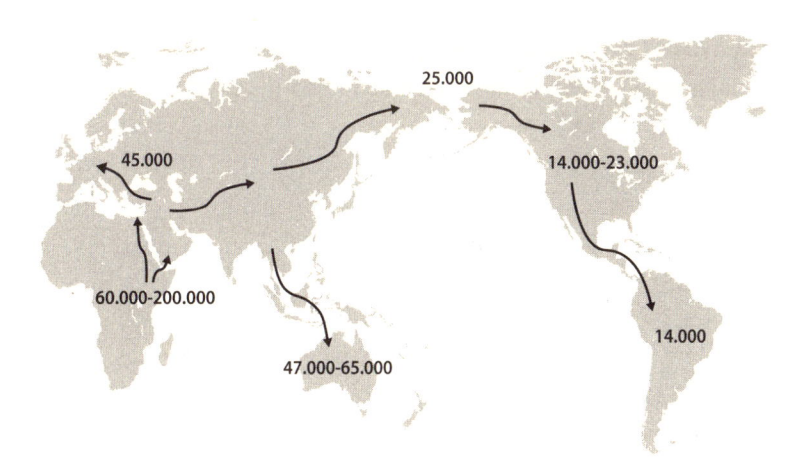

Figura 3. A migração do *Homo sapiens* para fora da África

As prováveis rotas migratórias do *Homo sapiens* e suas épocas estimadas em anos decorridos até o presente. (Os dados são revisados com frequência à luz de novas descobertas.)

Os primeiros assentamentos

Há cerca de doze mil anos, enquanto o clima esquentava gradualmente após o último período glacial, o *Homo sapiens* passou por uma grande transformação. Em todo o mundo, pouco a pouco as pessoas trocaram suas perambulações nômades por estilos de vida sedentários e começaram a fazer grandes avanços na arte, na ciência, na escrita e na tecnologia. Evidências da cultura natufiana (13000-9500 a.c.), que se desenvolveu no Levante, sugerem que em alguns lugares a transição para habitações permanentes antecedeu o início da agricultura. Apesar de serem predominantemente caçadores-coletores, os natufianos viviam em residências estáveis, em geral feitas com fundação sólida e superestrutura de galhos. Cada assentamento chegava a acolher algumas centenas de pessoas, que se aventuravam em expedições de caça e coleta de variedades selvagens nativas.[20] Porém, para a maioria da população humana no restante do mundo na época, a transição para a agricultura foi o principal incentivo ao sedentarismo.

A Revolução Agrícola, também conhecida como Revolução Neolítica, apareceu pela primeira vez no Crescente Fértil — uma região exuberante entre os rios Tigre e Eufrates, ao longo da costa oriental do Mediterrâneo e ao redor do delta do Nilo, no Egito —, que era abundante em uma grande variedade de espécies domesticáveis de plantas e animais. O começo da agricultura se deu de forma independente há cerca de dez mil anos no Sudeste Asiático, e ela logo se disseminou a partir dessas diferentes localizações, e alcançou toda a massa de terra da Eurásia. A rápida difusão das práticas agrícolas nessa grande região foi possível graças à orientação leste-oeste desses continentes e à viabilidade da dispersão de plantas, animais e tecnologias ao longo de linhas de latitude semelhantes, sem encontrar grandes obstáculos naturais.

Por outro lado, como defende o geógrafo e historiador americano Jared Diamond em seu livro vencedor do prêmio Pulitzer, *Armas, germes e aço*, a África Subsaariana e as Américas, que continham muito menos espécies domesticáveis de fauna e flora, experimentaram a transição para a agricultura só bem mais tarde.[21] Apesar do seu início precoce na Mesoamérica e em algumas regiões da África, a difusão das práticas agrícolas foi mais lenta nessas áreas porque a orientação norte-sul desses continentes criava grandes diferenças no clima e no solo entre suas regiões. Além disso, o Saara e as florestas tropicais — geralmente intransponíveis — da América Central serviram como barreiras naturais para esse processo de difusão.

No entanto, depois de centenas de milhares de anos de lentas e dolorosas mudanças tecnológicas e sociais, esse processo — a transição das tribos de caçadores-coletores para sociedades agrícolas e, em seguida, do estilo de vida nômade para a vida sedentária — se espalhou para a maior parte da humanidade em alguns poucos milhares de anos. Durante a Revolução Neolítica, os humanos domesticaram uma grande variedade de plantas e animais selvagens no mundo todo. Trigo, cevada, ervilha, grão-de-bico, azeitonas, figos e tamareiras, bem como ovelhas, cabras, porcos e pombos, foram domesticados pela primeira vez no Crescente Fértil. Uvas e romãs, na região vizinha, a Transcaucásia. O arroz, o búfalo e o bicho-da-seda foram domesticados na China, e os patos, no Sudeste Asiático. Gergelim, berinjelas e zebus, no subcontinente indiano. Sorgo, inhame, café e burros, na África. Cana-de-açúcar e banana, na Nova Guiné, e milho, feijão, abóbora e batata, bem como perus, lhamas e alpacas, nas Américas.[22]

Fundamentais para nossa história, as sociedades agrícolas se beneficiaram de vantagens tecnológicas significativas, que persistiram por milhares de anos. Ao contrário das tribos caçadoras e coletoras, essas comunidades geraram uma produção muito maior, o que sustentava uma população crescente. Mais numerosas e bem equipadas do que as tribos de caçadores-coletores, as sociedades agrícolas, conforme proliferavam nos continentes, acabaram por deslocar e absorver grupos não agrícolas.

Enquanto isso, a intensificação do comércio dentro de cada comunidade agrícola possibilitou que os indivíduos se especializassem em uma determinada ocupação, como agricultor, oleiro, tecelão, ferramenteiro, comerciante ou artesão, por exemplo. Gradualmente, isso levou ao surgimento de diferentes estratos sociais, entre eles uma classe de particular importância, não produtora de alimentos e que se dedicava, em vez disso, à criação de conhecimento. Tomados em conjunto, os avanços seguintes na arte, ciência, escrita e tecnologia simbolizam o início da civilização.

O despertar da civilização

Inicialmente, a maioria das sociedades agrícolas manteve as estruturas sociais que prevaleciam antes da Revolução Neolítica. A coesão dessas sociedades tribais de pequena escala, com seus vínculos de parentesco bastante entrelaçados, facilitava a cooperação e a resolução de conflitos. A liderança tribal reforçava as regras da comunidade e promovia a cooperação, mas quase todos os indivíduos se engajavam em atividades agrícolas ou pastoris, e raramente surgiam novos estratos sociais relevantes.

Porém, à medida que os assentamentos cresciam em tamanho, que suas populações ficavam mais densas e que as ocupações das pessoas se tornavam mais variadas, surgiu a necessidade de uma cooperação mais ampla, acima da capacidade das estruturas de parentesco. As complexas instituições políticas e religiosas que surgiram para atender a essa demanda permitiram que nossos ancestrais colaborassem em uma escala muito maior, possibilitando a construção de vastos sistemas de irrigação, templos imponentes, fortalezas assustadoras e exércitos poderosos.[23] Camadas sociais totalmente novas surgiram, incluindo governantes, nobres, padres, artistas, comerciantes e soldados.

Jericó, um dos primeiros assentamentos duradouros do mundo, começou a se expandir por volta de 9000 a.C. e se manteve até o período bíblico. O local era formado por um denso labirinto de casas, abundante em ferramentas e objetos rituais, que abrigava de mil a duas mil pessoas e era cercado por um muro de pedra de 3,6 metros de altura, com uma torre de 8,5 metros.[24] Um segundo assentamento de importância no Crescente Fértil — Çatalhöyük (7100-5700 a.C.) — foi um centro comercial regional de cerâmica, ferramentas de sílex e obsidiana, bem como de produtos de luxo. Esse local, situado na Anatólia, atual Turquia, continha fileiras de casas de alvenaria e barro, construídas uma contra a outra, acomodando, em seu auge, aproximadamente de três mil a dez mil pessoas que cultivavam trigo, cevada, legumes, gergelim, amêndoas e pistache, e domesticavam ovelhas, cabras e bovinos. A maioria das grandes cidades do mundo antigo surgiu, inicialmente, nas margens dos rios Eufrates, Tigre e Nilo, entre quatro mil e seis mil anos atrás. Entre elas estavam os antigos centros das civilizações suméria e acadiana, Uruk e Ur, que atingiram quase cem mil habitantes durante esse período, e Mênfis, no antigo Egito.[25] Cidades na China — e depois na Índia e na Grécia — tinham quase o mesmo tamanho que o dos assentamentos dominantes no Crescente Fértil cerca de 3.300 anos atrás, enquanto Cartago, no Norte da África, atingiu essa proporção mil anos depois. Um tanto curioso é que somente dois mil anos atrás uma cidade europeia — Roma — passou a liderar o ranking das maiores do mundo, e só no século XX uma cidade nas Américas — Nova York — foi coroada como a mais populosa do planeta.

Novamente, esse momento de transição na jornada da humanidade foi estimulado pelas tecnologias e resultou em avanços nessa área. Uma súbita aceleração da inovação naquele momento permitiu uma maior domesticação de plantas e animais, melhorando as formas de cultivo, armazenamento, comunicação e transporte. Entre os métodos de cultivo que foram introduzidos de forma gradual estavam o uso de enxadas, arados de tração animal e manual, sistemas de irrigação e, por fim, o cultivo agrícola pelo terraceamento nos terrenos inclinados. As sociedades dominaram o uso do fogo no processamento de argila e metal, e usaram esses materiais junto com o cimento para a construção de moradias, ferramentas e armazenamento de grãos. As pessoas aprenderam a utilizar a energia da água para moer grãos, passaram a selar cavalos, burros e camelos domesticados para levá-los em jornadas pelos territórios, e aproveitaram a força do vento para carregá-los por sobre os oceanos e mares. Cinco mil e quinhentos anos após o povo de Jericó erguer suas temíveis torres de vigia de 8,5 metros de altura, os egípcios construíram a Grande Pirâmide de Gizé, que originalmente se elevava a uma altura de 146,5 metros.

Além disso, a tecnologia da escrita apareceu pela primeira vez na Suméria, no sul da Mesopotâmia, há 5.500 anos. Seu surgimento ocorreu de forma independente no Egito há 5.200 anos e na China há 3.300 anos, e de maneira espontânea na Mesoamérica há 2.500 anos. A princípio, a escrita foi desenvolvida para fins de contabilidade e registro e, mais tarde, para inscrições funerárias. Mas também teve sua importância para permitir às sociedades o armazenamento de conhecimentos úteis, passando-os para as gerações futuras e consolidando mitos unificadores.

Assim como os primeiros períodos de mudança tecnológica, a Revolução Neolítica não apenas transformou o estilo de vida e as ferramentas dos seres humanos, mas também estimulou adaptações biológicas a seus novos ambientes. A coevolução de genes e cultura talvez seja mais bem exemplificada por uma adaptação provocada pela domesticação de animais — a persistência da lactase. A lactase é uma enzima essencial para a digestão da lactose — um açúcar encontrado nos laticínios. Como outros mamíferos, os humanos pré-históricos produziam lactase apenas na infância. Mas as mutações que surgiram na Ásia Ocidental, Europa e África Oriental já entre seis e dez mil anos atrás possibilitaram a persistência da produção de lactase e, portanto, o consumo de leite mesmo depois da infância.[26] Especificamente, entre as sociedades de criadores de gado e pastores que habitavam essas regiões, os adultos capazes de produzir lactase poderiam usar seus animais como uma fonte portátil e renovável de alimento. A vantagem evolutiva que a modificação propiciou levou a uma maior prevalência dessa característica em tais populações com o tempo. Como resultado, mais de 90% dos adultos nas Ilhas Britânicas e na Escandinávia são tolerantes à lactose, enquanto a proporção cai para menos de 10% nas comunidades do Leste Asiático — onde a economia tradicional não era baseada em ovelhas e gado.[27]

O leite animal não foi o único produto natural cujo consumo esteve ligado à nossa evolução. Mutações semelhantes possibilitaram a digestão do amido, permitindo aos humanos agregar o pão à sua alimentação. Porém, nossas adaptações não se limitaram à ampliação da dieta. O crescimento da densidade populacional e a domesticação de animais levaram a uma maior prevalência de doenças infecciosas e, portanto, à resistência a elas, o que em algumas sociedades contribuiu para a imunidade inata à malária.[28]

Assim, a Revolução Agrícola preparou o terreno para um ciclo de reforço mútuo entre a mudança tecnológica e a adaptação humana. Impulsionada pelo crescimento populacional e pelas mudanças climáticas, e moldada pela geografia, adveio uma transformação tecnológica — uma mudança em nossa relação material com o meio ambiente, envolvendo maior uso de plantas e animais domesticáveis. Isso levou a adaptações sociais e biológicas que tanto possibilitaram essa transformação tecnológica quanto intensificaram nossa dependência dessa tecnologia. Em última análise, foi esse ciclo, uma força subjacente que persiste desde então, que gerou um crescimento significativo da população humana e seu controle sobre o ambiente onde vive, transformando o *Homo sapiens* na espécie dominante no planeta Terra.

No entanto, como observado no início, apesar desses enormes avanços em conhecimento e tecnologia, os padrões de vida humanos — medidos em termos de expectativa e qualidade de vida e no nosso grau de conforto material e prosperidade — misteriosamente permaneceram em grande parte estagnados. Para resolver esse mistério, temos que ir mais a fundo na busca das origens dessa estagnação: a armadilha da pobreza.

2

Perdidos na estagnação

Thomas Malthus, um clérigo do século XVIII, foi criado em uma família rica da elite social da Inglaterra. Erudito de grande prestígio, ele criticava o utopismo de filósofos contemporâneos como William Godwin e Nicolas de Condorcet — grandes nomes da Era do Iluminismo —, que imaginavam o caminho da humanidade como um progresso inevitável em direção a uma sociedade ideal. Em 1798, Malthus publicou o *Ensaio sobre o Princípio da População*, no qual expressou seu profundo ceticismo acerca dessas visões predominantes e, em sua opinião, ingênuas. Também propôs a preocupante tese de que, no longo prazo, a humanidade nunca poderia prosperar porque quaisquer ganhos que obtivesse seriam, no fim das contas, esgotados pelo crescimento populacional.

Malthus exerceu uma influência considerável sobre seus contemporâneos. Alguns dos economistas políticos mais proeminentes do período, como David Ricardo e John Stuart Mill, foram bastante inspirados por sua argumentação. Karl Marx e Friedrich Engels, por outro lado, o criticaram por negligenciar o papel que o domínio das instituições por determinada classe tinha na manutenção da miséria, enquanto os pais da teoria da evolução, Charles Darwin e Alfred Russel Wallace, afirmaram que o tratado de Malthus teve impacto decisivo no desenvolvimento das próprias teses deles, também altamente influentes.

Olhando para trás, a descrição que Malthus fez do mundo de sua época era totalmente precisa. Mas foram suas previsões pessimistas sobre o futuro da humanidade que se revelaram completamente erradas.

A tese malthusiana

Imagine um povoado na era pré-industrial onde os habitantes desenvolvem um método mais eficiente de cultivar trigo com o uso de arados de ferro, aumentando de forma significativa sua capacidade de produzir pão. No início, a alimentação dos habitantes melhoraria e, trocando parte do excedente, suas condições de vida também. A abundância de alimentos poderia até permitir que reduzissem o trabalho e tivessem um pouco de tempo para o lazer. Mas o argumento fundamental de Malthus é que esse excedente permitiria o sustento de mais crianças e, por consequência, a população do local cresceria com o tempo. E, uma vez que a terra disponível para o cultivo de trigo dentro do povoado era necessariamente limitada, aos poucos esse crescimento populacional levaria a uma redução na quantidade de pão que cada habitante poderia receber. Os padrões de vida começariam a cair após o aumento inicial e a queda só cessaria quando a proporção de pães por morador voltasse ao nível original. Infelizmente, no longo prazo o progresso tecnológico levaria a uma população maior, mas não mais rica.

Todos os seres vivos já caíram nessa armadilha. Imagine uma matilha de lobos em uma ilha. O resfriamento global faz com que o nível do mar recue, trazendo à tona uma ponte de terra para outra ilha, que abriga uma pacífica população de coelhos. Os lobos ganham novos locais de caça, a disponibilidade de mais presas aumenta seu padrão de vida, e mais filhotes conseguem sobreviver para atingir a maturidade, levando a uma disparada na população de lobos. No entanto, como mais lobos devem compartilhar uma quantidade limitada de coelhos, com o tempo o padrão de vida dos lobos retrocede para o nível de antes do resfriamento, enquanto sua população se estabiliza em um tamanho maior. Desse modo, no longo prazo o acesso a mais recursos não melhorou a vida dos lobos.

A hipótese malthusiana se baseia em dois argumentos fundamentais. O primeiro é que o aumento dos recursos (pela produtividade agrícola, pesca, caça e coleta) acarreta um maior nível de sobrevivência entre os descendentes de determinada população, fator impulsionado pelas predisposições biológicas, culturais e religiosas de reprodução e pela queda na mortalidade infantil, resultante da melhoria da nutrição. O segundo ponto é que o crescimento populacional gera um declínio nas condições de vida sempre que o espaço vital é limitado. De acordo com Malthus, o tamanho de qualquer população vai se adequar, por meio de dois mecanismos, aos recursos disponíveis: o *freio positivo* — um crescimento nas taxas de mortalidade devido ao aumento da incidência de fome, doenças e guerra por recursos em sociedades cujas populações ultrapassaram sua capacidade de produção alimentar; e o *freio preventivo* — uma queda nas taxas de natalidade durante os períodos de escassez devido ao adiamento do casamento e ao uso de anticoncepcionais.

Os avanços tecnológicos na era pré-industrial resultaram em populações maiores, porém não mais ricas, como sugere a tese malthusiana? As evidências mostram de forma clara que a sofisticação tecnológica e o tamanho da população foram, de fato, positivamente associados nessa era, mas a existência de tal relação não indica por si só um impacto da tecnologia *na* população. Na verdade, os avanços tecnológicos durante esse período foram, em parte, *resultado* da expansão da população, porque grandes sociedades não só produziram mais potenciais inventores, mas também uma maior demanda por suas invenções. Além disso, pode ser que outros fatores independentes — culturais, institucionais ou ambientais — tenham contribuído para o crescimento tanto da tecnologia quanto da população, o que explica a correlação positiva entre os dois. Em outras palavras, essa correlação em si não pode ser tomada como evidência das forças malthusianas. Felizmente, a Revolução Neolítica nos oferece uma maneira intrigante de testar a validade da tese malthusiana. Como Jared Diamond argumentou de forma convincente, fortes evidências sugerem que as regiões que passaram pela Revolução Neolítica mais cedo desfrutaram de uma vantagem tecnológica sobre suas contemporâneas, e essa vantagem persistiu ao longo de milhares de anos.[1] Portanto, podemos presumir o nível de avanço tecnológico de uma região a partir de nossa estimativa sobre a data de sua Revolução Neolítica (ou a partir do número de espécies domesticáveis de plantas e animais na região). Colocado de outro modo, em qualquer ponto no tempo, seria de se esperar que as regiões que haviam passado pela Revolução Neolítica tivessem níveis mais elevados de sofisticação tecnológica. Assim, caso todos os outros fatores fossem os mesmos, se uma região que passou antes pela Revolução Neolítica *também* for maior ou mais rica, podemos concluir com segurança que essa condição foi *causada* por seu nível de avanço tecnológico.

Usando essa abordagem, é possível de fato observar o mecanismo malthusiano em funcionamento antes da era industrial. Em 1500 d.C., por exemplo, um nível tecnológico mais alto, constatado pelo início precoce da Revolução Neolítica, realmente levava a uma maior densidade populacional, enquanto o impacto na renda *per capita* era insignificante (Fig. 4).[2]

Entretanto, outras evidências mostram que o solo fértil também contribuía para uma maior densidade populacional, mas não para padrões de vida mais elevados. E a análise de épocas anteriores sob as mesmas lentes revela uma consistência impressionante no padrão — avanços tecnológicos e maior produtividade da terra levaram principalmente a populações maiores, mas não mais ricas, o que indica que antes da Revolução Industrial as pessoas em todo o mundo desfrutavam de padrões de vida muito semelhantes.

O inevitável surgimento da agricultura

O mecanismo malthusiano lança luz sobre as raízes de eventos importantes no curso da história que, de outra forma, pareceriam incompreensíveis. Um enigma patente é o fato de que os restos mortais das primeiras sociedades agrícolas não indicam melhoria da saúde nem da riqueza, mas uma deterioração dos padrões de vida em comparação aos caçadores-coletores que viveram milênios antes. As evidências mostram que os caçadores-coletores viviam mais, tinham uma dieta mais rica, trabalhavam com menos intensidade e sofriam menos de doenças infecciosas.[3] Então por que esses primeiros agricultores e pastores abandonaram a vida relativamente farta e superior da caça e coleta?

Conforme já descrito, os humanos pré-históricos que se espalharam a partir da África e estabeleceram novos nichos ecológicos teriam desfrutado de acesso a recursos novos e abundantes e teriam sido capazes de se multiplicar rapidamente sem reduzir suas condições de vida. Entretanto, de acordo com o mecanismo malthusiano, esse crescimento populacional uma hora teria neutralizado os ganhos, já que um número maior de humanos competia pela mesma oferta de plantas e animais selvagens. Com o tempo, as condições de vida teriam retornado ao nível de subsistência original, apesar dos avanços nas ferramentas e técnicas. Na verdade, em algumas sociedades, a queda nos padrões de vida devido ao crescimento excessivo da população foi ainda pior do que uma mera reversão, trazendo a possibilidade do colapso social.

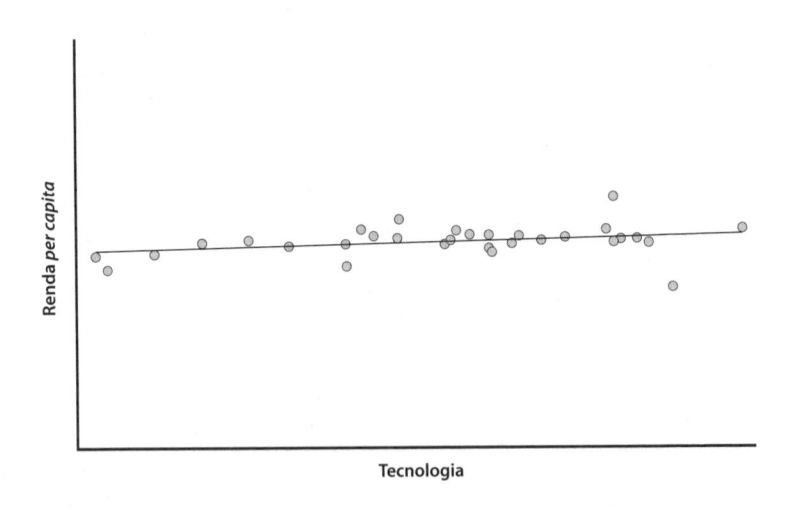

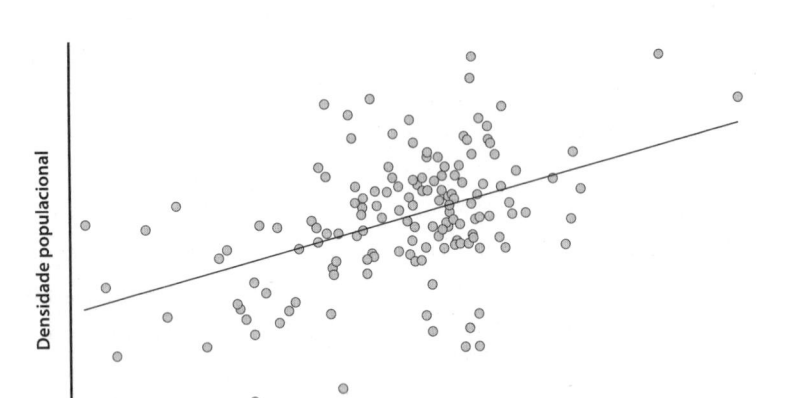

Figura 4. Efeitos do nível de tecnologia na densidade populacional e na renda *per capita* entre países no ano de 1500 d.C.

O gráfico mostra, com base na variação entre países no ano 1500 d.C., o impacto positivo do nível de tecnologia (constatado pelo tempo decorrido desde a Revolução Neolítica) na densidade populacional (painel inferior) e seu insignificante efeito na renda *per capita* (painel superior). (Cada círculo representa uma região delimitada por suas atuais fronteiras internacionais.)[4]

Isso foi especialmente grave em regiões onde os humanos *antigos*, anteriores ao *Homo sapiens*, nunca haviam se estabelecido e onde os animais locais não se adaptaram à ameaça humana. Nessas regiões, como a Oceania e as Américas, a chegada do *Homo sapiens* com suas armas avançadas gerou um aumento tão grande da caça que logo provocou a extinção da maioria dos grandes mamíferos, forçando o número crescente de tribos a competir pelos recursos, os quais diminuíam rapidamente.

Um exemplo triste e extremo do rápido crescimento populacional e do excesso de extração que leva ao colapso pode ser visto entre as isoladas tribos polinésias, como aquelas que se estabeleceram na Ilha de Páscoa, no Oceano Pacífico, no início do século XIII.[5] Por quase quatrocentos anos, a população humana da Ilha de Páscoa se expandiu rápido devido à abundância de vegetação e das águas pesqueiras. Os polinésios construíram uma civilização próspera na ilha, esculpindo as famosas e impressionantes estátuas moai, com a maior delas chegando a ter dez metros de altura. No entanto, o aumento populacional acabou colocando uma pressão crescente sobre o frágil ecossistema local. Na virada do século XVIII, a população de pássaros da Ilha de Páscoa foi exterminada, e suas florestas, destruídas, tornando mais difícil para os habitantes construir e manter barcos de pesca. A tensão provocada gerou conflitos internos frequentes e fez com que quase 80% da população local fosse dizimada.[6] Jared Diamond, em seu livro *Colapso*, descreveu a ocorrência de desastres ecológicos semelhantes nas Ilhas Pitcairn, no sul do Oceano Pacífico; entre os nativos americanos que povoaram territórios no atual sudoeste dos Estados Unidos; na civilização maia da América Central; e entre as tribos nórdicas que se estabeleceram na Groenlândia.[7]

As sociedades de caçadores-coletores no Crescente Fértil passaram por uma pressão parecida quase doze mil anos

atrás. Afinal, o crescimento populacional apoiado pela fartura de alimentos e avanços tecnológicos levou ao declínio
gradual na disponibilidade *per capita* de alimentos resultantes
da caça e da coleta, até que seus padrões de vida, que haviam
melhorado temporariamente, retornassem para as condições
de subsistência. No entanto, a biodiversidade específica do
Crescente Fértil, com sua riqueza de espécies domesticáveis
da fauna e da flora, garantiu a essas sociedades um modo alternativo de subsistência, que estava totalmente indisponível
para os habitantes da Ilha de Páscoa — a adoção da agricultura. As condições climáticas também contribuíram para isso.[8]
Com o fim da última glaciação, há cerca de 11.500 anos, a
terra se tornou mais adequada para a agricultura, e a volatilidade e a sazonalidade climáticas aumentaram. Assim, a
agricultura virou uma estratégia mais segura de produção de
alimentos, apesar de estar associada a uma dieta de qualidade
inferior quando comparada à caça e à coleta — mais rica,
porém menos previsível, e cada vez mais escassa.

A viabilidade de depender da agricultura no Crescente Fértil ajudou a evitar a crise ecológica que mais tarde viria a
destruir a civilização na Ilha de Páscoa, permitindo à região
sustentar uma população bem maior. De fato, segundo alguns
relatos, um único acre (cerca de quatro mil metros quadra-
dos) de terra poderia servir para alimentar quase cem vezes
mais agricultores e pastores do que caçadores-coletores.[9] É
claro que, no fim das contas, o tamanho da população das
sociedades agrícolas se estabilizou em um novo nível, mais
alto, mas dessa vez, ao voltar ao nível de subsistência, suas
condições de vida se tornaram bem inferiores às dos caçadores-coletores que haviam vivido *milênios* antes deles, quando
os nichos ecológicos existentes ainda não eram densamente
povoados. Entretanto, em comparação com os padrões de
vida dos caçadores-coletores, seus ancestrais mais imediatos,

a transição para a agricultura foi inteiramente racional, talvez até inevitável; na verdade, não representava uma piora.

Curiosamente, essa mudança, da fartura presente na rotina dos antigos caçadores e coletores para os padrões de vida mais pobres e com maior densidade populacional dos agricultores, pode ser a origem do mito de um paraíso perdido, comum a várias culturas por todo o mundo.

Com populações maiores e vantagem tecnológica, as sociedades agrícolas superaram os caçadores-coletores, os quais persistiram até que as práticas da agricultura se tornassem dominantes em vastas áreas do mundo. Uma nova era começava, e não havia como voltar atrás.

Mudanças populacionais

Também é possível identificar o poderoso mecanismo malthusiano em ação nas oscilações populacionais ocorridas na era posterior à Revolução Neolítica, desencadeadas por grandes turbulências ecológicas, epidemiológicas e institucionais.

Um dos eventos mais devastadores da história da humanidade foi a Peste Negra — uma pandemia de peste bubônica que eclodiu originalmente na China no século XIV e, depois, fez seu caminho para o oeste, disseminada por tropas e mercadores mongóis que viajavam ao longo da Rota da Seda em direção à península da Crimeia. De lá, continuou sua jornada nos navios mercantes até as cidades de Messina, na Sicília, e Marselha, na França, em 1347, e se alastrou como um incêndio por todo o continente europeu.[10] Entre 1347 e 1352, a peste matou 40% da população europeia. A doença foi ainda mais letal nas áreas densamente povoadas. Em apenas alguns anos, muitas cidades — entre elas Paris, Florença, Londres e Hamburgo — perderam mais da metade de seus habitantes.[11]

Embora possamos imaginar o trauma psicológico duradouro causado pela Peste Negra, cujos sobreviventes perderam muitos de seus familiares e amigos, a praga não atingiu seus campos de trigo nem os moinhos de farinha. Portanto, os agricultores europeus puderam retomar seu trabalho após a terrível devastação e descobriram que a demanda havia disparado. A terra precisava desesperadamente de mais mão de obra, e o trabalhador médio logo passou a desfrutar de salários mais altos e melhores condições empregatícias do que antes da Peste Negra.

O triunfo da Morte
Mural (1448), Palermo, Itália[12]

Entre os anos 1345 e 1500, quando a população da Inglaterra caiu de 5,4 milhões para apenas 2,5 milhões de habitantes, os salários reais mais do que dobraram (Fig. 5). Como resultado da melhoria dos padrões de vida que esses salários proporcionaram, a taxa de natalidade subiu e a de mortalidade caiu, e assim a população inglesa lentamente começou a se recuperar. Mas, seguindo o mecanismo malthusiano, esse crescimento populacional acabou levando a uma queda nos salários médios, até que, em três séculos, a população e as remunerações voltaram aos níveis anteriores à peste.

Outra importante mudança populacional ocorreu depois das viagens de Cristóvão Colombo às Américas entre 1492 e 1504. O continente americano tinha grande produção de culturas como cacau, milho, batata, tabaco e tomate, incomuns para os europeus, que então começaram a enviá-las para a Europa. Na direção oposta, culturas como banana, café em grãos, cana-de-açúcar, trigo, cevada e arroz foram, pela primeira vez, trazidas para as Américas.

A batata chegou à Europa por volta de 1570 e logo se tornou um produto básico da culinária europeia. Seu cultivo teve um impacto particularmente grande na Irlanda, onde se tornou popular entre os mais pobres, que mantinham cultivos de subsistência. Essa cultura se adequava ao solo e ao clima irlandeses, o que aumentou a renda dos agricultores no curto prazo e em certas ocasiões até permitiu que economizassem o suficiente para adquirir novos animais.[13] Os primeiros camponeses a cultivar batatas tiveram um aumento significativo no consumo de calorias e também na qualidade de vida.

Entretanto, de acordo com a teoria malthusiana, essa melhoria duraria pouco. Após a introdução da batata, a população irlandesa aumentou de cerca de 1,4 milhão, em 1600, para 8,2 milhões, em 1841, mantendo os padrões de vida próximos à subsistência.[14] Mas a situação ia piorar ainda mais. Nos anos entre 1801 e 1845, várias comissões parlamentares debateram o cenário; a maioria concluiu que o rápido crescimento populacional da Irlanda e as condições de vida em colapso colocaram o país à beira do desastre, uma vez que, nessa época, grande parte da população irlandesa dependia inteiramente da batata como meio de subsistência.[15] Pior que isso, seus habitantes eram dependentes de uma única variedade de batata.

Figura 5. O impacto da Peste Negra nos salários e na população da Inglaterra

A população da Inglaterra diminuiu drasticamente após o surgimento da Peste Negra em 1348, provocando um aumento temporário nos salários reais, que retrocederam ao nível anterior à praga conforme a população retornou ao nível anterior à epidemia em 1615.[16]

Em 1844, os jornais irlandeses começaram a noticiar que um novo fungo — a requeima — estava devastando as plantações de batata nos Estados Unidos. O fungo logo chegou aos portos europeus a bordo de navios cargueiros americanos. De lá, espalhou-se para os campos, destruindo plantações na Bélgica, no sul da Inglaterra, na França, na Irlanda e na Holanda. Estima-se que quase metade de todas as lavouras de batata na Irlanda foram danificadas em 1845, e três quartos, em 1846.

A falta de diversidade nas safras de batata da Irlanda signifi-cava que os agricultores não tinham variedades alternativas para substituir suas lavouras devastadas. Assim, na ausência de intervenção ou auxílio do governo britânico, cujas políticas haviam inicialmente encorajado a dependência da monocultu-ra, a fome em massa se tornou inevitável, e durante a Grande Fome (1845-1849) cerca de um milhão de pessoas, a maioria residentes das áreas rurais mais pobres, morreram de fome, tifo e doenças que o corpo humano desnutrido não conseguia combater, enquanto mais de um milhão de pessoas emigraram para a Grã-Bretanha e a América do Norte. Algumas áreas perderam mais de 30% de sua população. Aldeias inteiras fica-ram desabitadas. Assim, ao longo de três séculos, a introdução de uma safra superior e sua subsequente destruição se tradu-ziram em um aumento e, em seguida, em um declínio trágico no tamanho da população, mas as condições de vida no longo prazo permaneceram praticamente inalteradas.

Os europeus não estavam sozinhos ao adotarem lavouras do Novo Mundo; os chineses importavam batata-doce e mi-lho, que eram mais adequados ao seu solo do que a batata. O milho chegou à China em meados do século XVI por três rotas: vindo do norte, pela Rota da Seda, que cortava a Ásia Central até a província de Gansu; do sudoeste, através da Ín-dia e da Birmânia até a província de Yunnan; e do sudeste, a bordo de navios mercantes portugueses que comercializavam ao longo da costa do Pacífico da província de Fujian.[17] No começo, o milho se espalhou com bastante lentidão, e seu cul-tivo ficou restrito a essas três províncias. O cultivo só ganhou popularidade em meados do século XVIII e, na virada do sé-culo XX, tornou-se um produto básico em toda a China. A adoção do milho teve tamanho impacto na produção agrícola do país que pesquisadores chineses mais tarde apelidaram seu cultivo de "segunda revolução agrícola".[18]

Em muitas disciplinas científicas, os experimentos controlados permitem que os pesquisadores determinem o impacto de um fator específico, como uma nova droga ou vacina, medindo seu efeito em um grupo experimental (de tratamento) em relação a um grupo de controle. No entanto, para episódios históricos não podemos voltar o ponteiro do relógio, expor alguns humanos (e não outros) a um determinado efeito e examinar seu impacto ao longo do tempo. Ainda assim, podemos recorrer a *experimentos históricos quase naturais*, ou *"quase experimentos"* — ou seja, cenários históricos que reproduzem condições próximas à de laboratório e nos permitem inferir o impacto de um fator ou evento particular, comparando sua influência sobre a população exposta em relação a uma população de controle equivalente (não exposta).[19] O fato de o milho ter chegado em épocas diferentes nas diversas províncias da China fornece um experimento histórico quase natural para testar a tese de Malthus dentro de um mesmo país, e não entre diferentes países.

De acordo com a teoria, deveríamos concluir que, no longo prazo, as províncias chinesas que adotaram o milho primeiro acabariam tendo maior densidade populacional do que aquelas que o adotaram mais tarde, mas não uma renda *per capita* nem um desenvolvimento econômico maiores. No entanto, apenas comparar as densidades populacionais e os padrões de vida das regiões de nada nos serve, pois as províncias que adotaram o milho antes também poderiam ter outras diferenças importantes em relação às províncias que o adotaram mais tarde, diferenças que também afetariam sua densidade populacional e padrões de vida. De fato, a China como um todo passou por outras importantes transformações durante esse período, que podem ter influenciado os níveis regionais de densidade populacional e padrões de vida, independentemente da adoção do milho.

Em vez disso, os pesquisadores compararam as *mudanças* de longo prazo na densidade populacional e na prosperidade econômica registradas pelas três primeiras províncias chinesas que adotaram o milho em relação às províncias que só aderiram a ele muito mais tarde. Comparar as "diferenças entre as diferenças" em vez das distinções nos níveis reais nos permite excluir esses fatores que talvez provocariam confusão.[20] E, de fato, em um resultado consistente com a hipótese malthusiana, a introdução precoce de milho nessas três províncias chinesas gerou um aumento de 10% na densidade populacional em relação às outras províncias, durante o período entre 1776 e 1910, e não teve impacto aparente nos níveis salariais. No geral, a introdução do milho é responsável por cerca de um quinto do total do crescimento populacional da China nesse período.

Portanto, é evidente que nem excesso nem escassez predominaram de forma indefinida durante a era malthusiana. A introdução de novas lavouras ou tecnologias ampliou a taxa de crescimento populacional, limitando seu impacto na prosperidade econômica, enquanto a devastação de longo prazo na economia provocada por desastres ecológicos foi evitada pelos seus efeitos adversos na população, por meio de fome, doenças e guerras. Desse modo, uma era do gelo econômica era inevitável.

A era do gelo da economia

A Revolução Neolítica, assim como uma série de monumentais avanços culturais, institucionais, científicos e tecnológicos, não teve nenhum efeito perceptível de longa duração na medida dos padrões de vida, seja por critérios econômicos (renda *per capita*) ou biológicos (expectativa de vida). Como outras espécies, durante a maior parte de sua existência, os humanos ficaram presos em uma armadilha de adversidades e privações, beirando o nível de subsistência.

Apesar de algumas diferenças regionais, ao longo de milhares de anos a renda *per capita* e o salário dos trabalhadores não qualificados em diferentes civilizações variaram dentro de uma faixa muito limitada. De forma mais específica, as estimativas sugerem que os salários por um dia de trabalho eram equivalentes a 7 quilos de grãos de trigo na Babilônia e a 5 quilos no Império Assírio há mais de três mil anos, de 11 a 15 quilos em Atenas há mais de dois mil anos e a 4 quilos no Egito durante o Império Romano. Na verdade, mesmo às vésperas da Revolução Industrial, os salários nos países da Europa Ocidental permaneceram nesta faixa limitada: 10 quilos de trigo em Amsterdã, 5 em Paris e 3 a 4 em Madri, em Nápoles e em várias cidades na Itália e na Espanha.[21]

Além disso, restos fósseis em várias tribos e civilizações nos últimos vinte mil anos indicam que, apesar de algumas diferenças regionais e temporárias, a expectativa de vida (no momento do nascimento) oscilou dentro de uma margem muito pequena.[22] Restos descobertos em locais mesolíticos no Norte da África e na região do Crescente Fértil sugerem que a expectativa de vida era de quase trinta anos. Durante a Revolução Agrícola que ocorreu em seguida, o número não mudou de forma significativa na maioria das regiões, embora tenha caído em algumas.[23] Em particular, fósseis exumados de cemitérios que datam dos primeiros estágios da Revolução Neolítica, de quatro a dez mil anos atrás, sugerem que essa expectativa de vida era de cerca de 30 a 35 anos em Çatalhöyük (Turquia) e Nea Nikomedeia (Grécia), 20 em Choirokoitia (Chipre) e 30 anos perto das cidades de Karata (Turquia) e Lerna (Grécia). Dois mil e quinhentos anos atrás, a expectativa de vida atingiu cerca de 40 anos em Atenas e Corinto, mas as lápides do Império Romano ainda indicam uma idade de morte na faixa de 20 a 30 anos.[24] Evidências mais recentes apontam para flutuações em expectativa de vida na faixa de 30 a 40 anos na Inglaterra de meados do século XVI ao XIX,[25] com valores comparáveis aos registrados na França pré-industrial,[26] na Suécia[27] e na Finlândia.[28]

Por quase trezentos mil anos após o surgimento do *Homo sapiens*, a renda *per capita* era pouco mais alta do que o mínimo necessário para a sobrevivência, as pragas e a fome eram comuns, um quarto dos recém-nascidos não chegava a completar o primeiro aniversário, era comum mulheres morrerem durante o parto e a expectativa de vida raramente ultrapassava os 40 anos.

Então, de repente, como observado antes, a Europa Ocidental e a América do Norte começaram a testemunhar um aumento rápido e sem precedentes nos padrões de vida dos vários estratos da sociedade, processo que depois foi vivenciado por outras regiões do mundo. Sobretudo a partir do início do século XIX — um piscar de olhos em relação à era malthusiana —, a renda *per capita* em todo o mundo se multiplicou em quatorze vezes, enquanto a expectativa de vida mais do que dobrou.[29]

E como a humanidade finalmente se libertou das garras das forças malthusianas?

3

A tempestade abaixo da superfície

Uma chaleira de vidro é colocada em um fogão quente. Logo a água dentro dela começa a esquentar. Olhando para a superfície, é difícil detectar qualquer mudança: a água parece inalterada porque, a princípio, o aumento gradual da temperatura não tem efeitos visíveis. Esse estado de quietude, no entanto, é enganoso. À medida que as moléculas absorvem a energia térmica e as forças intermoleculares de atração diminuem, elas se movem cada vez mais rápido até que, após um ponto crítico, a água muda drasticamente de estado — do líquido para o gasoso. Ou seja, ela passa por uma repentina *transição de fase*. Nem todas as moléculas de água na chaleira se convertem ao estado gasoso de uma só vez, mas o processo acaba chegando a todas, e as propriedades e a aparência das moléculas de água que estavam na chaleira logo são transformadas por completo.

Nos últimos dois séculos, a humanidade experimentou uma transição de fase parecida. Assim como a conversão do estado líquido para o gasoso da água na chaleira, essa alteração foi o resultado de um processo que se intensificou de forma invisível, sob a superfície, ao longo de centenas de milhares de anos de estagnação econômica. A transição do estado de estagnação para o de crescimento parece ter sido drástica e repentina — e de fato foi —, mas, como ficará claro, os gatilhos fundamentais dessa transformação estavam operando desde o surgimento da espécie humana, ganhando impulso ao longo de todo o curso da nossa história. Além disso, assim como algumas moléculas de água na chaleira passam ao estado gasoso antes de outras, a transição de fase da humanidade ocorreu em diferentes momentos ao redor de todo o planeta, gerando níveis de desigualdade antes inconcebíveis entre os países em que se deu a transição de fase relativamente cedo e aqueles que permaneceram presos por mais tempo.

Mas o que causou essa transição de fase?

Teoria unificada do crescimento econômico

Nas últimas décadas, os físicos vêm tentando conceber uma "Teoria do Tudo" capaz de fornecer uma explicação que seja coerente para todos os aspectos físicos do universo, reconciliando, assim, a mecânica quântica com a teoria da relatividade geral de Einstein e, ao mesmo tempo, integrando as interações entre as quatro forças fundamentais da natureza: a gravitacional, a eletromagnética, a nuclear fraca e a nuclear forte. Seus esforços foram motivados pela convicção de que uma compreensão mais sistemática e precisa dos aspectos físicos do universo deve se basear em uma estrutura unificada, capaz de explicar todos os fenômenos físicos já conhecidos. Qualquer teoria consistente com alguns fenômenos físicos conhecidos, mas não todos, seria parcial e, por isso, incompleta.

Há quase quinhentos anos Nicolau Copérnico, astrônomo do período renascentista que defendia que os planetas giram em torno do Sol (e não, como seus contemporâneos acreditavam, em torno da Terra), apresentou um ponto de vista análogo. Ele argumentava que a ausência de uma teoria unificada para compreender o funcionamento do universo era "como se um artista juntasse imagens de mãos, pés, cabeça e outros membros de diversos modelos, cada parte perfeitamente desenhada, mas não relacionadas a um único corpo, e, uma vez que esses membros não combinam de modo algum entre si, em vez de um homem o resultado seria um monstro".[1] O desenvolvimento da teoria unificada do crescimento econômico ganhou forças com uma convicção parecida: de que uma compreensão daquilo que impulsiona o desenvolvimento econômico de forma global seria frágil e incompleta a menos que pudesse refletir as forças motrizes primárias por trás de *todo* o processo de desenvolvimento, e não apenas em períodos isolados.[2] Além disso, o advento da teoria foi baseado na constatação de que análises anteriores — que consideravam a era moderna de crescimento econômico e a era malthusiana de estagnação dois fenômenos distintos e desarticulados, e não um todo unificado — levavam a um entendimento limitado e até mesmo distorcido do próprio processo de crescimento, negligenciando, desse modo, o papel crítico das forças históricas em nossa compreensão da atual desigualdade de riqueza entre as nações.

Essa teoria do crescimento unificado compreende a jornada da humanidade ao longo de *todo* o curso da história, começando pelo surgimento do *Homo sapiens* na África há quase trezentos mil anos. Ela identifica e acompanha as forças que guiaram o processo de desenvolvimento durante a era malthusiana, por fim desencadeando a transição de fase na qual a espécie humana escapou dessa armadilha da pobreza, para entrar em uma era de crescimento econômico prolongado. Essas percepções são essenciais para compreender o processo de crescimento em sua totalidade, os obstáculos enfrentados pelas economias mais pobres hoje em sua transição da estagnação para o crescimento, as origens da grande diferença de riqueza entre as nações nos últimos séculos e ainda as impressões digitais que o passado antigo deixou acerca do destino das nações.

Como já constatamos, na era malthusiana desvios dos níveis de consumo de subsistência, devido a inovações, conflitos e mudanças institucionais e epidemiológicas, geraram uma poderosa contrarreação da densidade populacional, fazendo a renda *per capita* retroceder a seu nível de longo prazo. Então o que libertou a humanidade das forças gravitacionais do equilíbrio malthusiano? Como o mundo saiu desse buraco negro econômico?

Em busca do catalisador que levou à transição da estagnação para o crescimento, pode-se argumentar que a Revolução Industrial é a força que deu ao mundo um abrupto choque externo que o fez saltar para a fase moderna de crescimento. No entanto, evidências dos séculos XVIII e XIX, quando a Revolução Industrial ocorreu, sugerem que não houve um "salto" durante esse período. Embora a transição tenha sido rápida, quando comparada com a extensão total da história humana, os ganhos de produtividade experimentados *durante* esse período aumentaram de modo *gradual*. De fato, quando a Revolução Industrial deu seus primeiros sinais, uma vez que a mudança tecnológica foi gradativa, as populações cresceram abruptamente, mas a renda média aumentou de forma muito modesta, exatamente como seria previsto pela teoria malthusiana. No entanto, em certo ponto, quase um século depois, o equilíbrio malthusiano *desapareceu* misteriosamente e foi seguido por um tremendo crescimento.

A estrutura conceitual que desenvolvi nas últimas décadas para solucionar esse enigma foi inspirada por ideias vindas do campo matemático da teoria da bifurcação, que demonstram como, além de um certo limiar, pequenas alterações em um único fator podem gerar uma transformação repentina e radical no comportamento de sistemas dinâmicos e complexos (como é o caso quando o calor cruza um limiar e transforma a água do estado líquido para o gasoso).[3] Essa pesquisa se concentrou especificamente em identificar as engrenagens invisíveis que se movimentavam abaixo da superfície, rodas da mudança que estavam girando de forma implacável *ao longo* da era do equilíbrio malthusiano, mas que finalmente romperam seu predomínio, resultando no surgimento do crescimento moderno — algo muito parecido com o aumento das temperaturas na chaleira.

Quais são essas misteriosas rodas da mudança que operaram de maneira persistente durante a era malthusiana e, por fim, desencadearam essa grande metamorfose nos padrões de vida nos últimos dois séculos?

As rodas da mudança

Tamanho da população

O tamanho da população foi uma dessas rodas da mudança. Estima-se que, às vésperas da Revolução Neolítica, no ano 10.000 a.C., 2,4 milhões de seres humanos vagavam pela Terra. No entanto, no ano 1 d.C., à medida que o Império Romano e a civilização maia se aproximavam de seu apogeu, a população mundial havia se multiplicado 78 vezes, chegando a 188 milhões de pessoas. Um milênio depois, quando os vikings invadiram as costas do norte da Europa e os chineses usaram pólvora em combate pela primeira vez, a humanidade era formada por 295 milhões de indivíduos. A população mundial havia aumentado para quase meio bilhão no ano de 1500, época em que Colombo estava em meio a suas expedições às Américas, e na virada do século XIX, nas primeiras fases da industrialização, a população humana quase ultrapassou a marca de um bilhão (Fig. 6).

A relação entre o tamanho populacional e as mudanças tecnológicas é recíproca — assim como os avanços tecnológicos durante a era malthusiana permitiram que as populações se tornassem mais densas e crescessem quatrocentas vezes em um período de doze mil anos, o tamanho dessas populações humanas contribuiu para uma aceleração no ritmo da inovação. Como observado, populações maiores têm mais chances de gerar um aumento na demanda de novos bens, ferramentas e práticas, e indivíduos excepcionais capazes de inventá-los. Além disso, grandes sociedades se beneficiaram com um nível maior de especialização e conhecimentos e também da maior troca de ideias por meio do comércio, acelerando ainda mais a disseminação e a penetração de novas tecnologias.[4] Como vimos, esse ciclo de retorno positivo que se retroalimenta surgiu bem no início da espécie humana e opera desde então.

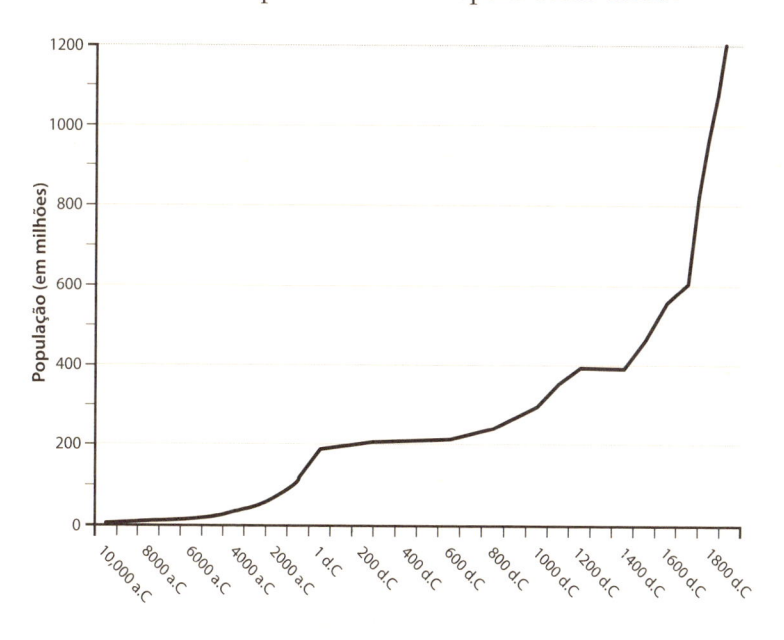

Figura 6. Crescimento da população humana durante a era malthusiana[5]

Esse impacto do tamanho da população no nível tecnológico é evidente em todas as culturas e regiões ao longo dos registros históricos. As regiões que passaram primeiro pelo início da Revolução Neolítica, como o Crescente Fértil, deram origem aos maiores assentamentos pré-históricos e desfrutaram de uma vantagem tecnológica prolongada. Da mesma forma, territórios caracterizados por terras mais adequadas para a agricultura, e, portanto, maior densidade populacional, possuíam tecnologias mais avançadas. Curiosamente, até mesmo entre sociedades polinésias relativamente pequenas no Oceano Pacífico, comunidades maiores na época do contato europeu inicial, como as do Havaí e Tonga, empregavam uma gama mais ampla de tecnologias marinhas complexas e sofisticadas para coleta de alimentos, quando comparadas com sociedades menores, caso das ilhas Tikopia, Santa Cruz e Malekula, em Vanuatu.[6]

A suma importância do tamanho populacional para a capacidade que uma sociedade tem de fomentar a inovação tecnológica é exemplificada pela revolução da imprensa causada pelo inventor alemão Johannes Gutenberg. Nascido na movimentada cidade de Mainz e tendo vivido parte de sua vida adulta em Estrasburgo, Gutenberg se beneficiou das redes comerciais que circulavam por essas cidades, da acessibilidade ao conhecimento acumulado pelas gerações anteriores e da exposição à difusão de invenções na área da imprensa de lugares distantes como Pérsia, Grécia, Bizâncio, China e o Sultanato Mameluco. A escala e a prosperidade dessas cidades também permitiram que ele se tornasse aprendiz de ourives e tivesse acesso a recursos para desenvolver seu sistema de impressão de tipos móveis. Se Gutenberg tivesse nascido em uma aldeia isolada, seu caminho para essa invenção teria sido repleto de obstáculos. Na falta de um contato tão rico com outras civilizações, seria muito menos provável que ele tivesse conhecimento acerca de avanços anteriores na área. Ele certamente teria dificuldades para garantir o financiamento de sua invenção, já que em sua aldeia o mercado em potencial para prensas tipográficas seria pequeno demais para tornar a invenção lucrativa. E é bem provável que o inventor tivesse que dedicar grande parte de seu tempo à agricultura, pois em geral as populações rurais eram incapazes de sustentar uma classe de artistas, artesãos e inventores naquela época.

Populações maiores não apenas eram mais propícias ao desenvolvimento tecnológico, mas também evitavam o tipo de declínio tecnológico característico de comunidades menores, como o caso vivenciado pelos inuítes polares do noroeste da Groenlândia na década de 1820. Essa sociedade foi atingida por uma epidemia que dizimou sua população adulta, que preservava o inestimável conhecimento tecnológico da tribo para a construção de caiaques. Como resultado, os jovens sobreviventes não tiveram meios de recuperar esse conhecimento tecnológico perdido, uma vez que até mesmo as posses dos mais velhos eram enterradas com eles. Isso provocou um retrocesso tecnológico extremo, que reduziu de forma drástica suas capacidades de caça e pesca. A população começou a diminuir, e certamente teria continuado nessa situação caso eles não tivessem encontrado outra comunidade de inuítes, que algumas décadas depois os reintroduziu a esse conhecimento até então perdido.[7] Um grave retrocesso tecnológico em comunidades isoladas também foi registrado em outras pequenas comunidades, caso das tribos aborígenes da Tasmânia após a perda de sua ponte de terra com a Austrália. Por outro lado, esse retrocesso é muito mais raro em populações maiores, que tendem a ter ligações comerciais com outros grupos, espalhando seu conhecimento pela sociedade e absorvendo regularmente novas invenções.

Como ficará evidente, esse ciclo de reforço — o desenvolvimento tecnológico sustentando populações maiores enquanto populações maiores reforçam o desenvolvimento tecnológico —, que operou durante a maior parte da nossa existência, intensificou-se de forma gradual mas contínua até que a taxa de inovações enfim atingiu um limiar crítico. Esse foi um dos estopins para a transição de fase que libertou a humanidade da sua época de estagnação.[8]

Composição da população

O tamanho da população operou em conjunto com outra roda da mudança — a sua composição. Assim como o tamanho, a composição da população também foi produto das forças malthusianas.[9] Um dos primeiros estudiosos a perceber isso foi Charles Darwin, que relatou em sua autobiografia:

> Em outubro de 1838, ou seja, quinze meses depois de ter começado minha investigação sistemática, li por diversão o ensaio de Malthus sobre população e, estando bem preparado para apreciar a luta pela existência, que por toda a parte decorre da observação prolongada dos hábitos dos animais e das plantas, ocorreu-me de imediato que, nessas circunstâncias, as variações favoráveis tenderiam a ser preservadas e as desfavoráveis, a ser destruídas.[10]

O que Darwin quis dizer com "variações favoráveis", e como sua preservação em um ambiente malthusiano afetaria a composição de uma população?

De forma muito simples, qualquer característica transmitida de modo intergeracional que torne um organismo mais adaptado ao seu ambiente, gerando mais recursos para ele, proporcionando nutrição e proteção maiores ou mais confiáveis e, assim, garantindo um número maior de descendentes sobreviventes, pode ser considerada "favorável". Por causa dessa vantagem de sobrevivência, a prevalência dessas características "favoráveis", em qualquer população, aumentará com o tempo. E essa é a essência da seleção natural de Darwin.

Pode-se pensar que mudanças evolutivas realmente significativas e impactantes levariam eras para ocorrer e, portanto, que esses processos, por mais interessantes que sejam, são irrelevantes para a compreensão da jornada da humanidade. Mas, embora os seres vivos tenham levado milhões de anos para desenvolver olhos totalmente formados a partir de um "proto-olho" como ponto de partida, a composição das características existentes em uma determinada população pode, de fato, alterar-se muito rápido. Um famoso exemplo de adaptação rápida é a mudança na cor dominante das mariposas comuns na Grã-Bretanha do século XIX — de claras para escuras. À medida que os troncos e paredes das árvores foram ficando cobertos de fuligem nas partes industriais do país, as mariposas mais escuras de repente passaram a ter uma melhor camuflagem contra predadores e, portanto, uma vantagem significativa de sobrevivência sobre suas contemporâneas mais claras, e em pouco tempo passaram a dominar a população geral de mariposas.[11]

Os seres humanos não se reproduzem tão rápido quanto as mariposas, mas ainda assim nós experimentamos adaptações rápidas a diversos ambientes em todo o planeta. Conforme observado no capítulo anterior, foi assim que adquirimos imunidade natural a doenças locais, aumentando nossa resistência a infecções após a Revolução Neolítica. Também foi desse modo que desenvolvemos tanto a capacidade de metabolizar o suprimento alimentar de cada região — em particular, a tolerância à lactose em regiões onde vacas, cabras e ovelhas foram domesticadas[12] — quanto a capacidade de aclimatação de longo prazo a áreas de grande altitude. As adaptações regionais também desencadearam a evolução de uma gama de pigmentações da pele em todo o mundo. Nas áreas de maior radiação UV, as populações desenvolveram pigmentações da pele como forma de proteção contra os raios nocivos do sol. Já em regiões mais distantes do equador, que recebem menos luz solar, uma mutação que causou tons de pele mais claros ajudou o corpo a produzir vitamina D, deu a seus portadores uma vantagem de sobrevivência e, como consequência, tornou-se mais prevalente.

Além disso, quando a adaptação é cultural e não biológica, tais mudanças podem acontecer ainda mais depressa em uma população. Esses processos não requerem a transmissão de mutações genéticas de uma geração para a outra; os princípios que resultam em sua maior prevalência no decorrer do tempo são semelhantes, mas se espalham por meio de mecanismos de imitação, educação ou doutrinação, dando origem, em pouquíssimo tempo, a novos traços culturais, e causando mudanças econômicas e institucionais.[13] Essas são as "variações favoráveis" que talvez sejam as mais relevantes para a jornada da humanidade.

Durante a era malthusiana, faz sentido supor que traços culturais complementares ao ambiente tecnológico teriam gerado maior renda e, portanto, maior número de descendentes vivos, levando a um aumento gradativo na prevalência desses traços na população. E, como esses traços, por sua vez, reforçariam tal ritmo de mudança tecnológica, eles podem ter contribuído para levar o processo de desenvolvimento, antes estagnado, na direção do crescimento. Como veremos, entre os traços culturais que mais estimulam o crescimento estariam as normas, as atitudes e os costumes associados à valorização da educação, uma mentalidade "voltada para o futuro" e a abertura para abraçar o que poderíamos chamar de "espírito empreendedor".

Esse processo é bem sintetizado pela evolução da inclinação cultural dos pais para investir em "capital humano" — fatores que influenciam a produtividade do trabalhador, como educação, treinamento e habilidades, ao lado de saúde e longevidade. Considere uma população humana presa no equilíbrio malthusiano que consiste em dois grandes clãs: os Quanti e os Quali. O clã Quanti adere à norma cultural, "frutificai e multiplicai-vos" (Gênesis 9:1), trazendo o maior número possível de crianças ao mundo e investindo os recursos limitados para criá-las. Por outro lado, o clã Quali segue um costume alternativo: seus membros optam por ter menos filhos, mas investem parte considerável do tempo e dos recursos em fatores que influenciam a produtividade e a capacidade de ganho de sua prole. Qual dos clãs terá mais descendentes e, portanto, dominará no longo prazo a população geral, o Quali ou o Quanti?

Vamos supor que as famílias Quanti tenham, em média, quatro filhos cada, dos quais apenas dois chegam à idade adulta e encontram um parceiro reprodutivo. Entretanto, as famílias do clã Quali têm por volta de apenas dois filhos cada, pois seu orçamento não lhes permite investir na educação e na saúde de uma prole adicional, e ainda assim, graças ao investimento que fazem, ambas as crianças atingem a idade adulta e encontram não só um parceiro reprodutivo, mas também empregos em ocupações comerciais e de alta qualificação, como ferreiros, comerciantes e carpinteiros. Nesse estágio, nem a parcela dos Quanti nem a dos Quali estão se expandindo com o tempo, e a composição da população permanece estável. Mas, agora, vamos supor que a sociedade em que vivem seja do tipo em que o desenvolvimento tecnológico aumenta a demanda pelos serviços de ferreiros, carpinteiros e outros profissionais que podem fabricar ferramentas e máquinas mais eficientes. Esse aumento na capacidade de ganho daria ao clã Quali uma vantagem evolutiva diferenciada. Dentro de uma ou duas gerações, suas famílias teriam mais chances de possuir uma renda mais alta e, como consequência, acumulariam mais recursos. Sua prole então seria capaz de dar à luz, digamos, três crianças, educar todas, criá-las até a idade adulta e casá-las. Por outro lado, a prole sem instrução do clã Quanti não seria afetada por tal desenvolvimento tecnológico, sua renda permaneceria inalterada e, portanto, em média apenas duas crianças de cada família Quanti teriam alguma chance de atingir a idade adulta.

Esse mecanismo sugere que em sociedades onde a inovação tecnológica oferece oportunidades econômicas e, portanto, onde o sucesso reprodutivo é potencializado pelo investimento em capital humano que permite aproveitá-las, um ciclo de reforço positivo levará o clã Quali a dominar a população no longo prazo: o domínio crescente das famílias Quali promoverá o progresso tecnológico, enquanto o progresso tecnológico aumentará a participação das famílias Quali na população.

É importante mencionar que essa compensação básica entre um maior número de descendentes ou uma maior dedicação dos pais aos cuidados dos filhos é comum a todos os organismos vivos:[14] bactérias, insetos e pequenos mamíferos, como roedores, evoluíram para seguir a "estratégia da quantidade" pela reprodução, enquanto mamíferos maiores, como humanos, elefantes e baleias, bem como papagaios e águias, evoluíram para seguir a "estratégia da criação".[15]

Os extensos registros genealógicos de quase meio milhão de descendentes de colonos europeus no Quebec entre os séculos XVI e XVIII fornecem uma oportunidade única de testar a validade dessa teoria. Rastreando o número de descendentes das populações fundadoras no Quebec ao longo de quatro gerações, há evidências de que as maiores dinastias se originaram com colonos moderadamente fecundos, que tiveram um número limitado de filhos (e investiram de modo mais proporcional no capital humano deles), enquanto os fundadores com maior fecundidade, que formaram grandes famílias (e investiram de modo menos proporcional em cada uma delas), tiveram menos descendentes no decorrer do tempo. Em outras palavras, as evidências sugerem que, talvez paradoxalmente, um número moderado, e não grande, de filhos por família conduziu a uma quantidade maior de descendentes após várias gerações. Isso reflete os efeitos benéficos de um número menor de filhos na probabilidade de cada um destes sobreviver, casar-se, ser alfabetizado e então se reproduzir.[16] Evidências da Inglaterra no período entre 1541 e 1851 mostram um padrão semelhante: famílias que tendiam a investir no capital humano das crianças tiveram o maior número de filhos sobrevivendo até a idade adulta.[17]

As condições enfrentadas pelas populações fundadoras do Quebec durante esse período de alta fecundidade seriam parecidas com aquelas que os humanos encontraram durante sua dispersão pelo planeta em pelo menos um sentido: tendo povoado novos territórios, ambas as populações teriam se estabelecido em um ambiente cuja capacidade de sustento era de uma ordem de magnitude maior do que o tamanho da população fundadora. Extrapolando a partir dessa evidência, portanto, não é improvável que durante os períodos de alta fecundidade da era malthusiana — períodos em que o ritmo de adaptação poderia ter impacto significativo na composição da população — a prevalência de indivíduos com uma inclinação mais forte para o investimento na capacidade de sobrevivência de menos descendentes tenha aumentado de forma gradual.

Portanto, essas eram as rodas da mudança que giravam sob a superfície durante todo o curso da existência humana: as inovações tecnológicas sustentaram populações maiores e desencadearam a adaptação da população humana a seus ambientes ecológicos e tecnológicos; populações maiores e mais adaptadas fomentaram, por sua vez, a capacidade da humanidade de projetar novas tecnologias e obter o controle cada vez maior de seu ambiente. Juntas, foram essas engrenagens que levaram, por fim, a uma espetacular explosão de inovações em uma escala nunca antes vista na história da humanidade: a Revolução Industrial.

4

A todo vapor

As clássicas imagens da Revolução Industrial são deprimentes e sombrias: um complexo de fábricas têxteis com fumaça preta e espessa saindo de suas chaminés, em contraste com o outrora idílico campo inglês, e acompanhado de crianças pequenas sujeitas ao árduo trabalho braçal em ambientes urbanos poluídos e precários.[1] Tais representações foram gravadas em nosso imaginário coletivo por autores como William Blake e Charles Dickens, mas elas distorcem a essência desse período único da história.

Afinal, se as fábricas que poluíam o ar e os rios foram o cerne da Revolução Industrial, por que então a expectativa de vida aumentou e a mortalidade infantil despencou? Se o efeito da Revolução Industrial foi transformar agricultores alegres em empregados miseráveis, por que desde então os agricultores de todo o mundo têm migrado para as principais cidades industrializadas? E, se a Revolução Industrial, em seu cerne, era baseada na exploração de crianças, por que a legislação que proibia o trabalho infantil e que estabelecia escolas primárias apareceu durante essa época, e não em outras, e nas regiões e nações mais industrializadas, e não em outros lugares?

A verdade é que a industrialização deu nome a esse período revolucionário por ser sua característica mais nova e evidente, mas para compreender plenamente as implicações da Revolução Industrial é importante perceber que a própria industrialização foi um movimento secundário. Nas palavras do historiador econômico Deirdre McCloskey: "A Revolução Industrial não foi nem a era do vapor, nem a era do algodão, nem a era do ferro. Foi a era do progresso."[2]

A aceleração do desenvolvimento tecnológico

O progresso daquela época assumiu várias formas, uma das quais está obviamente ligada ao fenômeno da industrialização: houve uma impressionante *aceleração* do desenvolvimento tecnológico, como nunca se tinha visto na história até então. Cada uma das invenções que surgiram nesse período merece um lugar de honra nos anais tecnológicos da humanidade. O aumento quase incalculável do avanço tecnológico vinha ganhando ritmo desde o período do Iluminismo e, ao longo das centenas de anos seguintes, o número de invenções importantes que surgiram na Europa e na América do Norte excedeu todas aquelas criadas até então pela civilização humana com o passar de milhares de anos. O panorama tecnológico nessas regiões foi totalmente transformado.

O surgimento desse verdadeiro tsunami de ideias em tão pouco tempo e em uma região geográfica tão limitada torna tudo ainda mais impressionante. Mas novamente é impossível identificar um "choque" ou uma única invenção que catalisou tal onda. Desde a véspera da Revolução Industrial e ao longo de suas várias fases, a produtividade econômica da Grã-Bretanha melhorou de forma gradual e contínua.[3] Olhando hoje, pode parecer que tudo aconteceu da noite para o dia. Mas na verdade o processo se estendeu por um tempo muito maior do que a vida de qualquer indivíduo.

O desenvolvimento acelerado não era exclusividade da tecnologia industrial. A ciência também avançou em grande velocidade em todo o continente europeu, enquanto a arte, a literatura e a música igualmente se beneficiaram com a proliferação sem precedentes de novos gêneros e talentos. Esse foi um processo que, na verdade, começou durante o século XVII, quando os principais filósofos da cultura ocidental começaram a se afastar das antigas tradições da Grécia e da Igreja para então escrever fascinantes tratados a respeito da natureza da humanidade e do mundo.

No entanto, uma das invenções mais importantes do período estava de fato relacionada à industrialização. A máquina a vapor, projetada pelo ferreiro britânico Thomas Newcomen, entrou em uso comercial em 1712. Seu propósito era bastante simples: bombear água para fora das minas de carvão — uma tarefa complexa que exigia uma força de trabalho significativa no século XVIII. Então, entre os anos 1763 e 1775, a nova tecnologia foi aprimorada pelo engenheiro escocês James Watt, que adaptou os motores para a operação de máquinas de fábrica, disseminando seu uso industrial.

A operação repetitiva da máquina a vapor pode parecer tão pouco inspiradora quanto o conteúdo dos primeiros documentos escritos da história humana — pequenas tábuas sumérias registrando simples negociações e taxas de impostos, por volta de 3400 a.C. Esses escritos, no entanto, deram o pontapé inicial para um processo que em alguns milhares de anos levaria à *Epopeia de Gilgamesh*; ao *Mahabharata*; às *Mil e uma noites*; à *Eneida*, de Virgílio; a *O conto de Genji*, de Shikibu; à *Divina comédia*, de Dante; a *Hamlet*, de Shakespeare; a *Dom Quixote*, de Cervantes; a *Fausto*, de Goethe; a *Os miseráveis*, de Victor Hugo; e a *Crime e castigo*, de Dostoiévski. Enquanto isso, a máquina a vapor de Newcomen deu início ao salto tecnológico que, em apenas 250 anos, permitiria aos soviéticos lançar o *Sputnik* ao espaço, e aos americanos pousar humanos a bordo da *Apollo 11* na Lua.

A indústria têxtil foi a vanguarda da Revolução Industrial, o setor de alta tecnologia de sua época. Um panteão de inventores britânicos — com destaque para John Kay, Richard Arkwright, James Hargreaves, Edmund Cartwright e Samuel Crompton — projetou máquinas sofisticadas responsáveis por automatizar grande parte do processo de manufatura têxtil. A automação diminuiu as jornadas de trabalho necessárias para produzir cada rolo de tecido, causando a redução do valor das roupas produzidas e permitindo que famílias pobres na Europa e suas colônias comprassem vestimentas de qualidade superior. A princípio, as novas máquinas eram operadas com o uso de moinhos-d'água em fábricas construídas junto a rios e cachoeiras. No entanto, o advento da máquina a vapor livrou a indústria de sua dependência da água corrente e permitiu o desenvolvimento de cidades industriais em toda a Europa e América do Norte, embora a proximidade de minas de carvão continuasse necessária.[4]

Porém, o desenvolvimento tecnológico também revolucionou a construção de estruturas de grande escala, bem como o transporte por terra, mar e ar. Isso começou no início do século XVIII, quando o ferreiro Abraham Darby inventou um método novo e mais barato de fundir minério de ferro, incentivando o uso generalizado desse metal que possibilitaria, por fim, a construção de pontes e arranha-céus. Em meados do século XIX, o inventor e industrial Sir Henry Bessemer desenvolveu um mecanismo barato e rápido para a produção de aço resistente e flexível. As melhorias nas indústrias de ferro e aço, por sua vez, levaram ao desenvolvimento de novas e aprimoradas ferramentas de corte e processamento, que tiveram um impacto significativo em diversas indústrias, contribuindo, assim, para o surgimento de locomotivas a vapor, que reduziram drasticamente a duração das viagens de longa distância. No início do século XIX, a viagem de Nova York ao que em breve seria

Chicago levava cerca de seis semanas, mas em 1857 a ferrovia encurtou o tempo do percurso para apenas dois dias. O barco a vapor também reduziu as distâncias e o tempo de travessia dos mares, livrando o comércio marítimo de sua dependência dos ventos e acelerando, e muito, o ritmo da globalização.[5]

Esse período registrou outros avanços no campo da comunicação. O inventor americano Samuel Morse construiu o primeiro telégrafo eletromagnético comercial em 1844; em apenas três décadas, as principais linhas do mundo foram revestidas com fios telegráficos, e as mensagens podiam ser transmitidas em questão de minutos através de mares e oceanos. Em 1877, outro inventor americano, Thomas Edison, apresentou o fonógrafo, o primeiro dispositivo de gravação de áudio da história, e dois anos depois inventou a lâmpada incandescente — ou, talvez mais precisamente, melhorou a que havia sido inventada por seus predecessores. Enquanto acendia sua lâmpada, Edison proclamou: "Tornaremos a luz elétrica tão barata que apenas os ricos vão continuar acendendo velas", ressaltando o grande impacto dessa inovação.[6] Então, em 1882, Edison fundou em Nova York a primeira usina de energia comercial do mundo. A partir desse momento, a energia elétrica foi rapidamente adotada em uma série de campos e com o tempo foi substituindo a máquina a vapor nas fábricas. Além disso, o final do século XIX também testemunhou a invenção do motor de combustão interna, que logo permitiu que os automóveis substituíssem a carruagem como método mais comum de transporte local.

A pequena lista de inovações aqui apresentada não faz justiça à infinidade de avanços nos campos da química, da agricultura, da marcenaria, da mineração, da escavação de canais e na produção de materiais como concreto, vidro e papel; nem à longa lista de outras invenções inovadoras, como a bicicleta, o balão de ar quente, a linha de produção industrial e o elevador (que tornava prática a construção de arranha-céus); nem muito menos começa a tocar nos inúmeros novos instrumentos financeiros que evoluíram para custear esses empreendimentos. Quase todos os campos da atividade humana foram transformados radicalmente durante essa era de inovação.

A transformação no poder tecnológico das nações europeias e dos Estados Unidos balançou o equilíbrio do poder em todo o globo. A mudança foi tão rápida que pegou desprevenidas até mesmo sociedades desenvolvidas tecnologicamente em outros lugares; sem os recursos para resistir ao poderio militar europeu, suas populações nativas foram submetidas à opressão e à exploração. Especificamente, os governantes da Dinastia Qing, que em 1839 decidiram proibir o comércio com mercadores britânicos que haviam inundado a China com ópio, logo descobriram que a frágil marinha imperial desse país não era páreo para uma pequena frota de canhoneiras britânicas, as quais eram movidas por motores a vapor e blindadas com revestimento de aço. A vitória do Reino Unido na Primeira Guerra do Ópio (1839-42) foi bastante irônica, dado que tanto a pólvora quanto o revestimento de aço que garantiram sua vantagem no campo de batalha foram produzidos com tecnologia originada na China séculos antes.

Uma década depois, a vantagem tecnológica permitiu que a Marinha dos Estados Unidos, sob o comando do comodoro Matthew C. Perry, coagisse o Japão a assinar um acordo que encerrou mais de duzentos anos de isolacionismo. Esse fato desencadeou uma série de lutas pelo poder dentro da elite governante do Japão, entre aqueles que apoiavam a antiga ordem e os que reconheciam o poder tecnológico dos europeus e americanos, além da necessidade de grandes reformas. O conflito interno acabou terminando com a vitória das forças que defendiam o progresso tecnológico, social e industrial. Eles promoveram a Restauração Meiji — ou seja, o fim do sistema feudal como forma de governo do Japão e a restauração do poder imperial —, que transformou o Japão em uma potência tanto econômica quanto militar.

Inovações radicais e mudanças rápidas se tornaram marcas registradas da maneira como os europeus e seus descendentes norte-americanos pensavam, operavam, alimentavam-se, vestiam-se, passavam seu tempo de lazer, viam obras de arte e cultura e, claro, o modo como massacravam uns aos outros nos campos de batalha banhados de sangue, desde as guerras napoleônicas à Guerra Civil Americana. Enquanto isso, as ideias propostas por filósofos, escritores e cientistas europeus durante essa época revisavam de forma radical as concepções coletivas da natureza humana, da sociedade e do cosmos. Entre alguns círculos sociais tornou-se uma marca de status ser educado, estar atualizado quanto às ideias e aos debates mais recentes e capaz de expressar opiniões esclarecidas sobre, digamos, *O manifesto comunista*, o último romance de Victor Hugo ou a sensacional teoria de Charles Darwin sobre a origem das espécies.

Mas a característica fundamental dessa época — a saber, a aceleração do ritmo de inovação — teve um impacto mais profundo na educação do que apenas transformá-la em uma mercadoria cultural entre as classes médias e as elites. A educação se tornou protagonista no processo de desenvolvimento econômico. Indiscutivelmente, essa transformação foi mesmo mais significativa e duradoura do que a mecanização da manufatura, pois transformou o próprio propósito da educação — e a tornou, pela primeira vez, acessível às massas.

Educação na era pré-industrial

Durante a maior parte da história da humanidade, a educação formal estava acessível apenas para um pequeno e privilegiado setor da sociedade. Desde as civilizações mesopotâmica e egípcia, os filhos das elites aprendiam a ler, escrever e realizar tarefas aritméticas básicas a fim de se prepararem para assumir ocupações como escribas, sacerdotes e uma série de cargos administrativos. Também eram muitas vezes apresentados à astrologia, à filosofia e à teologia, por uma questão de enriquecimento espiritual e cultural, e como uma porta de entrada para as classes intelectuais.

Quando era fornecida a setores mais amplos da sociedade, a educação servia sobretudo a propósitos culturais, religiosos, sociais, espirituais e militares. A educação na antiga Pérsia, Grécia e Roma, por exemplo, visava acima de tudo cultivar a obediência e a disciplina com treinamento intelectual e físico voltado para fins culturais, religiosos e militares. Por outro lado, a educação confucionista e a budista foram planejadas para inculcar as virtudes da moralidade, do respeito pelos mais velhos e do bom caráter, visto que estes eram considerados a base da harmonia social. Os sistemas educacionais promovidos pelas religiões monoteístas, por sua vez, foram projetados para cultivar a fé, a moralidade, a adesão e o cumprimento das leis religiosas e a transmissão desses valores através das gerações. Em particular, um dos primeiros sistemas de educação em massa, o *cheder* judaico — criado há mais de dois mil anos —, foi projetado para educar meninos de quatro anos de idade, de modo a capacitá-los a cumprir sua obrigação religiosa de ler a Torá e aperfeiçoar sua fé, moralidade e identidade étnica. Depois, instituições religiosas semelhantes surgiram no mundo muçulmano, assim como no cristão, principalmente em regiões influenciadas pela Reforma Protestante. No entanto, em nenhum desses sistemas o desenvolvimento de habilidades que seriam úteis para ocupações profissionais de adultos foi a principal preocupação.

As taxas de alfabetização durante a maior parte da existência humana foram insignificantes. Estimativas da Idade Média, baseadas principalmente na proporção de pessoas capazes de assinar seu nome em diferentes documentos, apontam para taxas abaixo de 10% em países como China, França, Alemanha, Bélgica e Holanda e níveis ainda mais baixos em outras partes da Europa e do mundo.[7]

Contudo, nos séculos que antecederam a industrialização, à medida que a Europa apresentou seus primeiros avanços tanto na tecnologia quanto no comércio, a importância da educação começou a aumentar. Já no Renascimento, as civilizações europeias eram bem mais sofisticadas tecnologicamente do que outras sociedades contemporâneas. Entre suas principais invenções na era pré-industrial estavam a imprensa, o relógio de pêndulo, os óculos, o telescópio, o microscópio e inúmeras melhorias na agricultura e na navegação. A essa altura, por razões exploradas na segunda parte deste livro, outras civilizações que haviam ultrapassado a Europa em desenvolvimento tecnológico, incluindo a chinesa e a otomana, começaram a ficar para trás, e nos poucos séculos após o ano de 1500 a tecnologia mais avançada do mundo se tornou praticamente sinônimo de ciência europeia.[8] Essa diferença tecnológica se refletiu em uma crescente disparidade de alfabetização entre a Europa e o resto do mundo.

Até que ponto a imprensa de Gutenberg afetou as taxas de alfabetização — ou mesmo o crescimento econômico na Europa — permanece aberto para debate,[9] mas é indiscutível que a crescente alfabetização nessa época contribuiu para a ampliação e a proliferação da indústria gráfica e que, além disso, a impressão em massa de livros aumentou consideravelmente o desejo de ler e escrever entre os europeus que à época estavam preparados para isso. Na segunda metade do século XV, a Europa imprimiu treze milhões de cópias de livros; no século XVI, mais de duzentos milhões; no século XVII, mais de meio bilhão de cópias; e, no século XVIII, esse número disparou para aproximadamente um bilhão de cópias — uma taxa de crescimento muito acima da referente à população do continente.[10]

O que também fica claro é que o rápido crescimento da indústria livreira europeia estimulou mais mudanças tecnológicas e culturais, que por sua vez contribuíram para o aumento da formação de capital humano. O final do século XV se deparou com a impressão em massa de livros didáticos de "matemática comercial", escritos para ensinar os comerciantes-aprendizes a precificar seus bens, converter moedas e calcular as margens de lucro e os pagamentos de juros. Outros disseminaram o método da escrituração de partidas dobradas, considerado essencial, uma inovação que permitia aos comerciantes administrar suas contas de maneira racional. Os livros didáticos profissionais se espalharam em todo o continente europeu e se tornaram uma fonte indispensável de conhecimento para médicos, advogados e professores. Não é de surpreender, portanto, que as cidades que adotaram a imprensa no final do século XV tenham passado por um maior crescimento populacional, sobretudo devido à migração interna, e se tornado grandes centros literários e de pensamento intelectual, promovendo ainda mais a alfabetização como um objetivo nobre para cidadãos respeitáveis, e como uma virtude por si só.[11]

Nesse período, a Europa se tornou o lugar mais letrado e tecnológico na história. Em 1800, as taxas de alfabetização eram de 68% na Holanda, 50% na Grã-Bretanha e na Bélgica e cerca de 20% em outras nações da Europa Ocidental. Em sociedades não europeias, entretanto, elas só começaram a aumentar no século XX. Para a humanidade como um todo, a taxa de alfabetização de adultos era de apenas 12% em 1820, ultrapassando a marca dos 50% apenas em meados do século XX, e atualmente está em cerca de 86% (Fig. 7).

No entanto, a educação na Europa pré-industrial ainda não era voltada para a formação de habilidades a serem desempenhadas pela massa da força de trabalho. Filósofo tcheco do século XVII e um dos pioneiros da educação moderna, John Amos Comenius promoveu métodos pedagógicos inovadores, como a aprendizagem por meio de línguas vernáculas (em vez do latim), apresentando aos alunos diversos assuntos com graus de complexidade que cresciam com o tempo, aprimorando o pensamento lógico em lugar da tediosa memorização. No entanto, mesmo a mais revolucionária iniciativa de ensino inclusivo de Comenius, integrando as mulheres e os segmentos mais pobres da sociedade ao sistema educacional, foi projetada para incutir valores morais e culturais, e não para transmitir conhecimentos fundamentais para o mercado de trabalho. Poucas crianças, entre elas aquelas com sorte o bastante para obter uma educação rudimentar, adquiriam na escola habilidades e conhecimentos que eram relevantes para suas vidas profissionais adultas; esses saberes eram aprendidos, sobretudo, no próprio trabalho — lavrando os campos, realizando tarefas domésticas ou servindo como aprendizes.

A partir de meados do século XVII, a Europa Ocidental se tornou o lar de filósofos que defendiam uma noção de progresso baseada no conhecimento científico cumulativo, uma rejeição racionalista do misticismo e do dogma religioso e, às vezes, de valores progressistas, tais como igualdade de oportunidades, liberdade de expressão e liberdades individuais, bem como curiosidade e ceticismo. Durante essa era do Iluminismo, a educação — e, como consequência, o aprimoramento do capital humano — tornou-se cada vez mais importante, tanto cultural quanto economicamente. Mesmo assim, a metamorfose na natureza da educação — voltada para fins industriais e comerciais — ainda estava por vir.

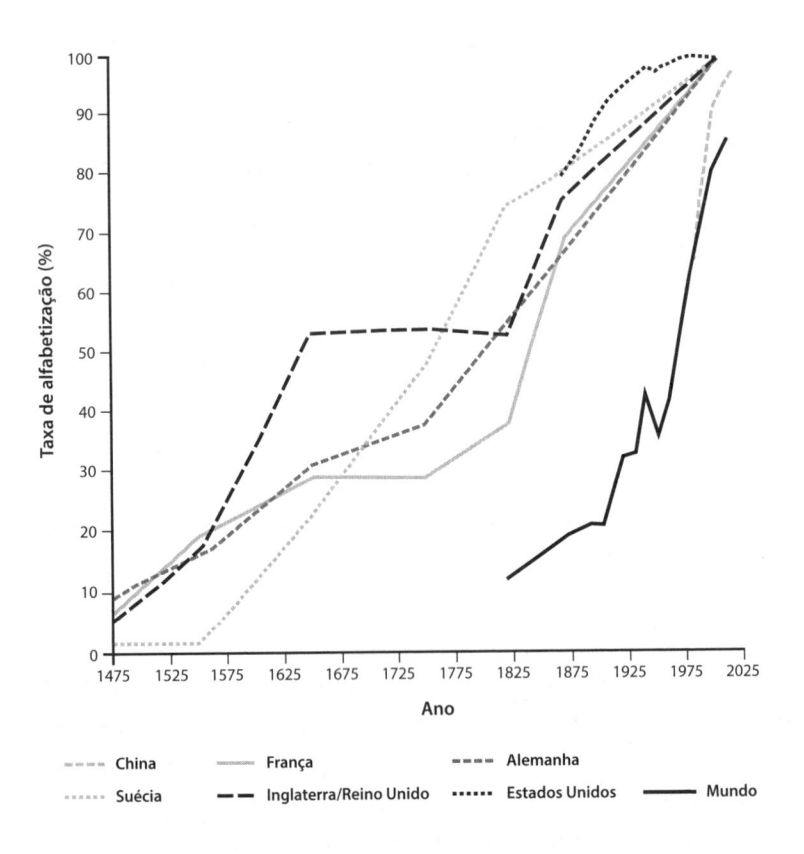

**Figura 7. Aumento das taxas de alfabetização
em todo o mundo, 1475-2010¹²**

Industrialização e capital humano

Na fase inicial da Revolução Industrial, a alfabetização e o conhecimento matemático desempenharam um papel limitado no processo de produção, o que faria o aprimoramento desses aspectos do capital humano ter um efeito também limitado na produtividade dos trabalhadores. Embora alguns destes, em especial os responsáveis por supervisão e administração, devessem saber ler e realizar operações aritméticas elementares, grande parte das tarefas na indústria era realizada com êxito por pessoas analfabetas.

Durante as fases subsequentes da Revolução Industrial, a demanda por mão de obra qualificada no crescente setor industrial aumentou de maneira acentuada. A partir de então, e pela primeira vez na história, a formação de capital humano — fatores que influenciam a produtividade do trabalhador, como educação, treinamento, habilidades e saúde — foi projetada e realizada objetivando principalmente satisfazer as crescentes necessidades de industrialização por uma força de trabalho munida de alfabetização e letramento matemático, bem como de habilidades mecânicas. E foi o que aconteceu em muitas nações industrializadas, mas de forma mais evidente entre os primeiros países que passaram pela industrialização — Inglaterra, França, Alemanha e Estados Unidos.

Na Inglaterra, a primeira fase da Revolução Industrial esteve associada à intensificação da mecanização no processo produtivo, mas sem o correspondente aumento na contratação de pessoas qualificadas. Em 1841, por exemplo, apenas 5% dos trabalhadores do sexo masculino e apenas 2% das do sexo feminino estavam empregados em ocupações em que se exigia a alfabetização.[13] Os trabalhadores desenvolviam habilidades sobretudo por meio do treinamento no local de trabalho, e o trabalho infantil era bastante valioso. Entretanto, durante os últimos estágios da Revolução Industrial, a escala da educação na Inglaterra mudou radicalmente. A proporção de crianças de 5 a 14 anos nas escolas primárias aumentou de 11% em 1855 para 25% em 1870, e no período entre 1870 e 1902 — quando o governo se responsabilizou por fornecer um sistema de ensino gratuito para a população — essa proporção aumentou para quase 74%.[14] Assim, as taxas de alfabetização entre os homens ingleses, as quais estavam em

torno de 67% na década de 1840, aumentaram significativamente, chegando a 97% no final do século.[15]

Na França, o desenvolvimento do sistema educacional
ocorreu bem antes da Revolução Industrial, mas o processo
foi aprofundado e transformado para satisfazer as necessidades industriais durante as primeiras fases da industrialização.
A oferta dos ensinos fundamental e médio nos séculos XVII
e XVIII foi dominada pela Igreja e pelas ordens religiosas,
embora algumas intervenções do Estado na formação técnica e profissional objetivassem reforçar o desenvolvimento
do comércio, da manufatura e da eficiência militar. Após a
Revolução Francesa, o Estado estabeleceu escolas primárias
e seletivas de ensino médio e superior, com o objetivo de produzir elites eficazes para operar o aparato militar e governa-
mental.[16] Tendo em vista a crescente demanda industrial por
capital humano, a oferta de educação primária e superior foi
ampliada, e o número de comunidades sem escolas caiu 50%
entre 1837 e 1850. Entre 1881 e 1882, um sistema universal,
gratuito, obrigatório e secular de escolas primárias foi estabelecido, enfatizando o ensino técnico e científico, e a proporção
de crianças de 5 a 14 anos nas escolas primárias aumentou de
52% em 1850 para 86% em 1901.[17]

Na Prússia, assim como na França, os passos iniciais para
a educação obrigatória ocorreram no início do século XVIII,
também bem antes da Revolução Industrial, e a escolarização
era vista acima de tudo como uma forma de unificar o Estado. Na segunda parte do século XVIII, a educação se tornou
obrigatória para todas as crianças de 5 a 13 anos, porém essas
leis não eram totalmente aplicadas, em parte devido à falta de
financiamento. No início do século XIX, motivado pela necessidade de coesão nacional, eficiência militar e burocracia
treinada, o sistema educacional foi mais uma vez reformado. A
escolarização se tornou obrigatória e secular por um período

de três anos, e o ginásio foi reformulado, passando a ser uma instituição estatal que oferecia nove anos de formação para a elite.[18] Como na Inglaterra e na França, a industrialização na Prússia coincidiu com a implementação do ensino fundamental universal. As escolas secundárias também começaram a atender às necessidades industriais; as *Realschulen*, que enfatizavam o ensino de matemática e ciências, foram implementadas aos poucos, e ainda foram criadas escolas profissionalizantes e comerciais. No geral, o total de matrículas na escola secundária aumentou seis vezes entre 1870 e 1911.

A industrialização nos Estados Unidos também resultou no aumento da importância do capital humano no processo de produção e na economia como um todo.[19] A ascensão dos setores industrial, empresarial e comercial no final do século XIX e início do século XX aumentou a demanda por gerentes, funcionários administrativos e vendedores instruídos, que recebiam treinamento em contabilidade, datilografia, estenografia, álgebra e comércio. No final da década de 1910, as indústrias mais avançadas tecnologicamente exigiam mão de obra de trabalhadores com treinamento em geometria, álgebra, química, desenho mecânico e habilidades relacionadas. A estrutura da educação foi transformada para atender a essas necessidades, e o total de matrículas nas escolas secundárias públicas aumentou setenta vezes de 1870 a 1950.[20]

Esses registros históricos indicam claramente que os avanços tecnológicos no curso da industrialização são associados à formação de capital humano. Mas a questão é: há evidências substanciais de que essa associação comprova que a industrialização é a causa, e a formação de habilidades, seu efeito? Afinal, pode ser que essa associação reflita o impacto da formação do capital humano na evolução do setor industrial, ou então que alguns outros fatores culturais ou institucionais tenham gerado tanto a industrialização quanto a educação.

Para estabelecer uma linha de causalidade entre a aceleração tecnológica e a industrialização, por um lado, e a formação de capital humano, por outro, vamos recorrer a um experimento histórico quase natural, ou a um *quase experimento*.

Na França, a máquina a vapor — uma das invenções mais importantes nos estágios iniciais da Revolução Industrial — foi utilizada pela primeira vez em uma mina em Fresnes-sur--Escaut, uma pacata vila perto da fronteira franco-belga. As evidências sugerem que, devido à difusão regional dessa nova tecnologia, ao longo de meados do século XIX, quanto mais próxima uma região ou *département* (unidade administrativa criada em 1790) estava dessa vila, mais rápida foi sua adoção ao motor a vapor. A distância geográfica de Fresnes-sur-Escaut poderia, portanto, prever a presença relativa de motores a vapor em cada região. Em outras palavras, embora o número *real* de máquinas a vapor em qualquer lugar possa ter sido afetado pelo nível de educação preexistente naquele *département*, além de outros fatores capazes de atrapalhar essa análise, a *distância* de Fresnes-sur-Escaut pode ser usada para avaliar o potencial impacto causal da tecnologia na educação, uma vez que: (a) prevê diretamente a presença de motores a vapor, (b) não pode ser afetada por níveis preexistentes de educação ou mesmo por outros fatores e (c) não tem efeito direto no nível de educação, apenas indireto por meio de seu impacto no número de motores a vapor. (Afinal, Fresnes-sur--Escaut não foi, e quanto a isso podemos ter certeza, o primeiro lugar a adotar a *educação* na França e, portanto, não foi a origem de sua difusão por todo o país.)

Usando esse método, podemos concluir que a aceleração tecnológica na forma de industrialização, refletida pelo número de motores a vapor em cada *département* francês, e constatada pela distância a partir de Fresnes-sur-Escaut, teve um impacto positivo em diversas medidas de formação de capital humano na década de 1840, inclusive na parcela da população cursando ensino fundamental e nas taxas de alfabetização entre os recrutas do exército. Quanto mais máquinas a vapor em cada *département*, maior o investimento em capital humano.[21] Da mesma forma, outros indícios mostram que o uso de máquinas a vapor na Grã-Bretanha do início do século XIX aumentou a intensidade da qualificação da força de trabalho da população próxima, sobretudo em ocupações mecânicas.[22]

O impacto do avanço tecnológico na formação de capital humano também é observado nos Estados Unidos.[23] Evidências baseadas na expansão de ferrovias em novas cidades americanas durante o período entre 1850 e 1910 sugerem que os condados que tiveram a sorte de serem conectados à rede ferroviária nacional se caracterizavam por taxas de alfabetização mais elevadas e trabalhadores mais qualificados, como engenheiros, técnicos, médicos e advogados, e apresentavam uma parcela menor da população empregada no setor agrícola.[24]

Esse grande número de descobertas sugere que o desenvolvimento tecnológico e comercial durante a Revolução Industrial *estimulou* vários modos de investimento em capital humano. Em algumas sociedades, o capital humano assumiu o modelo de alfabetização e educação formal, enquanto em outras estava associado à profissionalização de ofícios.

Partindo do argumento do capítulo anterior — de que o desenvolvimento tecnológico e o capital humano criaram um ciclo de reforço mútuo —, não será surpresa dizer que também existem evidências de que esse capital humano aprimorado permitiu o surgimento de *ainda mais* avanços tecnológicos.[25] De fato, uma das razões por que alguns argumentam que a Revolução Industrial eclodiu na Grã-Bretanha, e não em qualquer outro lugar da Europa, seria a sua vantagem comparativa em capital humano, que se provou particularmente benéfica nos estágios iniciais da industrialização. Afinal, sem dúvida o país era rico em carvão, fonte de combustível essencial para as primeiras máquinas a vapor, mas o mesmo acontecia com muitos outros. No entanto, a Grã-Bretanha também tinha uma matéria-prima mais incomum — o capital humano. Os historiadores descrevem a presença, naquela época, de uma grande classe de carpinteiros, metalúrgicos, sopradores de vidro, entre outros profissionais, que foram capazes de dar apoio ao trabalho dos melhores inventores, e construir, ou mesmo melhorar, suas criações inovadoras.[26] Esses artesãos transmitiram suas habilidades para aprendizes, cujo número disparou nos estágios iniciais da Revolução Industrial, e foram fundamentais na adoção, no avanço e na proliferação de tecnologias industriais.[27]

E, de fato, os engenheiros que emigraram da Grã-Bretanha se tornaram os pioneiros industriais de muitos outros países, como Bélgica, França, Suíça e Estados Unidos. A primeira fábrica têxtil da América do Norte, por exemplo, foi construída na cidade de Pawtucket, em Rhode Island, em 1793 — a apenas alguns quilômetros da Brown University, local em que este livro foi escrito. Financiada pelo industrial americano Moses Brown, a fábrica foi uma iniciativa do industrial anglo-americano Samuel Slater, que chegou aos Estados Unidos aos 21 anos. Slater havia trabalhado em uma fábrica têxtil na Grã-Bretanha desde os dez anos de idade, e lá desenvolveu uma compreensão pioneira a respeito dos aspectos técnicos das máquinas de fiar hidráulicas de Richard Arkwright. Na esperança de proteger sua vantagem tecnológica, o governo britânico proibiu a exportação da máquina, e até mesmo os projetos necessários para sua construção. No entanto, Slater encontrou uma maneira simples, mas terrivelmente difícil, de contornar tal proibição — memorizando os desenhos do projeto. A influência de Slater, que é conhecido como o "Pai da Revolução Industrial Americana", foi tão significativa que alguns britânicos em sua cidade natal o apelidaram de "Slater, o Traidor".

A contribuição de uma força de trabalho qualificada para o desenvolvimento tecnológico também é corroborada por evidências históricas de alguns dos outros países que viveram o processo de industrialização primeiro.[28] Na Prússia do século XIX, por exemplo, a alfabetização teve impacto positivo na inovação, conforme refletido pelos números de registro de patentes.[29] Além disso, um estudo sugere que as assinaturas da *Encyclopedie* nas cidades francesas do século XVIII (refletindo o tamanho de sua elite instruída) estiveram positivamente correlacionadas com as inovações tecnológicas das empresas francesas nas mesmas cidades um século depois.[30] Da mesma forma, a análise entre países indica que o número de engenheiros em vários deles teve um efeito persistente sobre a renda *per capita*.[31] E, no mundo moderno, a formação de capital humano incentiva o empreendedorismo, a adoção de novas tecnologias e métodos de trabalho, e, de modo mais geral, o crescimento econômico.[32]

Então como se deu, na prática, esse aumento na educação pública em massa?

O advento da educação pública universal

Em 1848, um dos livros mais influentes da história humana foi lançado em Londres: *O manifesto comunista*, de Karl Marx e Friedrich Engels. Os dois autores acreditavam, e com bastante razão, que as convulsões sociais e políticas pelas quais o mundo passava estavam diretamente relacionadas à rápida mudança tecnológica nos métodos de produção da época. Eles argumentavam que a ascensão da classe capitalista teve um papel importante na derrubada da ordem feudal e na geração do progresso econômico, mas sustentaram que a competição cada vez mais acirrada entre os capitalistas só poderia resultar em uma redução em seus lucros, induzindo-os a intensificar a exploração dos trabalhadores. A luta de classes seria, portanto, inevitável, uma vez que a sociedade necessariamente chegaria ao ponto em que os "proletários não têm nada a perder, a não ser seus grilhões".

O pilar central da tese marxista era a inevitável luta pelo poder entre capitalistas e trabalhadores que levaria, em última instância, a uma revolução e à destruição da sociedade de classes. É verdade que as nações industrializadas passaram por conflitos duros e muitas vezes violentos entre capitalistas e trabalhadores organizados no final do século XIX e início do século XX. No entanto, a revolução comunista prevista por Marx e Engels, com tantos lugares possíveis, aconteceu em 1917 na Rússia, onde o setor agrícola oferecia mais de 80% do índice total de empregos. Na realidade, as nações capitalistas mais industrializadas nunca passaram por uma revolução de classe bem-sucedida, nem durante a vida de Marx e Engels, nem desde então.

Como a "inevitável luta de classes" e a revolução comunista profetizadas pelo *Manifesto* foram evitadas na maioria das sociedades? Uma explicação para essa pergunta é que a ameaça de revolução levou as nações industrializadas a adotarem políticas destinadas a aliviar as tensões entre classes e a reduzir a desigualdade — principalmente, a expansão dos direitos de voto e, com isso, do poder de redistribuir a riqueza, bem como a ascensão do Estado de bem-estar social.[33]

Mas uma hipótese alternativa gira em torno do papel fundamental que o capital humano começou a desempenhar no processo de produção durante a era da industrialização. Por esse ponto de vista, investir na educação e na qualificação da força de trabalho se tornou cada vez *mais* importante para a classe capitalista, e não menos, à medida que ela passou a perceber que, de todo o capital à sua disposição, era o capital humano que detinha a chave para evitar o declínio em suas margens de lucro.[34] Em particular, as habilidades profissionais específicas fundamentais para os primeiros passos do país em direção à industrialização foram substituídas não pela falta de competência, como alguns podem supor, mas sim pela necessidade de um conjunto mais geral de habilidades adaptáveis, que permitiriam à força de trabalho enfrentar os desafios associados aos ambientes tecnológicos e institucionais que *rapidamente se transformavam*. Nessas condições, os trabalhadores eram beneficiados por uma educação ampla e flexível, no lugar de uma formação voltada exclusivamente para habilidades vocacionais direcionadas a uma tarefa ou ocupação específica.[35]

Por esse aspecto, ao contrário da conjectura de Marx, de que a Revolução Industrial corroeria a importância do capital humano, permitindo que os detentores dos meios de produção explorassem seus trabalhadores de maneira mais cruel, a transformação tecnológica ao longo do processo de produção tornou o capital humano um elemento cada vez mais importante no aumento da produtividade industrial. Em vez de uma revolução comunista, portanto, a industrialização desencadeou uma revolução na educação em massa. As margens de lucro dos capitalistas pararam de encolher e os salários dos trabalhadores começaram a subir, e, por fim, a ameaça de conflito de classes — o coração do marxismo — começou a desaparecer. Assim, de forma mais simples, as sociedades industriais em todo o mundo, mesmo aquelas que resistiram a outros aspectos da modernidade ocidental, apoiaram a oferta de educação pública, sobretudo porque perceberam a importância da escolarização geral das massas em um ambiente tecnológico dinâmico, tanto para os empresários quanto para os próprios trabalhadores.

Entretanto, os industriais relutavam em financiar a educação de sua potencial força de trabalho, pois não havia qualquer garantia de que esses trabalhadores não iam utilizar suas habilidades recém-adquiridas para encontrar emprego em outro lugar. E de fato, em 1867, James Kitson, o britânico magnata do ferro, relatou a uma comissão oficial que os industriais estavam retendo o financiamento de escolas porque temiam que seus concorrentes tirassem proveito disso.[36] Na Holanda e na Grã-Bretanha, alguns industriais financiaram escolas particulares, mas tiveram pouco sucesso. Os poucos capitalistas que abriram e mantiveram escolas nesse período, como o fabricante têxtil galês Robert Owen, foram motivados sobretudo por razões filantrópicas, e não comerciais.

À medida que se tornava cada vez mais claro que o desenvolvimento de certas habilidades era necessário para a criação de uma sociedade industrial, as preocupações anteriores de que a alfabetização tornaria as classes trabalhadoras mais suscetíveis a ideias radicais e subversivas foram descartadas, e assim os capitalistas começaram a fazer lobby junto aos governos pela oferta pública da educação. Industriais na Bélgica, Grã-Bretanha, França, Alemanha, Holanda e Estados Unidos se engajaram ativamente em influenciar a estrutura dos sistemas de educação pública de seus países e encorajaram seus líderes a ampliar o investimento na educação em massa. Por fim, os governos nacionais cederam à pressão dos industriais e aumentaram seus gastos com a educação de nível fundamental.

Em 1867 e 1868, o governo britânico criou a Comissão Parlamentar para Educação Científica. E assim teve início um período de quase vinte anos de várias investigações do parlamento a respeito da relação entre as ciências, a indústria e a educação, destinadas a atender às demandas dos capitalistas. Uma sequência de vários relatórios, baseados nessas investigações, reforçou o modo como supervisores, gerentes, proprietários e trabalhadores em geral vinham recebendo treinamento inadequado. Os estudos argumentaram que a maioria dos gerentes e proprietários não entendiam o processo de fabricação e, portanto, não promoviam a eficiência, não investigavam técnicas inovadoras nem valorizavam as habilidades de seus trabalhadores.[37] Os relatórios apontaram também várias recomendações, como a necessidade de reorganizar as escolas primárias, revisar o currículo em todo o sistema escolar (particularmente no que diz respeito à indústria e à manufatura) e melhorar a formação de professores. Além disso, recomendavam a introdução do ensino técnico e científico nas escolas secundárias.

Aos poucos, o governo cedeu aos capitalistas e aumentou o financiamento para o ensino primário e para o superior. Em 1870, o Estado assumiu a responsabilidade de garantir a educação primária universal e, em 1880, antes da significativa ampliação do direito ao voto em 1884, a educação se tornou obrigatória em toda a Grã-Bretanha.

Alguns setores resistiram à oferta de educação pública no país. E o fato dessa resistência ter partido da elite rural, e não da elite industrial, já diz muito por si só. Em 1902, quando o Parlamento aprovou a Lei da Educação que estabelecia a oferta de um sistema de ensino gratuito para a população, havia uma demanda crescente, nas indústrias de manufatura e serviços, por técnicos, engenheiros, escriturários, advogados e trabalhadores capazes de ler projetos, manuais de instrução e inventários de armazém. Os industriais só tinham a ganhar com um investimento em capital humano que aumentaria a produtividade de seus trabalhadores. Mas, do ponto de vista de uma família rica de proprietários de terras, a produção de um agricultor instruído não seria muito superior à de seus colegas sem instrução, de modo que não havia estímulo para apoiar a educação pública. Pelo contrário, caso você tivesse a sorte de ser um rico proprietário de terras, seria capaz de fazer um forte lobby para *impedir* que seus agricultores arrendatários investissem na educação dos filhos, limitando o incentivo para que estes deixassem suas terras em busca das novas oportunidades que estavam sendo criadas para trabalhadores qualificados. E, de fato, membros do Parlamento cuja base eleitoral tinha proporções relativamente altas entres os trabalhadores em profissões industriais votaram, em sua grande maioria, a favor da Lei da Educação, enquanto as bases que mais se opuseram à implementação de uma educação abrangente vinham da agricultura intensiva, em que a pequena nobreza possuía mais poder.[38]

Outro fator importante na oposição à educação pública foi a concentração da propriedade da terra. Em áreas agrícolas onde a terra era distribuída de forma mais igualitária, os proprietários tinham pouca voz para impedir as reformas educacionais, uma vez que seus ganhos com a agricultura eram relativamente limitados em comparação com o impacto que a educação teria sobre o bem-estar de seus próprios filhos. No entanto, em lugares onde a terra estava concentrada nas mãos de poucos, os proprietários que em muito dependiam da agricultura para manter sua riqueza, e que desejavam estancar o êxodo de seus trabalhadores para as cidades vizinhas, foram bastante hostis à implementação de uma educação pública abrangente.[39]

Dessa forma, a desigualdade histórica na propriedade da terra possivelmente teve um forte efeito no ritmo de transição da agricultura para a indústria e no surgimento do regime moderno de crescimento. Isso é confirmado pelo ritmo variável das reformas educacionais nos Estados Unidos no início do século XX, onde a distribuição desigual de terras teve um efeito adverso sobre os gastos com educação.[40] Na verdade, a distribuição relativamente igualitária de terras no Canadá e nos Estados Unidos, em comparação com a América Latina, pode fornecer uma explicação parcial para a disparidade educacional entre essas duas regiões. Além disso, na América do Sul os padrões educacionais são mais elevados em países como Argentina, Chile e Uruguai, onde a distribuição da propriedade da terra era (relativamente) mais uniforme. E em outras áreas do mundo, como Japão, Coreia, Taiwan e Rússia, a promulgação de reformas agrárias que equalizaram parcialmente a propriedade da terra acompanhou novas reformas que, por sua vez, melhoraram a educação da população em geral.

Em última análise, na segunda fase da industrialização, a união dos interesses de crianças, pais e industriais superou os interesses dos proprietários de terras, e a educação se espalhou para todas as camadas da sociedade entre as primeiras nações industrializadas. Embora na virada do século XIX relativamente poucos adultos nos países ocidentais tivessem recebido escolarização básica, na virada do século XX a educação estava completamente reformulada, e quase 100% dos adultos na Grã-Bretanha, nos Estados Unidos e em outras nações industrializadas tinham concluído o ensino fundamental — uma virada gigantesca que também ocorreu no mundo em desenvolvimento em meados desse mesmo século, uma vez que o ritmo do avanço tecnológico estimulou essa transformação.

Com certeza, esse progresso levou a outras melhorias indiscutíveis na vida dos trabalhadores. Cinquenta anos depois que Marx profetizou o espectro da luta de classes, os salários dos trabalhadores estavam aumentando, as fronteiras de classe começaram a ficar permeáveis e a educação em massa permitiu a democratização de mais oportunidades, bem como a eliminação de uma prática especialmente cruel, mas generalizada: o trabalho infantil.

O fim do trabalho infantil

Em 1910, o fotógrafo americano Lewis Hine fez um retrato de uma menina de doze anos descalça e vestida em trapos, encostada em uma grande máquina de uma fábrica de tecidos. O nome dela era Addie Card e sua expressão séria era perturbadora. Hine e outros fotógrafos imortalizaram muitas imagens parecidas do trabalho infantil nos Estados Unidos e na Grã-Bretanha, e suas fotos logo se tornaram alguns dos símbolos mais icônicos da Revolução Industrial. Essas imagens causaram protestos públicos e resultaram em uma legislação que proibiu essa prática. Mas, ao contrário da crença popular, essa prática não foi uma inovação da Revolução Industrial, nem mesmo um fator significativo no processo de industrialização. Na verdade, o trabalho infantil também não foi erradicado por causa da legislação contra ele.

O trabalho infantil foi um elemento intrínseco às sociedades humanas ao longo da história, pois os desafios de uma existência de subsistência exigiam que as crianças de pouca idade realizassem uma infinidade de tarefas pesadas, tanto domésticas quanto agrícolas. Porém, quando a Revolução Industrial estourou, a incidência do fenômeno atingiu uma magnitude até então sem precedentes. Os rendimentos das famílias nas áreas urbanas mal superavam a subsistência, e as crianças, a partir dos 4 anos, eram enviadas para trabalhar nos setores da indústria e da mineração. O trabalho infantil predominava principalmente nas fábricas têxteis, onde suas mãozinhas delicadas eram úteis para desobstruir as máquinas. O ciclo da pobreza era reforçado pelas condições de trabalho deprimentes, abusivas e perigosas que as crianças vivenciaram durante esse período, junto com sua privação educacional.[41]

Addie Card, doze anos. Máquina de fiar
algodão na fábrica em North Pownal.
Vermont, 1910[42]

Mas as rápidas mudanças tecnológicas no curso da industrialização e seu impacto na demanda por mão de obra qualificada reduziram, gradualmente, a lucratividade do trabalho infantil, para os pais e também para os industriais, de duas maneiras. Primeiro, as novas máquinas minimizaram a produtividade relativa das crianças ao automatizar as tarefas mais simples que elas eram capazes de fazer, aumentando, assim, a diferença entre a capacidade de ganho dos pais e dos filhos e reduzindo os benefícios parentais do trabalho infantil. Em segundo lugar, o aumento da importância do capital humano no processo de produção induziu os pais a investirem o tempo e a energia dos filhos na educação, e não no trabalho, levando os industriais, ansiosos para que sua mão de obra estivesse melhor qualificada com as habilidades relevantes, a apoiarem as leis que limitaram e por fim proibiram o trabalho infantil.[43]

A primeira legislação efetiva para limitar o trabalho infantil foi aprovada na Grã-Bretanha, em 1833. Conhecida como Lei de Fábrica (*Factory Act*), ela proibia o emprego de crianças menores de 9 anos em fábricas, limitava a nove horas por dia a jornada de trabalho de crianças de 9 a 13 anos e proibia o turno da noite para menores de 18 anos. Em 1844, o Parlamento aprovou uma nova lei, limitando as crianças de 9 a 13 anos a jornadas de seis horas e meia de trabalho, para que pudessem dedicar três horas diárias à escola, restringiu a doze horas por dia a jornada de crianças de 14 a 18 anos e passou a exigir o cumprimento de requisitos de segurança na operação e na limpeza das máquinas manipuladas pelos trabalhadores mirins. Nos anos seguintes, a Grã-Bretanha aprovou novas medidas que aumentavam a idade mínima para trabalhar e obrigavam os proprietários de fábricas a pagar pela educação de seus trabalhadores mais jovens.

Uma vez que as diversas regulamentações eram equivalentes a um imposto sobre o emprego de crianças, muitos apontam que a legislação teve um papel fundamental na erradicação do trabalho infantil na Grã-Bretanha. Embora isso possa ter sido mesmo um fator contribuinte, o trabalho infantil já estava em queda na Grã-Bretanha muito antes da intervenção estatal.[44] Na indústria de algodão britânica, a proporção de trabalhadores com menos de 13 anos caiu de quase 13% em 1816 para 2% em 1835, antes de qualquer aplicação efetiva do novo código do trabalho. Uma tendência semelhante ocorreu na indústria de linho. Os avanços tecnológicos tiveram um peso importantíssimo na erradicação do trabalho infantil muito antes da legislação, em parte porque as máquinas, como a *spinning mule*, equipamento de fiação automática criado por Richard Roberts, já haviam reduzido a necessidade de trabalho infantil em muitos setores. E, embora a indústria da seda estivesse isenta das restrições da lei sobre o trabalho infantil, devido à sua disputa com produtores estrangeiros que tinham acesso à matéria-prima mais barata, a proporção de crianças trabalhadoras nas fábricas de seda também caiu, indo de quase 30% em 1835 para 13% em 1860. Se a indústria têxtil serve para demonstrar uma tendência, é possível que, mesmo sem a legislação, o trabalho infantil também tivesse diminuído de forma significativa nos demais setores.

Na verdade, na segunda metade do século XIX o financiamento público para a educação retirou dos empregadores todo o ônus de financiar os estudos de seus funcionários, o que na prática reduziu o "imposto" sobre o trabalho infantil. No entanto, o número de crianças empregadas nas fábricas nunca voltou ao nível da virada do século. No período entre 1851 e 1911, a proporção de meninos de 10 a 14 anos empregados em fábricas caiu de aproximadamente 36% para menos de 20%; para as meninas, a proporção caiu de quase 20% para quase 10%.[45] Tendências semelhantes foram registradas na maioria dos países desenvolvidos. A legislação parece ter desempenhado apenas um papel secundário nesses processos, enquanto os principais fatores que reduziram o emprego e a exploração das crianças foram o aumento da disparidade de renda entre pais e filhos e a mudança de mentalidade em relação à educação.

Dado que essas mudanças de mentalidade se deveram em grande parte à crescente demanda por capital humano, não é surpresa que o flagelo do trabalho infantil tenha desaparecido primeiro nas nações mais industrializadas e, dentro delas, nas áreas mais industrializadas.[46] Nos Estados Unidos, as leis que limitam o trabalho infantil foram aprovadas pela primeira vez em 1842 em Massachusetts, um importante estado industrializado. Os governadores dos estados que passaram pelo processo de industrialização não eram necessariamente mais esclarecidos, mas o rápido ritmo do progresso tecnológico acelerou a demanda por capital humano, reduziu a dependência do trabalho infantil e diminuiu a oposição à legislação que o restringia. Logo, leis semelhantes foram aprovadas em todos os estados que haviam sido transformados pela Revolução Industrial, e só mais tarde se espalharam para os estados mais agrícolas do país. À medida que o ritmo do progresso tecnológico ganhava força nos Estados Unidos e a importância da educação se tornava cada vez mais clara, o trabalho infantil foi sendo lentamente eliminado. Entre os anos 1870 e 1940, a proporção de garotos americanos de 14 a 15 anos que trabalhavam caiu de 42% para 10%. Padrões semelhantes foram registrados entre meninas e crianças mais novas.

Um exemplo fascinante da percepção do impacto da tecnologia no trabalho infantil da época pode ser visto em um anúncio de trator de 1921. Para convencer os agricultores a comprarem a máquina, os comerciantes enfatizaram a crescente importância do capital humano. A campanha destacava que o principal benefício da nova tecnologia era a força de trabalho que ela economizava, permitindo que os agricultores mandassem seus filhos à escola mesmo durante a primavera — a estação mais movimentada do ano agrícola. Curiosamente, os anunciantes enfatizavam a importância do capital humano "em todas as esferas da vida, incluindo a agricultura". Talvez eles estivessem tentando tranquilizar os agricultores americanos quanto à possibilidade de seus filhos escolarizados optarem por trabalhar no crescente setor industrial, em vez de permanecerem na fazenda da família.

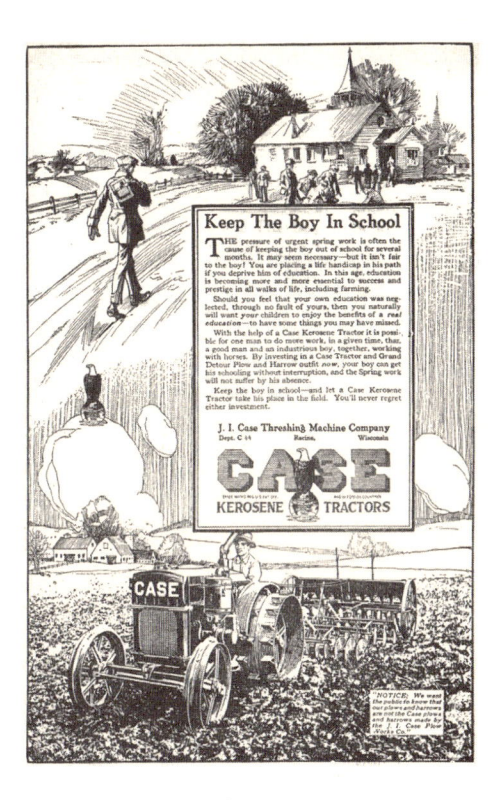

Anúncio de trator, 1921
"Mantenha o menino na escola"

A pressão pela urgência do trabalho na primavera muitas vezes é a razão para tirar o menino da escola durante vários meses. Pode até parecer necessário — mas não é justo com ele! Você está colocando um obstáculo na vida do menino caso o deixe sem educação. Nessa idade, a educação está se tornando cada vez mais essencial para o sucesso e o prestígio em todos os aspectos da vida, incluindo a agricultura.

Com a ajuda de um trator a querosene Case é possível que um homem faça mais trabalho em determinado tempo do que um bom homem e um menino hábil trabalhando juntos, usando cavalos. Investindo agora no trator Case e na grade de arado

Grand Detour, seu menino pode continuar a estudar sem ser interrompido, e o trabalho da primavera não sentirá falta dele.

Mantenha o menino na escola — e deixe um trator a querosene Case tomar o lugar dele no campo. Você nunca vai se arrepender de nenhum dos investimentos.[47]

Um aumento impressionante na taxa de inovação tecnológica, a chegada da educação em massa e o fim do trabalho infantil: nesses três aspectos fundamentais, a Revolução Industrial foi de fato a era do progresso. No entanto, foi o impacto desses fatores nas mulheres, nas famílias e na taxa de natalidade que ocasionou a transição de fase e nos permitiu escapar da armadilha malthusiana.

5

Metamorfose

Durante as primeiras fases da Revolução Industrial, em meio ao rápido progresso tecnológico e ao aumento da renda, as populações da maioria das nações em industrialização cresciam a toda a velocidade. No entanto, na segunda metade do século XIX, essa tendência se inverteu: o crescimento populacional e as taxas de natalidade nos países desenvolvidos caíram drasticamente — um padrão que se repetiu no resto do mundo em um ritmo mais rápido durante o século XX.[1] Entre 1870 e 1920, as taxas de fecundidade caíram entre 30% e 50% na maior parte das nações da Europa Ocidental (Fig. 8), e nos Estados Unidos caíram de forma ainda mais abrupta.[2] Esse grande colapso nas taxas de fecundidade, junto da queda nas taxas de mortalidade, que muitas vezes o precedia, ganhou o nome de Transição Demográfica.

A Transição Demográfica destruiu um dos pilares do mecanismo malthusiano. De repente, rendas mais altas não eram mais canalizadas para sustentar uma população maior. O "excedente de pão" não precisava mais ser dividido entre um número maior de crianças. Em vez disso, pela primeira vez na história da humanidade, o progresso tecnológico levou a uma elevação nos padrões de vida no longo prazo, o que soou como uma sentença de morte para a época de estagnação. Foi esse declínio na fecundidade que abriu as garras da armadilha malthusiana e proclamou o nascimento da era moderna de crescimento prolongado.[3]

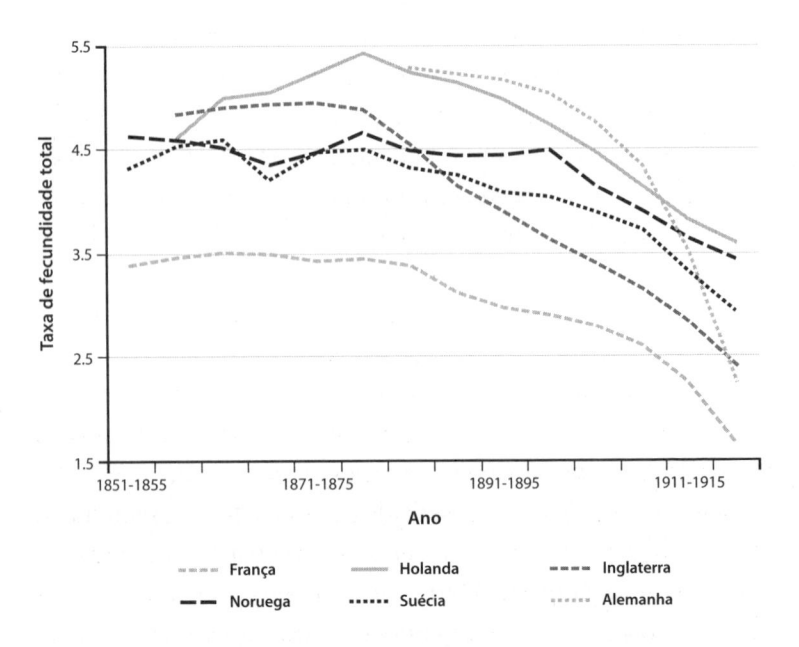

Figura 8. Crianças a cada mulher nas nações da Europa Ocidental, 1850-1920[4]

Mas por que essa Transição Demográfica aconteceu? Do nosso ponto de vista contemporâneo, pode-se supor que a contracepção tenha sido um fator importante. Na ausência de formas modernas de controle de natalidade, os meios mais comuns de evitar a gravidez nessa época eram as estratégias antigas, tais como adiar o casamento, a abstinência e, é claro, o coito interrompido. Na Europa Ocidental, durante os períodos de escassez, a idade média para o casamento aumentou, assim como o predomínio do celibato — dois fatores que resultaram na queda das taxas de natalidade. Como observou William Cobbett, parlamentar inglês e principal ativista contra as mudanças trazidas pela Revolução Industrial, era "uma sociedade em que os homens capazes e dispostos a trabalhar não conseguiam sustentar suas famílias e eram levados, assim como grande parte das mulheres, a ter uma vida de celibato, motivados pelo medo de ter filhos passando fome".[5] Por outro lado, em tempos de prosperidade, a idade média de casamento caía, e as taxas de natalidade aumentavam. Isso é conhecido como "Padrão de casamento europeu", que predominou entre o século XVII e o início do século XX (Fig. 9).[6]

Em outras sociedades, costumes como o pagamento de dotes na Eurásia e no Norte da África e o "preço da noiva" na África Subsaariana, na Ásia, no Oriente Médio e na Oceania consolidaram ainda mais a relação existente entre padrões de vida, idade de casamento e taxas de natalidade. Durante os períodos de maior prosperidade financeira, um número maior de famílias poderia fazer esses pagamentos e, portanto, casar seus filhos em idades mais jovens — resultando na diminuição da idade de casamento e no aumento das taxas de natalidade. Já em tempos de escassez, menos famílias podiam arcar com o pagamento dessas quantias, atrasando a idade do casamento e provocando a redução das taxas de fecundidade.

O aborto induzido também era praticado nas mais diversas sociedades pré-industriais, pelo menos desde o Antigo Egito.[7] Por exemplo, atividades físicas intensas, como trabalhos exaustivos, escalada, levantamento de peso ou mergulho eram realizadas intencionalmente para induzir o aborto espontâneo. Outras técnicas incluíam jejum, despejar água quente sobre o abdômen, deitar-se sobre cascas de coco aquecidas ou consumir ervas medicinais como o sílfio (erva extinta antes da queda do Império Romano, provavelmente devido ao uso excessivo). Além disso, alguns indícios sugerem que espermicidas e preservativos primitivos eram usados nas antigas civilizações do Egito, da Grécia e de Roma.[8]

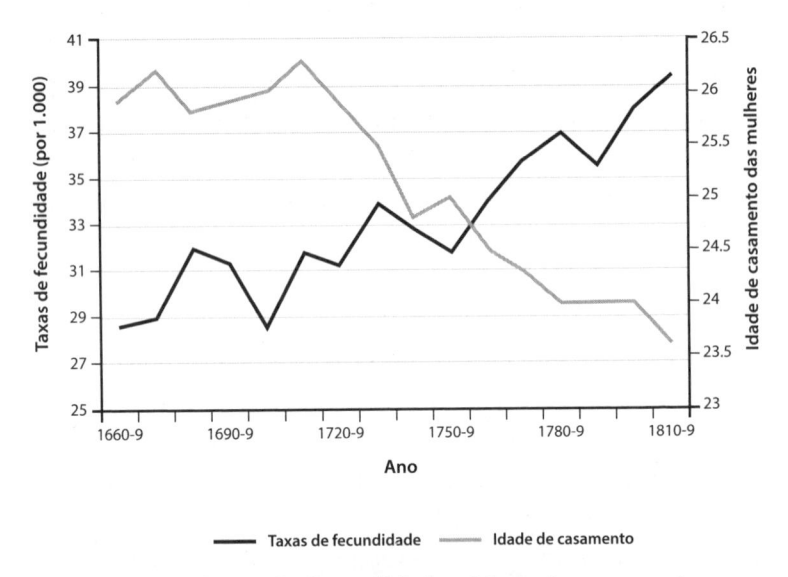

**Figura 9. Taxas de fecundidade e idade de casamento
das mulheres na Inglaterra, entre 1660 e 1820**

Contudo, uma vez que todos esses métodos de controle da fecundidade estiveram presentes ao longo da história e não sofreram alterações nas vésperas da Transição Demográfica, devem ser mais profundos os fatores para um declínio tão importante, repentino e generalizado na fecundidade.

Os gatilhos da Transição Demográfica

O aumento do retorno sobre o capital humano

Conforme visto no capítulo anterior, a crescente importância da educação como resposta a um ambiente tecnológico em rápida mudança contribuiu para a formação de capital humano. Muitas ocupações na manufatura, no comércio e em serviços passaram a exigir as habilidades de ler e escrever, realizar operações aritméticas básicas e aplicar uma série de técnicas mecânicas, o que induziu os pais a investirem em alfabetização, letramento matemático, treinamentos e até mesmo na saúde de suas crianças. Como resultado, o velho *balanço quantidade/qualidade* que os pais eram forçados a enfrentar ao longo da história humana foi alterado — precipitando, dessa forma, o grande declínio na fecundidade durante a Transição Demográfica.[9]

Padrões semelhantes podem ser observados em períodos anteriores da história humana. No primeiro século a.C., por exemplo, quando sábios judeus decretaram que todos os pais deveriam garantir a educação de seus filhos, os agricultores judeus que tinham dificuldades para pagar os custos da educação enfrentaram uma escolha complexa: ou desobedeciam e até abandonavam a religião, como muitos fizeram, ou se conformavam em ter menos filhos.[10] Com o tempo, essa obrigação foi elevando a proporção de indivíduos dentro da comunidade judaica que eram favoráveis ao investimento na educação dos filhos.

O progresso tecnológico durante a Revolução Industrial afetou esse balanço entre quantidade e qualidade em vários aspectos fundamentais. Em primeiro lugar, a renda dos pais se tornou maior, o que significou que eles poderiam investir mais nos filhos, caso assim o desejassem. Esse *efeito de renda* serviu para aumentar os recursos investidos na educação dos filhos em geral. E, em segundo lugar, o crescimento da capacidade de ganho também aumentou o *custo de oportunidade* de criar filhos — a renda da qual um pai teria que abrir mão para criar sua prole em vez de trabalhar. Tal *efeito de substituição* também influenciou a redução do número de nascimentos.

É possível que historicamente o efeito de renda tenha superado o efeito de substituição, levando a uma expansão das taxas de natalidade. De fato, estudos empíricos mostram que o aumento da renda familiar na era malthusiana e nas primeiras fases da industrialização teve exatamente esse resultado. No entanto, no momento da Transição Demográfica, havia mais forças em jogo.[11] As novas oportunidades disponíveis especificamente para aqueles com instrução levaram os pais a investir uma parcela maior de seus ganhos na educação dos filhos, limitando ainda mais o efeito da renda sobre o crescimento das taxas de natalidade. Dessa forma, em última análise, foi o aumento do retorno sobre o investimento dos pais nos filhos que superou o efeito de renda, forçando a queda das taxas de natalidade.

Ao mesmo tempo, esse mecanismo foi reforçado por várias transformações importantes que foram desencadeadas pelos avanços da tecnologia. O aumento da expectativa de vida e a redução da mortalidade infantil ampliaram a provável duração do retorno sobre a educação, gerando ainda mais incentivos para investir em capital humano e reduzir a fecundidade. O desenvolvimento tecnológico e a expansão da demanda industrial por educação também tiveram o efeito cascata de redução da produtividade relativa e, portanto, da lucratividade do trabalho infantil, o que trouxe mais um desestímulo à geração de filhos como fonte de trabalho. Por fim, a migração do campo para as cidades, onde o custo de vida era mais alto, aumentou o custo de criação dos filhos, contribuindo ainda mais para o declínio da fecundidade.

A difusão geográfica da Reforma Protestante na Prússia serve como um experimento natural que revela o efeito de um maior investimento em educação sobre as taxas de fecundidade. Em 31 de outubro de 1517, Martinho Lutero pregou suas *Noventa e cinco teses*, em protesto contra a venda de indulgências pela Igreja, na porta da Igreja de Todos os Santos em Wittenberg, desencadeando a Reforma Protestante. Lutero argumentava que a Igreja não tinha nenhum papel de mediação entre o homem e Deus, e encorajava a leitura independente da Bíblia — uma crença radical que incentivou seus seguidores a se empenhar para alfabetizarem suas crianças. Antes de 1517, os indícios sugerem que a proximidade de Wittenberg não teve qualquer efeito sobre o desenvolvimento econômico ou educacional de uma região. Depois de 1517, no entanto, quando ondas de protestantismo se espalharam a partir de Wittenberg, os pais em regiões mais próximas vivenciaram uma maior exposição a tais ideias revolucionárias, aumentando sua tendência a investir na alfabetização dos filhos. O efeito da Reforma na formação do capital humano foi tão duradouro que, três séculos e meio mais tarde, os condados prussianos mais próximos de Wittenberg se caracterizavam por apresentar níveis de educação mais elevados e, seguindo o balanço entre qualidade e quantidade, mostraram uma redução maior em taxas de natalidade do que os condados mais distantes.[12]

Outro experimento quase natural que ajuda a esclarecer a relação entre a educação e as taxas de fecundidade ocorreu nos Estados Unidos. Em 1910, a Comissão Sanitária Rockefeller lançou uma iniciativa para erradicar a ancilostomíase do Sul do país. Esse parasita intestinal era conhecido por fazer com que as crianças infectadas prestassem menos atenção na escola, e, portanto, sua erradicação melhoraria a capacidade delas de aprender e completar os estudos. Em outras palavras, se a iniciativa fosse bem-sucedida — e foi — haveria um aumento no retorno sobre o investimento no capital humano infantil. A comparação das *mudanças* nas taxas de natalidade em áreas beneficiadas por essa intervenção com aquelas em regiões semelhantes que não foram afetadas pelo programa sugere que o maior retorno na educação dos filhos realmente desencadeou uma redução nas taxas de natalidade.[13]

O papel da troca entre quantidade e qualidade no declínio das taxas de fecundidade também foi observado em outros países, como China, França, Inglaterra, Irlanda e Coreia, bem como em análises entre países cujas sociedades estavam em desenvolvimento nas décadas passadas.[14] Especificamente, os dados da Inglaterra no período de 1580 a 1871 sugerem que o nascimento de mais um filho dentro de uma família reduzia a probabilidade de que outros irmãos fossem capazes de ler, escrever e se capacitar para exercer profissões especializadas.[15] Da mesma forma, dados da China entre os séculos XIII e XX indicam que crianças nascidas em famílias menores eram mais propensas a se candidatar aos rigorosos exames de admissão para cargos públicos naquele país.[16]

O impacto do capital humano na produtividade do trabalho claramente não foi a única razão para os pais escolherem investir na educação de somente alguns dos filhos. As sociedades investiram por milhares de anos em educação, de acordo com aspirações religiosas, culturais e nacionais — fatores que afetaram as taxas de fecundidade e também a inovação tecnológica. Mas não é por acaso que o investimento em capital humano e a oferta de educação pública tenham se generalizado sobretudo nas nações industrializadas no final do século XIX. Também não é coincidência que isso tenha ocorrido em paralelo com o início da Transição Demográfica.

No entanto, havia mais um fator importante em jogo: a redução da disparidade salarial entre os gêneros e o aumento do emprego remunerado entre as mulheres.

A redução da disparidade salarial entre os gêneros

Hoje, mais de meio século depois que a discriminação salarial se tornou ilegal nos Estados Unidos e no Reino Unido, e apesar do fato de as mulheres atingirem níveis de educação mais altos do que os homens, nos dois países e em todo o mundo as mulheres recebem, em média, salários mais baixos do que os homens. Essa disparidade salarial entre os gêneros é resultado de vários fatores: mais contratações de homens em cargos de chefia e em setores de maior remuneração, o efeito adverso da licença parental na progressão da carreira e nas horas de trabalho remuneradas, além de pura e simples discriminação.

Entretanto, há pouco tempo a diferença salarial por gênero era muito maior do que é hoje, tendo diminuído de forma significativa em todo o mundo desde o início da segunda fase da industrialização. Em 1820, a trabalhadora média nos Estados Unidos ganhava apenas 30% do salário de um homem. Em 1890, o salário total das mulheres correspondia a 46% da remuneração dos homens e, por volta da Segunda Guerra Mundial, havia aumentado para cerca de 60%.[17] Talvez não seja surpresa que a redução da diferença entre os salários de homens e mulheres coincida com o maior acesso das mulheres à educação. Em 1840, a taxa de alfabetização dos homens britânicos era de 67%, em comparação com 50% das mulheres, enquanto no final do século essa diferença havia diminuído drasticamente, e mais de 90% por cento dos homens e mulheres eram alfabetizados.[18] Um padrão parecido foi observado nas nações da Europa Ocidental e por todo o mundo em desenvolvimento no século XX.[19]

Vários fatores econômicos, culturais, institucionais, legais e sociais contribuíram para a redução da disparidade salarial entre os gêneros.[20] A mecanização do processo de produção diminuiu a importância do trabalho manual pesado e pouco qualificado, tradicionalmente considerado como "trabalho de homem", ao mesmo tempo que fomentou a importância do trabalho mentalmente mais intensivo. Esses fatores serviram para reduzir disparidades de gênero em renda e educação. Além disso, o amplo acesso à educação, bem como a legislação destinada a garantir os direitos de propriedade na economia como um todo, abriram caminho para a emancipação eleitoral das mulheres e para a proibição legal da discriminação de gênero, que passou a ser moralmente inaceitável.

No início do século XIX, quando a automação na indústria têxtil reduziu a demanda por tecidos feitos à mão por mulheres em oficinas caseiras, a disparidade salarial entre os gêneros na Inglaterra aumentou e o mesmo aconteceu com as taxas de natalidade.[21] Mas, ao longo do século, a diferença salarial de gênero diminuiu drasticamente em todos os setores, em parte devido à rápida mecanização do processo de produção e à crescente importância das habilidades intelectuais.[22] De fato, por quase um século, entre os anos 1890 e 1980, os setores que tiveram um progresso tecnológico mais rápido nos Estados Unidos testemunharam o aumento das taxas de emprego das mulheres em relação aos homens.[23]

O aumento nos salários das mulheres gerou efeitos contraditórios sobre as taxas de fecundidade. Por um lado, amenizou as restrições do orçamento doméstico e permitiu que as famílias tivessem mais filhos — um efeito de renda. Mas, por outro lado, os salários mais altos das mulheres aumentaram o custo de oportunidade de ter mais filhos, bem como o custo de casar as meninas mais cedo, induzindo à postergação do casamento e reduzindo as taxas de natalidade — um efeito de substituição. Como historicamente, na maioria das culturas, o fardo de criar os filhos recaía consideravelmente sobre as mulheres, o efeito de substituição superou o efeito de renda, e a fecundidade diminuiu.[24]

A redução na disparidade salarial entre gêneros reforçou a queda nas taxas de natalidade que havia sido desencadeada pelo aumento no retorno sobre o capital humano. Dados do censo de 1911 na Inglaterra e no País de Gales sugerem que, à medida que as oportunidades de emprego para mulheres aumentavam e a diferença salarial entre os gêneros diminuía, as taxas de natalidade também caíam.[25] Padrões comparáveis aparecem quando são analisadas fábricas têxteis na Alemanha no período entre 1880 e 1910,[26] nos Estados Unidos no período entre 1881 e 1900[27] e na Suécia entre 1860 e 1955.[28]

As evidências históricas sugerem que os avanços tecnológicos durante a Revolução Industrial levaram a maiores retornos sobre os investimentos em capital humano, à redução da diferença salarial entre os gêneros, à diminuição da mão de obra infantil, ao aumento da expectativa de vida e a um crescimento na migração das regiões rurais para as urbanas — e que esses fatores contribuíram para a redução da fecundidade no decorrer da Transição Demográfica.

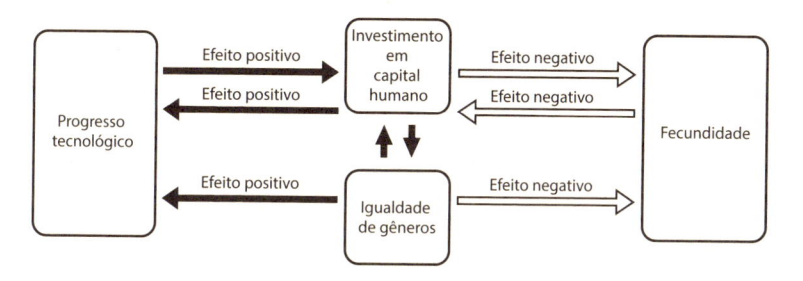

Mas como essas grandes transformações afetaram a vida diária das famílias comuns?

Casos de família

Imagine três famílias fictícias, cada uma representando a experiência típica de taxas de natalidade, níveis de educação e padrões de vida em um período histórico diferente. A primeira família vive na era malthusiana, na qual o bem-estar econômico da população permaneceu inalterado no longo prazo e o excedente alimentar era canalizado, sobretudo, para a criação de um maior número de filhos. A segunda família vive no início da Revolução Industrial, período em que o aumento da renda resultou em famílias ainda maiores, com a educação esporádica dos filhos. Por fim, a terceira vive na era pós-Transição Demográfica, marcada pela redução do número de filhos por família, pelo aumento do investimento em sua educação e por melhorias significativas nas condições de vida.

A primeira família, os Kelly, possui uma modesta porção de terra na Irlanda rural do século XVI. Eles têm três filhos — duas meninas e um menino — e ainda estão em luto pela filha mais nova, que morreu de pneumonia há alguns meses. A pequena fazenda dos Kelly produz uma renda também pequena, que mal os mantém em níveis de subsistência. Eles vivem em uma cabana minúscula e deteriorada, cujo teto vaza quando chove. Seus filhos sofrem com o frio, a fome e as doenças causadas pela subnutrição.

É difícil para a sra. Kelly não invejar sua irmã Anne, que se casou com um rico proprietário de terras do vilarejo vizinho e até o momento deu à luz cinco filhos saudáveis, os quais ajudam na fazenda e nos afazeres domésticos. Durante uma reunião de família, o marido de Anne entretém os adultos falando sobre uma milagrosa e promissora planta das Américas: a batata. O sr. Kelly parece um tanto cético, mas sua esposa o convence a assumir o risco e substituir o trigo pela batata da moda. Logo eles percebem que, com o cultivo de batatas, é possível extrair mais calorias de seu pequeno lote. Seus filhos aos poucos ganham força e começam a ajudar os pais a vender o excedente da produção no mercado de uma cidade próxima.

Finalmente com algum dinheiro, a família Kelly pode se dar ao luxo de consertar a casa e as goteiras do telhado, além de comprar roupas quentes antes da chegada dos rigorosos meses de inverno. Em pouco tempo, a sra. Kelly engravida outra vez. O casal está muito feliz porque a família está prestes a crescer com a chegada de mais um filho e porque suas vidas estão se recuperando. Como a sra. Kelly está mais saudável dessa vez, o bebê é mais forte, e ela pode amamentar e cuidar dele enquanto os filhos mais velhos assumem as tarefas domésticas. O recém-nascido chegará à idade adulta, assim como duas de suas três crianças mais velhas, e mais um dos próximos dois bebês que logo chegarão à família.

O sr. e a sra. Kelly não cogitam investir na educação das crianças. Ambos são analfabetos, como todas as outras pessoas que conhecem, exceto o prefeito local e o padre da cidade mais próxima. A grande maioria de seus vizinhos são agricultores analfabetos, e as habilidades dos ferreiros, carpinteiros, pescadores e diversos comerciantes locais geram uma renda apenas um pouco mais alta do que a deles. A alfabetização básica não é exigida para nenhuma dessas profissões, que dependem das habilidades adquiridas no próprio trabalho. Profissões que exigem educação — como medicina e direito — são poucas, e normalmente reservadas aos filhos da aristocracia e da burguesia, que estudam em instituições distantes e de elite. Os Kelly, portanto, não têm motivo para gastar sua pequena renda investindo na educação dos filhos, sobretudo porque isso implica perder uma mão de obra valiosa tanto na fazenda quanto dentro de casa.

Uma vez que os Kelly tem poucos motivos para investir na educação das crianças, eles gastam a renda adicional trazida pela produção da batata para melhorar a moradia e a alimentação de sua família e, ainda, para criar mais filhos. Desse modo, são capturados pela armadilha malthusiana, e a riqueza da família Kelly logo prova ter vida curta. Seus filhos geram os próprios filhos sempre que a renda fica acima do nível de subsistência e, como a família só possui um pequeno pedaço de terra, seu padrão de vida aos poucos vai diminuindo. Dentro de algumas gerações, os descendentes estarão passando pelas mesmas condições adversas que seus ancestrais: a família para de crescer, sua renda volta para perto dos níveis de subsistência e, quando a praga da batata assolar a Irlanda, alguns deles vão morrer tragicamente de fome, enquanto outros migrarão para a América.

A segunda família, os Jones, vive na Inglaterra do início do século XIX. Assim como os Kelly, eles possuem uma casa caindo aos pedaços e cultivam em uma pequena área de terra. Também têm três crianças — dois meninos e uma menina — e, como os Kelly, estão de luto pela morte recente do filho mais novo, que sucumbiu à varíola. No entanto, a Grã-Bretanha da virada do século está passando por um turbilhão de mudanças devido à mecanização das indústrias têxteis, de carvão e de metais, bem como ao crescente comércio transatlântico.

A irmã da sra. Jones, Ellen, casou-se recentemente e mudou-se para a cidade vizinha, Liverpool, onde seu marido é gerente de uma fábrica têxtil. Em uma reunião de família, ele convida o sr. Jones e seus dois filhos para trabalharem na fábrica. O sr. Jones hesita a princípio, mas a sra. Jones o convence a aceitar a oferta. Assim, o casal deixa a própria comunidade e se muda para Liverpool. O trabalho na cidade não é fácil, mas o salário de três operários fabris em muito supera a renda anterior, gerada pela agricultura. Poucos meses depois, os Jones podem comprar roupas novas para os filhos e se mudar para um apartamento mais espaçoso.

Não demora muito para que a sra. Jones engravide de novo, e ela logo dá à luz uma menina saudável. Enquanto sua esposa amamenta o bebê em casa, o sr. Jones leva o filho mais velho, William, para encontrar o técnico-chefe da fábrica têxtil e se oferece para pagar seu treinamento como aprendiz do ofício. O adolescente não fica empolgado com a ideia de ser aprendiz de técnico, nem com aquele trabalho extenuante, mas sua mãe o convence e explica que, com essa habilidade, ele ganhará um salário bem mais alto, e a filha da família do vizinho talvez queira se casar com ele. O irmão mais novo fica frustrado. Ele está plenamente ciente de que seus pais não têm recursos para garantir para ele um treinamento semelhante, e terá que suportar a difícil missão de ser um humilde operário de fábrica pelo resto da vida. Enquanto investem nas habilidades do filho mais velho, os Jones terão mais dois bebês saudáveis, que estarão fadados a viver na pobreza.

Durante a vida dos Jones, as taxas de natalidade disparam, apesar do fato de que muitos pais também começam a investir na educação e nas habilidades de seus filhos, mas o número crescente de bocas para alimentar compensa apenas parcialmente os efeitos positivos do progresso tecnológico nas condições de vida. Ao contrário dos Kelly, os Jones iniciaram uma jornada que leva, em última instância, para fora da armadilha malthusiana: eles, seus filhos e sobretudo os netos nascidos de William terão uma prosperidade que aumentará com o tempo.

A terceira família são os Olsson, que possuem uma casa simples na Estocolmo do início do século XX. Eles têm dois filhos e uma filha. No entanto, ao contrário dos Kelly e dos Jones, não precisaram lamentar a perda de nenhum de seus filhos. Durante sua vida, a tecnologia se desenvolveu em um ritmo frenético em todo o mundo ocidental. Os novos edifícios à sua volta estão ligados à rede elétrica e são poucos os seus vizinhos que ainda trabalham na agricultura. Locomotivas a vapor acopladas a barcos a vapor conectam a Suécia ao resto da Europa, e os primeiros automóveis começam a circular pelas ruas de Estocolmo.

Como quase todos os seus conhecidos, o sr. e a sra. Olsson sabem ler e escrever. Eles se casaram mais tarde do que os Jones e os Kelly, pois queriam acumular riqueza suficiente antes de se estabelecerem. O sr. Olsson possui um pequeno barco de pesca, e a sra. Olsson, que antes do casamento trabalhava em uma fábrica de tecidos, agora trabalha meio período para um jornal local e dedica seu tempo livre para promover a causa feminista. A filha dos Olsson logo entrará na escola; os dois meninos mais velhos concluíram os estudos e atualmente estão empregados, um como entregador de jornais e o outro em um depósito no cais.

A irmã da sra. Olsson, Ingrid, casou-se com um banqueiro rico, comprou uma espaçosa casa no subúrbio e mandou os filhos para uma escola secundária particular e cara. Em um almoço de Natal, o marido de Ingrid se vira para o sr. Olsson e sugere que ele deveria pedir um empréstimo ao seu banco para investir em um novo barco a vapor. Os Olsson hesitam, mas acabam decidindo aproveitar a oportunidade. O novo barco aumenta bastante a quantidade de pesca do sr. Olsson, e, com seus novos ganhos, o casal decide enviar os dois filhos para a escola secundária e viver sem a renda extra de ambos durante o período escolar, na esperança de que sua educação resulte em profissões respeitáveis e rentáveis no futuro.

Os Olsson vivem em uma época na qual a importância do capital humano está transformando a educação em um poderoso símbolo de status, indicando o lugar de alguém na hierarquia social e afetando também a habilidade de encontrar um cônjuge adequado, de estabelecer laços sociais e comerciais significativos, e muito mais. Como a educação dos filhos é cara e o tempo da sra. Olsson é valioso, o casal prefere não ter mais filhos. A taxa de fecundidade em Estocolmo ainda é mais alta do que a de mortalidade, mas o crescimento moderado da população compensa apenas parcialmente o aumento dos padrões de vida, que estão subindo a uma velocidade vertiginosa.

Centenas de milhares de anos depois que o *Homo sapiens* surgiu neste planeta, o sr. e a sra. Olsson nasceram em uma das primeiras gerações a escapar da armadilha malthusiana, e sua família é uma entre milhões na Europa Ocidental e na América do Norte que fugiram da pobreza durante esse período. As melhorias na qualidade de vida da família Olsson — produto direto do progresso tecnológico — não diminuem nas próximas gerações; pelo contrário, continuam evoluindo. Os descendentes da família Jones terão vivido a Transição Demográfica, escapando da armadilha malthusiana um pouco antes dos Olsson, no final do século XIX, enquanto os descendentes da família Kelly se libertarão dela logo depois deles, no início do século XX.

Finalmente, graças à Transição Demográfica a humanidade passou por sua transição de fase.

Transição de fase

Desde o surgimento da humanidade, o progresso tecnológico ajudou a gerar um aumento gradual no tamanho da população, bem como a proliferação de características que levaram a um desenvolvimento ainda maior nessa área. No entanto, conforme discutido nos capítulos anteriores, por centenas de milhares de anos as forças gravitacionais da armadilha malthusiana frustraram qualquer aumento sustentável significativo nos padrões de vida. Mesmo assim, abaixo da superfície, as grandes engrenagens da história humana — a interação entre o progresso tecnológico e o tamanho e a composição da população — estavam girando desde o início, ganhando ritmo, a princípio de forma imperceptível, mas acelerando cada vez mais rápido, até que finalmente, no final do século XVIII, elas desencadearam a explosão tecnológica da Revolução

Industrial. Cem anos depois, a aceleração da inovação tecnológica e seu impacto na crescente demanda por trabalhadores qualificados capazes de se adaptar ao ambiente tecnológico em constante mudança, junto do aumento da expectativa de vida, o declínio do trabalho infantil e a redução da disparidade salarial entre gêneros, deflagraram a Transição Demográfica, libertando o crescimento econômico dos efeitos de compensação causados pelo crescimento populacional. Finalmente, as sociedades conseguiram escapar dos longos tentáculos do polvo malthusiano, permitindo a grande evolução nas condições de vida.

As engrenagens da mudança

Agora, a trajetória da jornada da humanidade — a progressão saindo da armadilha malthusiana para adentrar a era moderna de crescimento — talvez possa parecer inevitável. Mas seu tempo e ritmo foram influenciados por outros fatores muito importantes. Para voltar à nossa analogia com a chaleira, usada anteriormente, o momento exato da transição de fase da água do estado líquido para o gasoso depende, sim, da temperatura, mas também de outras variáveis, como umidade e pressão atmosférica. Sob a influência dessas outras condições, a evaporação pode ocorrer abaixo ou acima do limite de 100 graus Celsius. Da mesma forma, ainda que a transição de fase na jornada da humanidade tenha sido provocada por mudanças tectônicas mais profundas, que impulsionaram o progresso tecnológico em todas as épocas e cantos do globo, e libertando a maioria das sociedades da armadilha malthusiana, os aspectos da geografia local, a cultura e as instituições que moldaram e definiram as sociedades aceleraram essa transição em alguns lugares e a impediram em outros. Desvendar essas forças e compreender seus efeitos será o objetivo da segunda parte da nossa jornada.

Mas, antes, e se o aumento nos padrões de vida que vivenciamos desde essa transição de fase for apenas uma anomalia temporária? E se a nossa atual era de crescimento terminar de forma abrupta, como alguns acreditam que pode acontecer? Nós alcançamos mesmo a terra prometida? A industrialização leva à prosperidade no longo prazo? A jornada da humanidade é sustentável?

6

A terra prometida

No final do século XIX, a grande maioria das pessoas em todo o planeta vivia em casas que não tinham eletricidade, água encanada, banheiros, esgoto nem aquecimento central. A alimentação era escassa e monótona, e os indivíduos não tinham acesso a geladeiras, que dirá a máquinas de lavar roupa ou a lava-louças. Poucos poderiam imaginar o uso de carros — muito menos o de aviões — para o transporte diário. O rádio acabava de ser inventado, a televisão e os computadores não existiam, a comunicação pelo telefone era muito limitada e a simples ideia de um telefone celular, ou internet, pareceria feitiçaria para a maioria das pessoas.

No entanto, essas condições de vida mudaram em um piscar de olhos. A proporção de domicílios com água corrente nos Estados Unidos aumentou de 24% em 1890 para 70% em 1940, enquanto o percentual de residências com banheiro dentro de casa aumentou de 12% para 60%. Apenas uma fração insignificante das casas americanas tinha iluminação elétrica em 1900, mas em 1940 milhões de residências estavam conectadas à rede elétrica, e a eletricidade iluminava 80% delas. O aquecimento central, que foi introduzido pela primeira vez no início do século XX, espalhou-se rapidamente pelos Estados Unidos e, em 1940, mantinha 42% das residências aquecidas. E, enquanto a maioria das famílias americanas sequer poderia sonhar em ter um automóvel, uma geladeira ou uma máquina de lavar algumas décadas antes, em 1940 quase 60% delas possuíam um carro; 45%, uma geladeira; e 40%, uma máquina de lavar.[1] Tendências semelhantes ocorreram durante o mesmo período em outros países ocidentais e em outras regiões do mundo desde a segunda metade do século. Por trás desses números está uma melhora tão significativa na qualidade de vida da pessoa média que todos que hoje nunca viveram sem água encanada, eletricidade ou banheiro dentro de casa dificilmente poderiam compreender.

A saúde é, claro, um dos fatores mais importantes na qualidade de vida, e também nesse quesito o mundo viveu um grande avanço. Muito antes do advento da medicina moderna na segunda metade do século XX, a contribuição do cientista francês Louis Pasteur para o reconhecimento da teoria de que germes provocavam doenças e a posterior instalação de redes de esgoto e água em grandes cidades na virada do século XX levaram a uma queda acentuada nas mortes causadas por doenças infecciosas. Além disso, o surgimento de vacinas contra doenças e sua difusão nas décadas seguintes, combatendo, entre outras, varíola, difteria e coqueluche, geraram uma nova queda nas taxas de mortalidade.

Esse crescimento sem precedentes no bem-estar do indivíduo contribuiu para um aumento extraordinário na expectativa de vida. Por milênios, como a renda *per capita* estava próxima da subsistência, a expectativa de vida variava em uma pequena margem, entre 30 e 40 anos. Mudanças na oferta de recursos, bem como guerras, fomes e epidemias, desencadearam oscilações temporárias nas taxas de fecundidade e mortalidade, mas a expectativa de vida permaneceu relativamente estável devido ao mecanismo malthusiano que impedia a melhora prolongada ou a deterioração das condições de vida. No entanto, em meados do século XIX, quando a renda *per capita* começou a subir para níveis inéditos, a expectativa de vida pôde decolar (Fig. 10). Mais uma vez, essas tendências começaram nas nações industrializadas a partir de meados do século XIX, quando elas se livravam das forças malthusianas, e prosseguiram nos países em desenvolvimento até a segunda metade do século XX, afetando sobretudo as camadas mais pobres da sociedade, mais vulneráveis ao frio, à fome e às doenças.

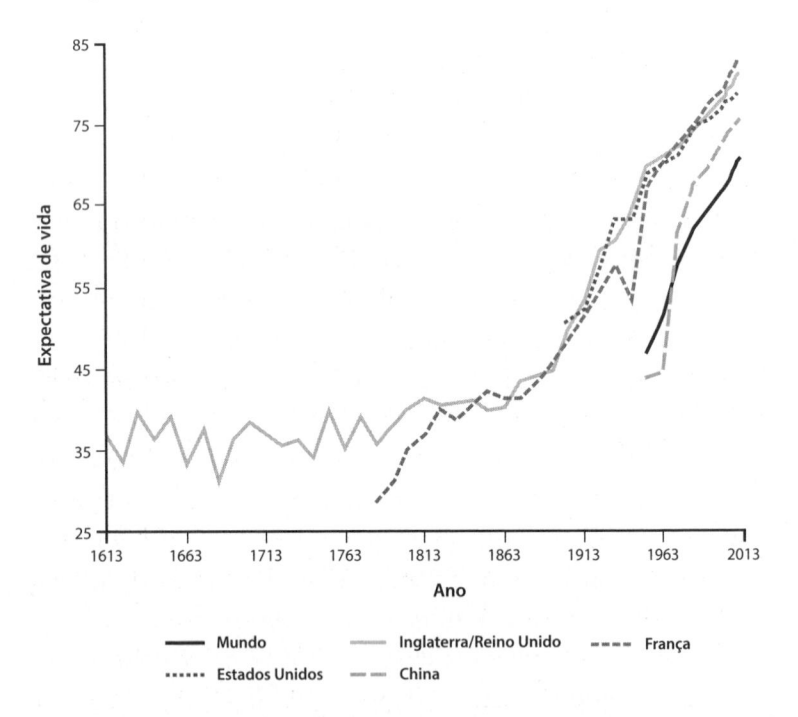

**Figura 10. Evolução da expectativa de vida
(no nascimento) pelo mundo, entre 1613 e 2013[2]**

Essas melhorias na saúde pública reforçaram o ciclo virtuoso entre progresso tecnológico e formação de capital humano. Os avanços tecnológicos contribuíram para a queda das taxas de doenças e para o aumento da expectativa de vida, o que, por sua vez, impulsionou o incentivo ao investimento em educação e fomentou muitas inovações tecnológicas. Por exemplo, a erradicação da malária no início do século XX no Sul dos Estados Unidos, e também em países como Brasil, Colômbia, México, Paraguai e Sri Lanka entre a metade e o final do século, melhorou não apenas a saúde das crianças, mas também a educação, as habilidades e a capacidade destas de gerar renda décadas depois.[3]

Naturalmente, o padrão de vida de uma pessoa não é apenas uma questão de saúde, bens materiais e conforto físico, mas também depende de dimensões sociais, culturais e espirituais da existência. Nesses aspectos, os avanços tecnológicos durante o período proporcionaram acesso muito maior à informação, ao intercâmbio cultural e ao contato social, a despeito da distância física. O primeiro avanço significativo nesse sentido foi a rápida proliferação da tecnologia de impressão de Gutenberg, que facilitou a difusão de informação e cultura por meio de livros e jornais. Depois, as reformas defendidas por Sir Rowland Hill no serviço postal britânico do século XIX permitiram que cidadãos comuns trocassem cartas, enquanto o advento do telégrafo — um salto quântico na tecnologia de transmissão de informações — tornou possível a comunicação quase instantânea entre regiões distantes, como os dois lados do Atlântico.

No entanto, em uma época repleta de transformações tão rápidas, mesmo a extraordinária invenção do telégrafo logo foi ofuscada. Em 1876, Alexander Graham Bell — um inventor escocês que emigrou para o Canadá e depois para os Estados Unidos — fez a primeira ligação utilizando seu recém-inventado telefone. Na virada do século, cerca de seiscentos mil telefones estavam tocando em toda a América, número que havia aumentado dez vezes, para 5,8 milhões, por volta de 1910.[4] O uso de telefones *per capita* também foi impressionante durante esse período na Dinamarca, Suécia,

Noruega e Suíça.[5] É difícil compreender o salto na qualidade de vida experimentado por pessoas em todo o mundo no início do século XX. De repente, elas podiam se comunicar com parentes, amigos e colegas em lugares distantes, sem precisar esperar semanas (ou mais) para corresponder-se por meio de cartas, ou gastar uma fortuna em telegramas breves.

Os avanços do período também incluíram uma importantíssima dimensão cultural. Quando concebeu o fonógrafo em 1877, Edison esperava que fosse usado para gravar discursos políticos relevantes e ensinar a falar em público. No entanto, na década de 1890, os fonógrafos passaram a ser usados para tocar música em cafés e restaurantes e, no início do século XX, espalharam-se para dentro de residências particulares. O fonógrafo foi uma verdadeira sensação, embora o principal avanço em termos de acesso público à cultura e ao entretenimento ainda estivesse por vir com o desenvolvimento do rádio, inventado pelo italiano Guglielmo Marconi, em 1895.

A tecnologia de transmissão sem fio surgiu no final do século XIX, e logo de cara foi adotada pelo mundo da navegação. Em 1912, o *Titanic* enviou sinais de socorro via tecnologia sem fio quando atingiu um iceberg, mas, de forma trágica, os transponders do navio que poderiam ter feito a diferença estavam desligados e, portanto, os sinais não foram recebidos. A Primeira Guerra Mundial adiou por pouco tempo a chegada da tecnologia de rádio ao mercado consumidor, e a primeira transmissão de uma rádio comercial só foi ao ar em novembro de 1920, nos Estados Unidos. Mas, durante a década de 1920, um grande número de estações surgiu e se espalhou pela Europa, América do Norte, Ásia, América Latina e Oceania, entre elas a BBC, a Radio Paris e a Funk-Stunde AG Berlin. Ao que parece, o rádio impactou mais radicalmente o estilo de vida e a cultura do que qualquer outra invenção anterior. Para muitas famílias em áreas remotas e isoladas, o rádio era a única forma de exposição ao mundo exterior, repleto de intrigas políticas na capital do país, música moderna e notícias que chegavam do outro lado do oceano. Conforme mostrado no filme *A era do rádio*, nas décadas de 1930 e 1940 os Estados Unidos eram uma nação aficionada por programas de rádio, e quando o romance de H.G. Wells *A guerra dos mundos* foi dramatizado no ar em 1938, o país entrou em pânico, parando tudo para acompanhar a transmissão ao vivo dos trabalhos de resgate de uma menina de 8 anos que havia caído em um poço.

Após a primeira exibição de um filme pelos irmãos Lumière em Paris, em 1895, a proliferação de cinemas no início do século XX transformou atores como Charlie Chaplin, Mary Pickford e outros em estrelas internacionais. Os filmes mudos em preto e branco logo deram lugar aos *talkies* — filmes sonorizados — em Tecnicolor, e em 1939 dezenas de milhões de cinéfilos em todo o mundo ficaram surpresos ao ver a explosão de cores no longa *O mágico de Oz*: "Totó, acho que não estamos mais no Kansas...", dizia Dorothy (interpretada por Judy Garland) para seu cachorrinho. "Devemos estar além do arco-íris!" De fato, depois de mais de um século de imenso progresso tecnológico, certas parcelas da humanidade pareciam mesmo estar além do arco-íris.

Mas era isso mesmo? Junto a esse impressionante progresso tecnológico e à enorme melhora dos padrões de vida, a espécie humana também passou por várias catástrofes na primeira metade do século XX. Dezenas de milhões de pessoas morreram nas trincheiras da Primeira Guerra Mundial e na pandemia de gripe espanhola que assolou o mundo entre 1918 e 1920. A Grande Depressão, que começou em 1929, empurrou muitos países não apenas para a pobreza e o desemprego, mas também para o devastador extremismo político, e assim o primeiro tiro da Segunda Guerra Mundial acabou sendo disparado dez anos depois.

Enquanto isso, em algumas das sociedades mais avançadas, a prosperidade durante esse período de ascensão nas condições de vida não foi compartilhada igualitariamente entre
as várias camadas da sociedade. Oportunidades desiguais,
discriminação e injustiça social contribuíram para uma enorme desigualdade social e econômica, refletindo preconceitos
raciais e de gênero, bem como o legado da era das trevas da
escravidão. Na verdade, as disparidades na saúde e na educação aumentaram, as liberdades civis continuaram sendo
privilégio de poucos e a injustiça social tornou-se, em certos
aspectos, mais generalizada.

Ainda assim, em última análise, nem mesmo esses eventos terríveis dos últimos cem anos desviaram a humanidade
de sua nova fase de crescimento econômico sustentado nem
do seu grande arco de evolução. Os padrões de vida da humanidade como um todo, vistos por uma lente mais ampla,
recuperaram-se rapidamente de cada uma dessas catástrofes.

Tal progresso pode ser verificado, *grosso modo*, pelo crescimento sem precedentes da renda *per capita* em todo o mundo
desde o início da Transição Demográfica. Entre 1870 e 2018, a
renda média *per capita* mundial se multiplicou por um fator até
então inimaginável de 10,2 vezes, chegando a 15.212 dólares
por ano. A renda *per capita* nos Estados Unidos, Canadá, Austrália e Nova Zelândia aumentou por um fator de 11,6, para
53.756 dólares por ano; na Europa Ocidental, o aumento foi
por um fator de 12,1, para 39.790 dólares por ano; na América
Latina, por um fator de 10,7, chegando a 14.076 dólares por
ano; no Leste Asiático, por um fator de 16,5, a 16.327 dólares
por ano; na África, embora essa melhora tenha sido bastante
inferior, a renda *per capita* ainda aumentou por um fator de
4,4, chegando a 3.532 dólares por ano.[6]

Olhando de longe, a principal tendência dos últimos dois
séculos tem sido a transição de um mundo em que a maioria

das pessoas eram agricultores analfabetos e necessitados que trabalhavam sem parar, alimentavam-se de forma miserável, geravam um grande número de filhos e viam quase a metade deles morrer antes mesmo de atingir a idade adulta, para um mundo em que a maioria da população mundial tem filhos que devem superar a expectativa de vida dos pais, desfruta de uma alimentação variada, entretenimento e cultura, trabalha em um ambiente relativamente menos perigoso e extenuante e se beneficia de uma renda e uma vida mais longas. Até hoje, as forças que exploraram o progresso tecnológico para acumular poder, destruir e oprimir tiveram um impacto secundário em comparação às forças que o alavancaram para criar, promover a igualdade de oportunidades, reduzir a miséria humana e construir um mundo melhor.

No entanto, ao avaliarmos a sustentabilidade desse crescimento, uma grande e intrigante mudança nas últimas décadas exige uma reflexão mais profunda: o aumento contínuo das condições de vida no final do século XX ocorreu não por causa da produção industrial, mas talvez apesar dela. E o que isso quer dizer?

O crepúsculo da indústria

Na segunda metade do século XIX, uma das cidades industriais de crescimento mais rápido do mundo ocidental se ergueu sobre as margens dos Grandes Lagos da América do Norte: Detroit, Michigan. Apelidada de "Paris do Oeste" graças à sua arquitetura espetacular e às amplas avenidas ladeadas por lâmpadas elétricas, a cidade estava localizada no coração de uma extensa rede comercial que conectava Chicago a Nova York e ao resto da Costa Leste. No início do século XX, Henry Ford fundou na cidade a sua muito bem-sucedida

Ford Motor Company, que em pouquíssimo tempo atraiu um fluxo de empresários, transformando-a na capital mundial da indústria automobilística. Detroit atingiu seu apogeu na década de 1950, quando virou o lar de 1,85 milhão de pessoas, tornando-se a quinta maior cidade dos Estados Unidos. Trabalhadores do setor automotivo desfrutavam de salários mais altos do que seus colegas de outras indústrias, e os fabricantes de automóveis empregavam uma grande classe de gerentes e engenheiros, cuja renda superior lhes permitia construir mansões nos subúrbios, jantar em restaurantes exclusivos e assistir a peças nos luxuosos teatros de Detroit.

No entanto, na década de 1960 a sorte de Detroit começou a mudar. A concorrência na indústria automobilística ficou mais intensa e alguns fabricantes transferiram parte de suas operações para o México, o Canadá e estados do Sul do país, para economizar nos custos trabalhistas. Isso causou um êxodo da cidade; bairros inteiros tornaram-se cidades-fantasma. Em 1967, enquanto a economia de Detroit continuava a decair, um motim de cinco dias eclodiu e custou a vida de 43 cidadãos. A cidade estava atolada em corrupção, crime e desemprego, uma imagem que entrou na cultura popular com filmes como *RoboCop*. Em 2013, o município entrou com pedido de falência, depois de afundar em dívidas mais do que qualquer outra cidade americana até então. Atualmente, a população de Detroit tem menos de um terço de seu tamanho na década de 1950, com diversas ruas tomadas por prédios vazios e abandonados — uma triste lembrança de seu passado glorioso.

O caso de Detroit não é único. Muitas outras cidades no coração industrial do Nordeste e Centro-Oeste americano, como Buffalo, Cleveland e Pittsburgh, passaram por um declínio significativo na segunda metade do século XX — padrão que deu à região o nome pouco lisonjeiro de "Cinturão da Ferrugem". Grã-Bretanha, França, Alemanha e outros países desenvolvidos também viram regiões industriais que haviam prosperado no início do século XX ficarem muito atrás de seus vizinhos. Na verdade, no período logo após 1980, o mundo desenvolvido como um todo testemunhou um declínio geral nos empregos industriais. Nas economias avançadas, a parcela de emprego no setor manufatureiro caiu de forma acentuada, passando de quase 25% no período entre 1970 e 1979 para cerca de 13% no período entre 2010 e 2015.[7] A indústria do Reino Unido passou de 21,8% para 7,6% da força de trabalho empregada no período entre 1981 e 2019,[8] número que nos Estados Unidos caiu de 21% para 8%.[9] Por outro lado, em mercados emergentes e economias em desenvolvimento, o emprego no setor industrial diminuiu pouco, de 13% no período entre 1970 e 1979 para 12% entre 1981 e 2019, enquanto a China mostrou um aumento acentuado no mesmo período, passando de 10% para 21%.[10]

Como vimos nos capítulos anteriores, o aumento do padrão de vida no Ocidente durante a Revolução Industrial foi em grande parte resultado da formação de capital humano e do rápido avanço tecnológico, um reforçando o outro. Esse avanço tecnológico assumiu a forma de automatização, mas a elevação dos padrões de vida não dependeu do processo de industrialização em si. É verdade que os dois processos caminhavam de mãos dadas nas primeiras fases da industrialização: o crescimento da renda *per capita* aumentava em paralelo ao crescimento da indústria. Mas no século XX, à medida que o ritmo das transformações tecnológicas nas indústrias de baixa qualificação desacelerou, o impacto da industrialização no padrão de vida se modificou. Em vez de incentivar o investimento em capital humano e o crescimento econômico, a indústria de baixa qualificação os sufocou — assim como a agricultura havia feito no passado.

Considere o exemplo da França. Regiões que passaram pela rápida industrialização e crescimento econômico em meados do século XIX permaneceram relativamente ricas até a década de 1930, mas, na virada do século XXI, ficaram muito atrás de outras áreas menos industriais. No curto prazo, a especialização industrial dos centros desse setor enriqueceu os moradores locais. Com o tempo, no entanto, a esfera industrial passou a depender de trabalhadores com apenas educação básica, o que reduziu o incentivo para investir em educação superior nessas áreas de predomínio industrial, limitando ainda mais as aspirações educacionais de suas populações. As disparidades na formação de capital humano entre regiões industriais de baixa qualificação e regiões caracterizadas por indústrias e serviços de alta qualificação se aprofundaram com o passar do tempo. Por sua vez, isso impediu a adoção de tecnologias que exigiam altos níveis de educação nos antigos redutos industriais, reforçando ainda mais a tendência de concentração em setores de baixa qualificação e reduzindo sua prosperidade.[11]

As consequências do relativo declínio na importância da indústria são ilustradas por alguns dos eventos políticos mais importantes dos últimos anos. Donald Trump baseou sua campanha eleitoral de 2016 na promessa de tornar a indústria americana "grande novamente". De fato, boa parte do apoio fundamental de Trump veio de estados do Cinturão da Ferrugem, como Indiana, Michigan, Ohio e Pensilvânia, e de outros distritos que foram esvaziados e devastados pelo desemprego gerado pelo declínio industrial.

A recente saída do Reino Unido da União Europeia também pode estar associada ao declínio da indústria. Afinal, britânicos que trabalhavam no setor industrial, ou que viviam em áreas que dependiam da produção do setor, como o Nordeste da Inglaterra, foram mais propensos a votar a favor do Brexit.[12] E na França, na Alemanha e em outros países desenvolvidos, bem como na Grã-Bretanha, os políticos muitas vezes auxiliam as indústrias locais por meio de subsídios, tarifas, cotas e vários benefícios, na esperança de desencorajar as corporações a mudarem suas operações para países em desenvolvimento, onde os salários são muito mais baixos, embora eles não tenham tido grande sucesso.

As indústrias que dependiam de um conjunto limitado de habilidades básicas passaram a tocha do crescimento econômico — baseado no progresso tecnológico e no investimento em capital humano — para que novos setores fossem iluminados, como serviços, finanças e tecnologia digital. O declínio das cidades e regiões industriais tem sido muito angustiante para as comunidades nas quais essas indústrias eram baseadas, pois alguns trabalhadores mais velhos perderam seus meios de subsistência indefinidamente e um número significativo de moradores mais jovens foram forçados a abandonar as raízes e migrar em busca de emprego em outros lugares. No entanto, o investimento geral em capital humano, na forma de uma educação básica completa e de habilidades que podem ser ensinadas, permitiu que uma fração crescente desses trabalhadores das indústrias em extinção mudasse para setores em expansão da economia, colhendo assim os frutos da contínua elevação nos padrões de vida.

Uma lição importante da derrocada das indústrias de baixa qualificação nas sociedades ocidentais é que os países em desenvolvimento podem se beneficiar da alocação de recursos para a formação tanto de capital humano quanto dos setores de maior qualificação, no lugar de desenvolver os tradicionais setores industriais de baixa qualificação.[13]

A era do crescimento

Na segunda metade do século XX, as grandes rodas da mudança continuaram a girar em ritmo cada vez mais intenso.

Foi nesse período que a era do crescimento finalmente chegou às economias de todo o mundo, elevando as condições de vida de bilhões de pessoas no planeta, embora muitas vezes de forma bastante desigual. Mais uma vez, essa transformação traz à tona o papel central que o capital humano desempenha na melhora da qualidade de vida em nosso mundo moderno, uma tendência que levou a historiadora econômica americana Claudia Goldin a nomear o século XX como "o século do capital humano".

Entre os principais avanços tecnológicos do século XX estão o uso da energia nuclear, o uso dos computadores pessoais, o desenvolvimento de antibióticos e o avanço de automóveis e aviões, assim como o rádio, a televisão e, claro, a internet. No entanto, ao lado dessas invenções totalmente inéditas, as mudanças tecnológicas também aprimoraram nossas *commodities* agrícolas mais importantes e tradicionais. O desenvolvimento de variedades de trigo, milho e arroz resistentes a doenças e com um rendimento excepcionalmente alto melhorou a produtividade agrícola quase da noite para o dia. Descrita como "Revolução Verde", a adoção dessas novas variedades aumentou em muito as safras e reduziu a fome em todo o mundo. Graças a elas, na década de 1960 o México se tornou autossuficiente em grãos, enquanto a Índia e o Paquistão quase dobraram suas produções de trigo entre os anos de 1965 e 1970, tornando-se autossuficientes na produção de cereais em 1974.

Em muitos outros casos, a inovação foi, acima de tudo, organizacional, e não tecnológica ou científica. Em 1968, a Organização Internacional para Normalização recomendou que o projeto do empresário americano Malcolm McLean para o moderno transporte intermodal por meio de container fosse usado como padrão em todo o mundo. A adoção desse modelo uniforme para todos os modais de transporte tornou a carga e a descarga nos portos muito mais eficientes, reduzindo de forma drástica os custos do transporte de carga e contribuindo para um grande crescimento no comércio internacional.

Como sempre, essa difusão de tecnologias intensificou tanto a demanda quanto o valor da formação de capital humano, levando a Transição Demográfica a todos os cantos do planeta Terra. Entre 1976 e 2016, o crescimento mundial no investimento em capital humano gerou um aumento da alfabetização da população adulta mundial: de 61% para 83% entre as mulheres e de 77% para 90% entre os homens. Enquanto isso, a proporção de meninas em idade escolar primária que não frequentam a escola caiu de 35% em 1970 para 10% em 2016, e entre os meninos o número caiu de 20% para 8%. Ainda mais impressionante é o fato de que, em nações classificadas pelo Banco Mundial como de "baixa renda", a proporção de meninas em idade escolar não matriculadas na escola caiu de 72% em 1970 para 23% em 2016, e a de meninos em idade escolar caiu de 56% para 18%.

E exatamente como podemos imaginar, a despeito de onde a formação do capital humano estivesse crescendo, a taxa de natalidade vinha caindo (Fig. 11).

Também na segunda metade do século XX, muitos países em desenvolvimento finalmente escaparam da armadilha malthusiana. Em toda a África, Ásia e América Latina, as famílias começaram a ter menos filhos e a investir mais em cada um deles. No período entre 1970 e 2016, as taxas de fecundidade caíram de uma média mundial de cinco filhos para 2,4 filhos por mãe. Em graus variados, esse declínio ocorreu em todas as regiões do planeta. Nos países de alta renda, as taxas de fecundidade caíram de três filhos por mulher para 1,7; em países de baixa renda, diminuíram de 6,5 crianças para 4,7; na África Subsaariana, de 6,6 para 4,8; no mundo árabe, de 6,9 para 3,3; e nos países mais populosos do mundo, caíram acentuadamente: de 5,7 para 1,6 na China, em grande parte devido à política do filho único decretada em 1979, e de 5,9 para 2,3 na Índia. De fato, com exceção da migração, espera-se que as populações de alguns dos países mais desenvolvidos — como Alemanha, Itália e Japão — diminuam nas próximas décadas, já que as taxas atuais de fecundidade estão abaixo da taxa de equilíbrio da população.

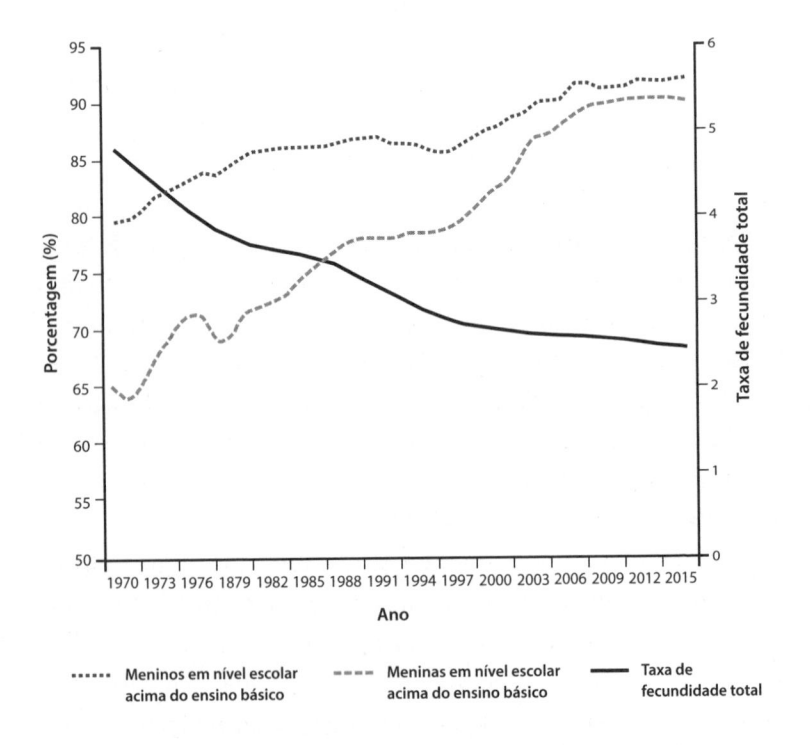

Figura 11. Crescimento na educação e queda na fecundidade no mundo, 1970-2016[14]

Combinadas ao rápido crescimento econômico, essas taxas de natalidade em declínio levaram a uma melhoria acentuada nos padrões de vida em todo o mundo. Nas décadas de 1970 e 1980, quase 40% da população mundial vivia abaixo da linha da pobreza — um limite definido pelo Banco Mundial como uma renda de 1,90 dólares por dia (Fig. 12). Mais especificamente, 61% das pessoas viviam abaixo dessa linha de pobreza na África Subsaariana em 1994, e, entre as nações mais populosas do mundo, 66% dos chineses viviam abaixo da linha de pobreza em 1990, e 63% dos indianos em 1972. Essa proporção caiu muito nas últimas décadas, exceto na África Subsaariana. Hoje, cerca de 10% do mundo ainda vive abaixo da linha da pobreza — incluindo 40% dos africanos subsaarianos, mas menos de 5% das pessoas na América Latina e no Caribe, enquanto nas maiores populações do mundo essa proporção caiu para 22% dos indianos em 2011 e, o mais impressionante, para menos de 1% dos chineses em 2016.

A contribuição do crescimento econômico para os padrões de vida é evidenciada por diversos indicadores de saúde. Entre 1953 e 2015, a expectativa de vida média global aumentou de 47 para 71 anos, e as taxas de mortalidade infantil também caíram de forma impressionante. Esse progresso notável significa bilhões de crianças estudando em escolas, bilhões de mulheres dando à luz em hospitais com higiene básica e centenas de milhões de idosos desfrutando de apoio financeiro na velhice. Em muitas partes do mundo, isso quer dizer que as crianças nascidas no crepúsculo do século XX estão entre as primeiras gerações que são capazes de olhar para além de uma rotina de mera existência diária e não apenas sonhar com um futuro melhor, mas ter motivos para esperar ter um — um futuro de aumento sustentado em sua qualidade de vida.

É claro que o ritmo de crescimento econômico em qualquer lugar e época também foi afetado por diversos fatores temporários. No rescaldo da Segunda Guerra Mundial, muitos países passaram por um intenso e rápido surto de crescimento econômico, em parte devido ao esforço de reconstrução no pós-guerra. Nas décadas de 1970 e 1980, por outro lado, o ritmo global de crescimento desacelerou em decorrência da crise do petróleo de 1973 e das tendências demográficas. Na década de 1990, o crescimento foi retomado graças à revolução na tecnologia da informação, globalização, terceirização e a espantosa expansão da China e de outros países em desenvolvimento. Mais recentemente, a crise financeira de 2008 e a pandemia da Covid-19 tiveram efeitos temporários adversos na trajetória de crescimento global. Mas, apesar dessas flutuações de curto prazo devido a grandes crises, o crescimento econômico na Europa Ocidental e na América do Norte nos últimos 150 anos — ou seja, desde o início da Transição Demográfica — manteve um ritmo médio de cerca de 2% ao ano.

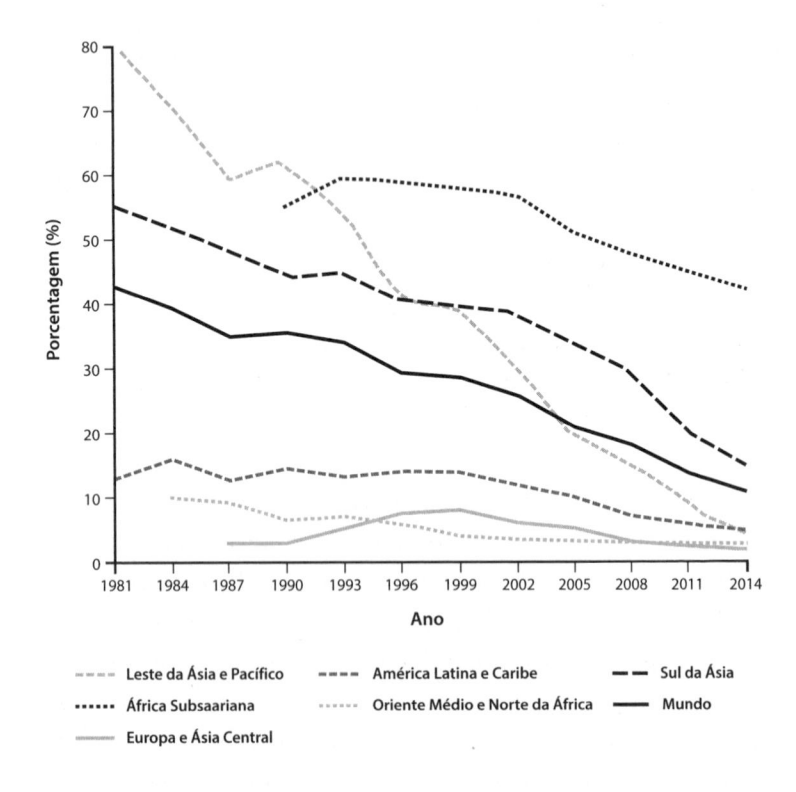

Figura 12. A queda na proporção de pessoas com renda abaixo da linha de pobreza em todo o mundo, 1981-2014[15]

Em um de seus aforismos mais famosos, o economista britânico John Maynard Keynes disse que, "no longo prazo, todos estaremos mortos". Isso era uma crítica aos economistas que se concentravam nos cenários de longo prazo e não nos efeitos imediatos que as crises de curto prazo tinham na vida de milhões de pessoas.[16] Mas a máxima de Keynes é bastante enganosa. Na verdade, em grande medida, somos todos produtos e todos lidamos com as repercussões de eventos e comportamentos que começaram décadas, séculos e até milênios antes de nascermos. Como veremos na segunda parte deste livro, a prosperidade econômica nas sociedades contemporâneas é produto, em grande parte, de profundas características históricas, geográficas, institucionais e culturais, e não, por exemplo, das graves consequências das atrocidades e da destruição da Segunda Guerra Mundial, ou do impacto devastador da Grande Depressão. O sofrimento humano durante e após esses eventos foi devastador. E ainda assim, considerando a gravidade das perdas e dos traumas humanos ocorridos nesses períodos e depois deles, os efeitos *sociais* (e não individuais) desses eventos nas condições de vida tiveram uma duração surpreendentemente curta, em geral desaparecendo em anos ou décadas, enquanto as forças fundamentais exploradas no presente livro têm um impacto que dura centenas, milhares ou mesmo dezenas de milhares de anos.

Nas últimas décadas, enquanto grande parcela do mundo em desenvolvimento entrou nesta era de crescimento e bilhões de pessoas deixaram de estar vulneráveis à fome, a doenças e à volatilidade, um novo perigo iminente apareceu no horizonte: o aquecimento global. Será que esse fenômeno também terá curta duração, mesmo que seja devastador para as gerações que o vivenciam, ou será ele o evento histórico que vai tirar a humanidade dos trilhos da jornada que percorreu até o momento, trazendo as consequências mais catastróficas e duradouras de todas?

Crescimento e degradação ambiental

A Revolução Industrial preparou o cenário para o alarmante impacto da humanidade no meio ambiente.[17] Desde suas fases iniciais, a poluição aumentou de forma drástica nas principais cidades industrializadas, contribuindo para a crise climática que enfrentamos hoje. Mais especificamente, a queima de combustíveis fósseis elevou o nível de gases de efeito estufa na atmosfera da Terra e promoveu o aquecimento global. Prevê-se que o aumento antecipado das temperaturas em todo o planeta nas próximas décadas provocará grandes mudanças ambientais, levando à extinção de uma enorme variedade de fauna e flora e perturbando o complexo equilíbrio da vida na Terra. Além disso, o aumento previsto do nível do mar deverá deslocar dezenas de milhões de pessoas, afetando o abastecimento mundial de alimentos e gerando muitas perdas econômicas, além de sofrimento humano. A adoção gradual de regulamentações ambientais e tecnologias ambientalmente sustentáveis, como o aproveitamento de energia solar e eólica, a reciclagem e a gestão de resíduos e tratamento de águas residuais, reduziu em parte essa tendência, mas nossa poluição do planeta continua alarmante.

As antigas previsões de fome em massa devido à incapacidade do planeta Terra em sustentar nossa explosão populacional se mostraram falsas pelo incrível aumento na oferta de alimentos ao longo da Revolução Verde, juntamente com um declínio gradual no crescimento populacional. No entanto, o crescimento de sete vezes na população mundial e o aumento de quatorze vezes na renda *per capita* nos últimos duzentos anos, provocando um aumento dramático no consumo mundial, têm sido as principais causas da degradação ambiental. Existe a preocupação de que a jornada da humanidade como a conhecemos possa não ser mais viável. O ritmo insuficiente da transição para fontes de energia sustentáveis e a produção contínua de bens nocivos ao meio ambiente contribuem para a crescente visão de que evitar um desastre ambiental vai exigir a desaceleração do ritmo de crescimento econômico.[18]

O crescimento econômico é mesmo incompatível com a preservação do meio ambiente natural da Terra? Temos que escolher entre os dois? Não necessariamente.[19] A análise comparativa entre países sugere que um aumento no tamanho de uma população leva também a um aumento nas emissões de carbono que é de uma ordem de magnitude maior do que a que resultaria de um aumento comparável no bem-estar material dessa população. Em outras palavras, uma região com cinquenta milhões de pessoas e uma renda *per capita* de 10 mil dólares emite significativamente mais carbono do que uma região com dez milhões de pessoas e uma renda *per capita* de 50 mil dólares, apesar de as duas regiões apresentarem exatamente o mesmo valor agregado de renda. Isso indica que o crescimento econômico alimentado por uma redução nas taxas de fecundidade — crescimento decorrente de um aumento no tamanho relativo da população em idade ativa (conhecido na disciplina econômica como "dividendo demográfico") — permitiria que ocorressem reduções significativas no nível projetado de emissões de carbono.

Na verdade, a queda das taxas de fecundidade desde o início da Transição Demográfica vem reduzindo o peso que o crescimento populacional exponencial exerce sobre o meio ambiente. Assim, enquanto a Revolução Industrial desencadeou nosso atual período de aquecimento global, o início simultâneo da Transição Demográfica pode muito bem ajudar a mitigar seus efeitos, diminuindo o potencial balanço entre crescimento econômico e preservação ambiental. Essencialmente, sustentar o crescimento econômico enquanto limitamos ainda mais a degradação ambiental e reduzimos a probabilidade de haver um "colapso" vai depender de alguns dos mesmos fatores-chave que nos trouxeram à situação atual: inovação tecnológica para facilitar a redução da dependência de combustíveis fósseis e a transição para o uso de tecnologias ecologicamente corretas, e uma queda na fecundidade, para reduzir a carga populacional sobre o meio ambiente e gerar maior crescimento econômico. Como diz o guru da tecnologia, empresário e filantropo americano Bill Gates: "Devemos passar a próxima década focando nas tecnologias, políticas e estruturas de mercado que nos colocarão no caminho da eliminação dos gases de efeito estufa até 2050."[20]

Entre essas políticas e estruturas devem estar aquelas que promovam em todo o mundo a igualdade de gênero, o acesso à educação e a disponibilidade de contraceptivos e, assim, contribuam para a redução global da fecundidade. Ao mitigar a tendência atual do aquecimento global, elas nos darão um tempo valioso para o desenvolvimento das tecnologias revolucionárias que serão necessárias nessa batalha. Endossar formalmente medidas demográficas como essas pode trazer maior apoio político entre a maioria dos países em desenvolvimento do que as recomendações convencionais de políticas climáticas: a adoção de tecnologias de energia limpa e regulamentações ambientais é cara, tanto em sua gestão quanto na sua efetivação, enquanto as políticas associadas à redução da fecundidade trazem os benefícios do crescimento econômico aliado à preservação ambiental.

Se pudermos evitar a inação e direcionar os recursos adequados, o incrível poder da inovação humana que foi desencadeado de forma espetacular durante a era do progresso combinado com a redução da fecundidade — ambos alimentados pela formação de capital humano — deve permitir o avanço oportuno das tecnologias revolucionárias necessárias, transformando essa crise climática em uma mera lembrança antiga nos próximos séculos.

Coda: resolvendo o Mistério do Crescimento

O desenvolvimento da humanidade é extraordinário — com uma trajetória de tirar o fôlego e uma evolução radicalmente diferente de qualquer outra espécie viva no planeta Terra. Os primeiros humanos vagavam pelas savanas da África Oriental usando o fogo para iluminar, aquecer e cozinhar, talhando pedras para fazer lâminas, machados e outras ferramentas. Vários milhões de anos depois, um de seus descendentes escreve este livro em um dispositivo portátil capaz de realizar cálculos matemáticos complexos em frações de segundo, usando processadores e uma nanotecnologia com cem mil vezes mais poder de processamento do que os computadores usados apenas cinquenta anos antes para fazer um homem pousar na Lua.

A primeira faísca que colocou a humanidade em sua extraordinária jornada foi o desenvolvimento do cérebro humano, cujas capacidades crescentes nasceram da adaptação às pressões evolutivas que eram exclusivas à nossa espécie. Equipados com cérebros poderosos, os humanos desenvolveram tecnologias cada vez melhores, aprimorando sua eficiência de caça e coleta. Esses avanços permitiram o aumento da população, enquanto os atributos que tornaram os humanos mais capazes de usar essas tecnologias conferiram a eles uma vantagem de sobrevivência. Assim surgiu o *Homo technologicus*: seres humanos cujos dedos sofreram adaptações para esculpir ferramentas úteis de caça e culinária a partir de matérias-primas; cujos braços acabaram se desenvolvendo para arremessar lanças; cujos cérebros evoluíram para armazenar, analisar e transmitir informações; para raciocinar e se comunicar usando linguagens e para facilitar a cooperação e as relações comerciais mais complexas.

Ao longo de centenas de milhares de anos, esses processos melhoraram de forma ininterrupta a adaptação da humanidade ao seu ambiente, também em constante mudança, permitindo que a espécie prosperasse, crescesse e adentrasse novos nichos ecológicos à medida que se aventurava para fora da África. A raça humana aprendeu a se proteger de condições climáticas adversas e a refinar suas habilidades de caça e coleta em habitats dos mais diversos até que, cerca de doze mil anos atrás, passou por sua primeira grande transformação: alguns humanos adotaram estilos de vida sedentários e começaram a cultivar seus alimentos, gerando uma pressão evolutiva para que a espécie como um todo seguisse seu exemplo.

A Revolução Neolítica teve um efeito duradouro sobre a humanidade. Em questão de apenas alguns milhares de anos, a maioria dos seres humanos abandonou o estilo de vida nômade e começou a cultivar a terra, criando gado, ovelhas e cabras, adaptando-se ao novo ambiente. As sociedades agrícolas se beneficiaram de vantagens tecnológicas significativas, as quais persistiram por milhares de anos. A inovação tecnológica na forma de irrigação e métodos de cultivo gerou maiores rendimentos agrícolas e levou a uma maior densidade populacional, fomentando a especialização e o surgimento de uma classe não produtora de alimentos, dedicada à criação de conhecimento. Esta, por sua vez, estimulou ainda mais progresso tecnológico, bem como avanços na arte, na ciência e na escrita, causando o início da civilização. O habitat humano com o tempo foi transformado: as lavouras viraram aldeias e as aldeias se expandiram em vilas e cidades muradas. Nessas cidades surgiram magníficos palácios, templos e fortalezas, baluartes das elites que criaram exércitos poderosos e massacraram seus inimigos em batalhas por territórios, prestígio e poder.

Durante a maior parte da história da nossa espécie, a interação entre o progresso tecnológico e a população humana se deu em um ciclo de reforço contínuo. O progresso tecnológico possibilitou o crescimento da população e incentivou a adaptação de características sociais a essas inovações, enquanto o crescimento e a adaptação da população aumentaram o número de inventores e ampliaram a demanda por mudanças, estimulando ainda mais a criação e adoção de novas tecnologias. Por longas eras, essas grandes engrenagens da história humana giraram sob a superfície, impulsionando a humanidade em sua jornada. As tecnologias melhoraram, as populações cresceram, os atributos sociais adequados às novas tecnologias se espalharam — e essas modificações desencadearam mais progresso tecnológico em todas as civilizações, em todos os continentes e em todas as épocas.

Entretanto, um aspecto central da condição humana permaneceu praticamente inalterado: os padrões de vida. O progresso tecnológico ao longo da maior parte da história humana não conseguiu gerar qualquer melhoria significativa no longo prazo para o bem-estar material da população, uma vez que — como todas as outras espécies na Terra — a humanidade estava aprisionada na armadilha da pobreza. O progresso tecnológico, e a consequente expansão de recursos que este permitiu, sempre contribuíram para o crescimento populacional, ditando que os frutos do progresso deveriam ser divididos entre um número cada vez maior de bocas. As inovações levaram a um aumento da prosperidade econômica por algumas gerações, mas, por fim, o crescimento populacional trazia as sociedades de volta aos níveis de subsistência. Quando as populações desfrutavam de terras férteis e estabilidade política, a tecnologia avançava de forma significativa. Isso ocorreu de várias maneiras no Antigo Egito, na Pérsia e na Grécia, na civilização maia e no Império Romano, nos califados islâmicos e na China medieval. Explosões de progresso tecnológico espalharam novas ferramentas e métodos de produção por toda a superfície do globo e elevaram temporariamente os padrões de vida. Porém, essas melhorias tinham curta duração.

Todavia, a inevitável aceleração do avanço tecnológico ao longo da história humana finalmente atingiu um ponto crítico: as inovações da Revolução Industrial, que começaram em um pequeno bolsão do Norte da Europa nos séculos XVIII e XIX, foram rápidas o suficiente para estimular a demanda por um recurso muito particular: as habilidades e os conhecimentos que permitiriam aos trabalhadores operar em um ambiente tecnológico que não era apenas novo, mas estava em constante transformação. A fim de prepará-los para tal mundo, os pais passaram a investir mais na criação e na educação de seus filhos e, por isso, foram forçados a gerar menos crianças. O aumento da expectativa de vida e a queda da mortalidade infantil aumentaram a duração do retorno sobre a educação, ampliando ainda mais o incentivo para o investimento em capital humano e a redução da fecundidade. Enquanto isso, a redução na disparidade salarial entre homens e mulheres aumentou o custo da criação dos filhos e também incentivou a preferência por famílias menores. Essas forças conjuntas desencadearam a Transição Demográfica, rompendo a contínua associação positiva entre crescimento econômico e taxas de natalidade.

Essa queda acentuada na fecundidade fez o processo de desenvolvimento se livrar dos efeitos de compensação do crescimento populacional e permitiu que as melhorias tecnológicas aumentassem a prosperidade de forma permanente, e não em surtos efêmeros. Graças a uma força de trabalho de melhor qualidade e a um maior investimento em capital humano, o progresso tecnológico acelerou ainda mais, melhorando as condições de vida e catalisando o crescimento prolongado da renda *per capita*. A humanidade estava passando por uma fase de transição. Assim como a Revolução Neolítica se espalhou para outras regiões a partir de alguns centros, como o Crescente Fértil e o rio Yangtze, a Revolução Industrial e a Transição Demográfica começaram na Europa Ocidental e então se espalharam ao longo do século XX pela maior parte do mundo, elevando os níveis de prosperidade por onde chegassem.

Portanto, os últimos duzentos anos foram revolucionários: os padrões de vida deram um salto sem precedentes em todas as medidas concebíveis. A renda média *per capita* em todo o mundo aumentou quatorze vezes e a expectativa de vida mais que dobrou. O mundo cruel em que a mortalidade infantil crescia deu lugar a um mundo próspero, onde a morte de uma única criança é uma tragédia extraordinária. No entanto, as melhorias nas condições de vida significaram mais do que apenas uma saúde melhor e uma renda mais alta. O progresso tecnológico também levou à redução do trabalho infantil, à migração para profissões menos perigosas e extenuantes, à capacidade de se comunicar e de praticar comércio a grandes distâncias, e à proliferação de entretenimento e cultura de massa em uma escala que nossos ancestrais jamais seriam capazes de imaginar.

Embora esse avanço tecnológico espetacular e a imensa melhoria nos padrões de vida tenham sido compartilhados de modo desigual em todo o planeta, e às vezes de forma grotescamente injusta dentro das próprias sociedades, e apesar de desastres naturais, pandemias, guerras, atrocidades e convulsões políticas e econômicas por vezes provocarem a destruição de muitos indivíduos, essas tragédias e injustiças — por mais dramáticas e horríveis que tenham sido — não desviaram a jornada da humanidade de seu caminho a longo prazo. Vistos através de um prisma mais amplo, os padrões de vida da humanidade como um todo superaram cada uma dessas calamidades com uma notável velocidade, e continuaram avançando — impulsionados pelas grandes engrenagens do progresso tecnológico e das mudanças demográficas.

Contudo, o processo de industrialização também desencadeou o aquecimento do planeta, que agora ameaça os meios de subsistência — e as vidas — de pessoas em todo o mundo, fazendo com que alguns questionem a ética de nossos excessos de consumo, bem como a sustentabilidade da nossa jornada. Por sorte, as fontes desses altos padrões de vida também podem garantir sua preservação: o poder da inovação acompanhado pela diminuição da fecundidade pode trazer o potencial inerente de reduzir a compensação entre crescimento econômico e preservação ambiental. O desenvolvimento e a transição para tecnologias ecologicamente corretas, e a redução dos prejuízos ambientais devido ao declínio ainda maior do crescimento populacional — que será causado pelo aumento do retorno sobre a educação e a igualdade de gênero —, podem permitir que o crescimento econômico mantenha seu ritmo atual, enquanto a tendência atual do aquecimento global é reduzida, garantindo um tempo valioso para o desenvolvimento das tecnologias revolucionárias, que serão essenciais se quisermos reverter o atual curso do aquecimento global.

A jornada da humanidade está repleta de episódios fascinantes. É fácil ficar à deriva em meio ao oceano de detalhes, atingido pelas ondas e alheio às poderosas correntes atuando em suas profundezas. A primeira parte deste livro se concentrou nessas correntes ocultas: a interação entre o progresso tecnológico e o tamanho e a composição da população humana. É quase impossível compreender a história da humanidade sem compreender as contribuições dessas forças na progressão da espécie humana — a evolução do cérebro humano, as duas revoluções monumentais (a Neolítica e a Industrial), o crescimento do investimento em capital humano e a Transição Demográfica, as principais tendências que nos tornaram a espécie dominante no planeta Terra. Essas correntes subjacentes fornecem uma estrutura conceitual unificadora, um eixo claro para entender essa jornada. Na ausência delas, a história do desenvolvimento humano seria apenas uma lista cronológica de fatos — um deserto incompreensível de civilizações em ascensão e queda.

E ainda assim o ritmo do progresso nos padrões de vida não tem sido nem universal, nem inevitável. De fato, a humanidade moderna é excepcional, pois o padrão de vida dos humanos em todo o planeta depende em grande parte de seu local de nascimento. Quais são as causas para essa grande disparidade de riqueza entre as nações e regiões? As sociedades humanas estão presas de forma inevitável à história e geografia dos lugares onde surgiram? O surgimento dessas desigualdades foi, de maneira geral, determinístico ou aleatório? Qual é o papel que essas características institucionais, culturais e sociais profundamente enraizadas possuem na diferença da riqueza entre as nações?

Tendo acompanhado a jornada da humanidade do passado ao presente, nossa investigação acerca do Mistério da Desigualdade vai envolver uma gradual volta no tempo, em busca de suas origens mais profundas, chegando finalmente às raízes da nossa jornada — o êxodo do *Homo sapiens* a partir da África há dezenas de milhares de anos.

II

As origens da riqueza e da desigualdade

7

Esplendor e miséria

Na última década, inúmeros barcos superlotados de migrantes ilegais vindos da África afundaram na costa da Líbia e milhares de passageiros acabaram perdendo a vida. Os sobreviventes desses incidentes traumáticos muitas vezes se mostraram desapontados por não conseguirem chegar ao destino pretendido, a Itália, mas raros foram os que se arrependeram da decisão de embarcar naquela perigosa viagem com destino à Europa.

Somente em 2015 mais de um milhão de pessoas cruzaram o Mediterrâneo em embarcações semelhantes e, ao longo dessa crise humanitária que ainda persiste, muitos outros milhares de migrantes vindos da África, do Oriente Médio e da América Latina morreram tentando alcançar as fronteiras europeias e americanas. Esse desesperado êxodo em massa, no qual as pessoas não apenas colocam as próprias vidas em risco, mas também deixam para trás suas famílias e sua pátria, pagando aos traficantes de seres humanos valores acima de suas possibilidades, é, sobretudo, resultado da imensa desigualdade nos padrões de vida entre as regiões do mundo — o que fica evidente nas disparidades em direitos humanos, liberdades civis, estabilidade sociopolítica, qualidade da educação, expectativa de vida e capacidade de ganho, bem como em um aspecto mais urgente nos últimos anos: o alastramento de conflitos violentos.

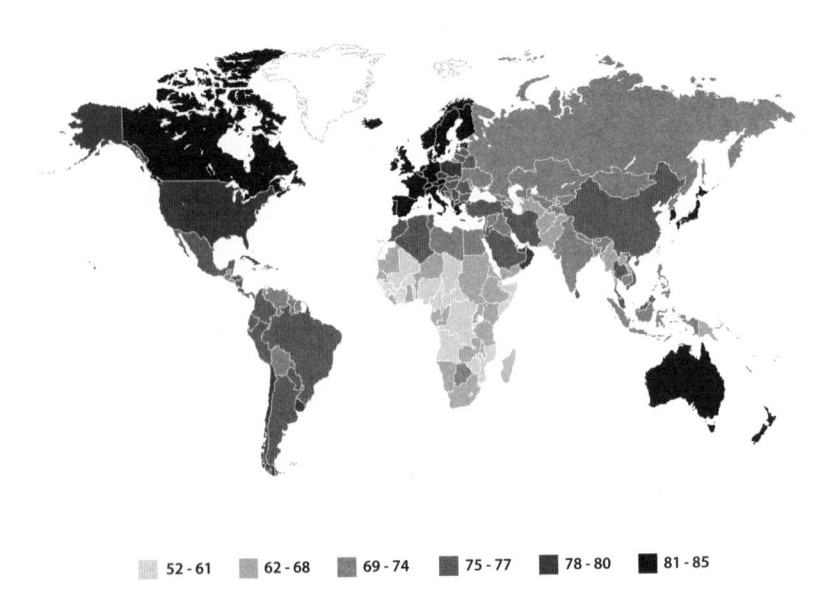

52 - 61   62 - 68   69 - 74   75 - 77   78 - 80   81 - 85

**Figura 13a. Expectativa de vida no nascimento
em todo o mundo, 2017**

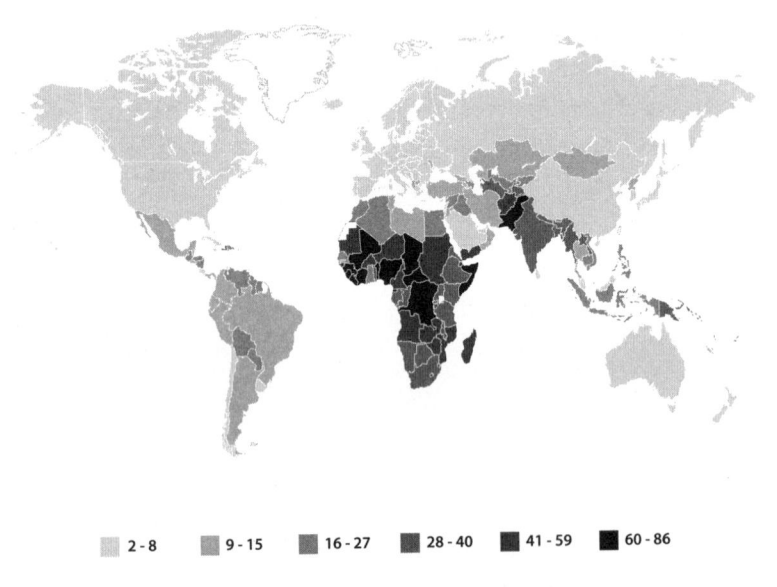

2 - 8   9 - 15   16 - 27   28 - 40   41 - 59   60 - 86

Figura 13b. Taxa de mortalidade infantil (por mil), 2017

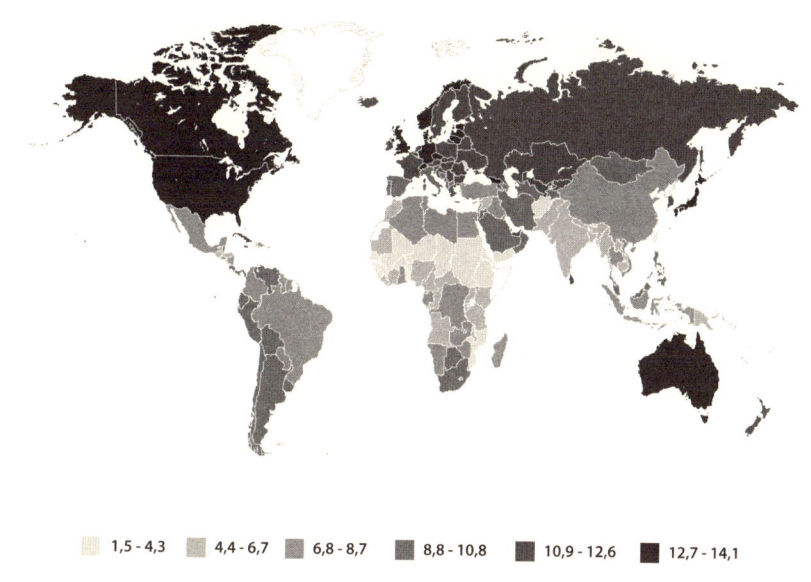

1,5 - 4,3   4,4 - 6,7   6,8 - 8,7   8,8 - 10,8   10,9 - 12,6   12,7 - 14,1

Figura 13c. Média de anos de escolaridade, 2017

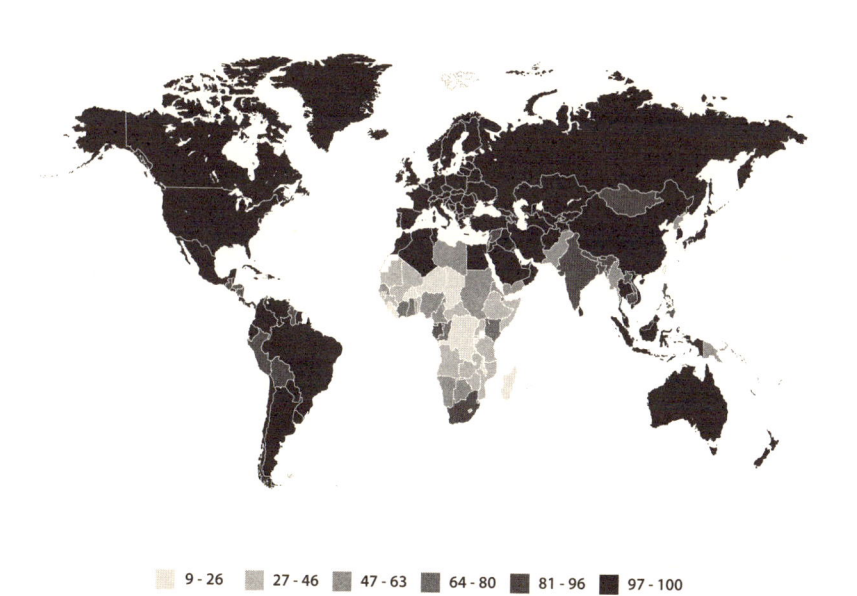

9 - 26   27 - 46   47 - 63   64 - 80   81 - 96   97 - 100

**Figura 13d. Percentual da população
com acesso à eletricidade, 2017**

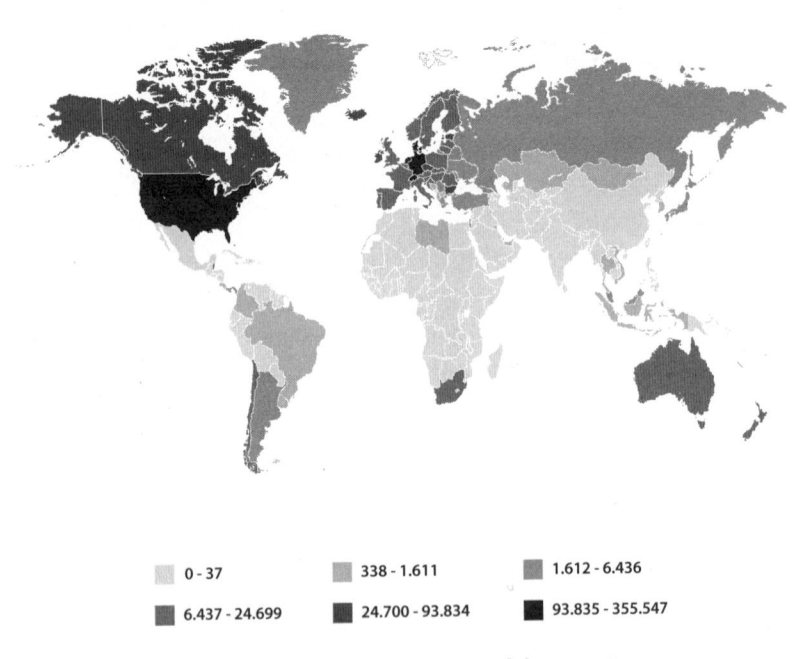

0 - 37	338 - 1.611	1.612 - 6.436
6.437 - 24.699	24.700 - 93.834	93.835 - 355.547

**Figura 13e. Acesso seguro à internet
(por milhão de pessoas), 2017**

Tal disparidade nas condições de vida é expressiva a ponto de ser difícil, para quem vive em um extremo do espectro, conceber a realidade da vida dos que vivem no outro. Em 2017, na maior parte das nações desenvolvidas, a expectativa de vida ultrapassou os oitenta anos, a mortalidade infantil foi inferior a cinco óbitos por mil nascidos vivos, quase toda a população tinha acesso à eletricidade, uma fração significativa tinha conexão com a internet e a incidência da desnutrição estava em cerca de 2,5%. Nas nações menos desenvolvidas, ao contrário, a expectativa de vida era inferior a 62 anos, as taxas de mortalidade infantil ultrapassavam sessenta mortes por mil nascimentos, menos de 47% da população tinha acesso à eletricidade, menos de um décimo de 1% tinha conexão com a internet e 19,4% sofriam de desnutrição (Figs. 13a-13e).[1]

Outra diferença também desconcertante é a dos padrões de vida entre os estratos sociais, étnicos e raciais dentro das sociedades, que se manifestam como disparidades na educação, renda e saúde. Em 2019, antes do impacto da Covid-19, no país mais rico do mundo, os Estados Unidos, a expectativa de vida dos afro-americanos era de 74,7 anos, enquanto a dos americanos brancos era de 78,8; as taxas de mortalidade infantil por mil estavam em 10,8 para afro-americanos e 4,6 para americanos brancos; e 26,1% dos afro-americanos tinham diploma universitário aos 25 anos, contra 41,1% dos americanos brancos.[2]

Mesmo assim, o abismo nos padrões de vida entre os países mais ricos e os mais pobres é tão maior que milhões de mulheres e homens arriscam suas vidas na tentativa de chegar ao mundo desenvolvido.

Fatores contrastantes

Na superfície dessa desigualdade global está o fato de que a renda *per capita* nos países desenvolvidos é bem maior do que nos países em desenvolvimento (Fig. 14), o que permite um gasto muito maior em educação, saúde, alimentação e habitação.

Mas por que os cidadãos de alguns países ganham tão mais que os habitantes de outros? Essa diferença de rendimentos reflete, de modo parcial, as diferenças na "produtividade do trabalho": cada hora de trabalho em algumas regiões do mundo produz bens ou serviços de maior valor do que uma hora equivalente de trabalho em outros lugares. A produtividade do trabalho agrícola, por exemplo, varia muito entre os países. Nos Estados Unidos, em 2018 a produtividade agrícola por trabalhador foi quase 147 vezes maior que na Etiópia, 90 vezes maior que em Uganda, 77 vezes maior que no Quênia, 46 vezes maior que na Índia, 48 vezes maior que na Bolívia, 22 vezes maior que na China e seis vezes maior que no Brasil.[3] Mas, então, por que os agricultores americanos colhem uma safra muito maior que a dos agricultores da África Subsaariana, do Sudeste Asiático e da maior parte da América do Sul?

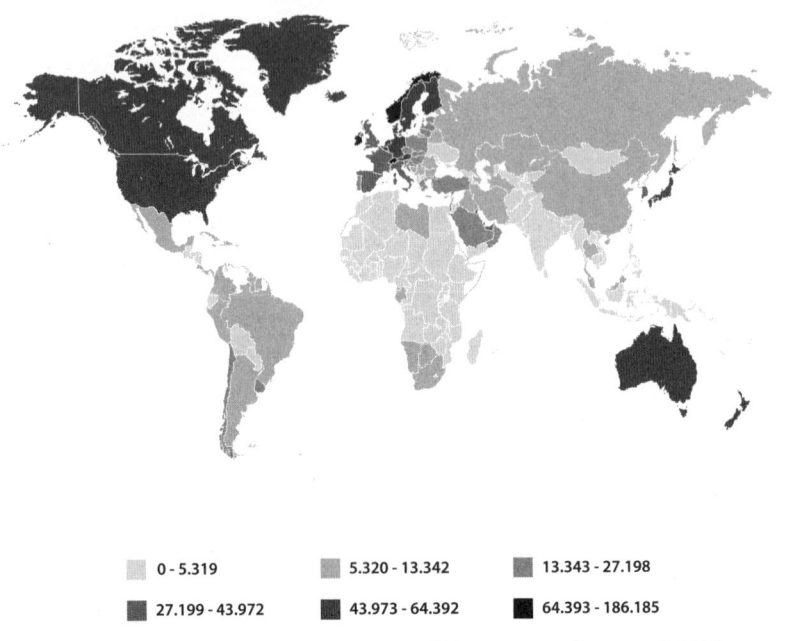

| | 0 - 5.319 | | 5.320 - 13.342 | | 13.343 - 27.198 |
| | 27.199 - 43.972 | | 43.973 - 64.392 | | 64.393 - 186.185 |

Figura 14. Renda *per capita* em dólares americanos, 2017[4]

A resposta não é surpresa alguma: essas diferenças são, acima de tudo, um reflexo das tecnologias de cultivo e colheita usadas em cada país, bem como das habilidades, da educação e do treinamento dos agricultores. Afinal, os agricultores americanos usam tratores, caminhões e colheitadeiras, por exemplo, enquanto os da África Subsaariana são mais propensos a depender de arados de madeira, muitas vezes puxados por bois. Além disso, os agricultores dos Estados Unidos são mais bem treinados e podem usar sementes geneticamente modificadas, fertilizantes avançados e transporte refrigerado, o que pode não ser viável ou lucrativo no mundo em desenvolvimento.

Ainda assim, essa cadeia de motivos aproximados não esclarece as *raízes* da disparidade. Ela apenas nos leva a uma questão mais fundamental: por que o processo de produção em certos países se beneficia de trabalhadores mais qualificados e tecnologias mais sofisticadas?

Ferramentas enferrujadas

Em tentativas anteriores de entender o crescimento econômico, como a do economista Robert Solow, ganhador do prêmio Nobel, o foco estava na importância da acumulação de capital físico — cestos de palha, ancinhos, tratores e outras máquinas — para o crescimento econômico.

Vamos supor que um casal colha trigo suficiente para assar algumas dúzias de pães por semana. Então usam alguns desses pães para alimentar a família e vendem o restante no mercado da aldeia. Depois de economizar o suficiente, eles compram um arado, aumentando o estoque de capital físico, suas colheitas e, por fim, o número de pães que podem assar por semana. Enquanto o casal não tiver mais filhos, essa acumulação de capital (a adição de um arado) os ajudará a aumentar a renda *per capita* deles. No entanto, o impacto dessa acumulação de capital físico é limitado pela lei da produtividade marginal decrescente, ou *lei dos rendimentos decrescentes*: como a quantidade de terra e o tempo disponíveis para eles são limitados, então, se o primeiro arado aumentar a produção do casal em cinco pães por semana, um segundo arado pode contribuir com apenas três pães a mais, enquanto o quinto arado mal vai aumentar a produtividade.

A importante conclusão dessa análise é que apenas melhorias contínuas na eficiência do arado podem trazer crescimento de renda a longo prazo para esses aldeões. Além disso, a aquisição de um novo arado estimularia um crescimento mais rápido em uma fazenda pobre do que em uma mais avançada de igual tamanho, porque ele provavelmente seria o primeiro arado na fazenda pobre, enquanto poderia ser o terceiro ou quarto na fazenda rica. Assim, uma fazenda relativamente pobre cresceria mais rápido do que outra mais avançada, e com o tempo a diferença de renda entre a pobre e a rica diminuiria.

Portanto, o modelo proposto por Solow sugere que o crescimento econômico não pode ser mantido por tempo indefinido na ausência de progresso tecnológico e científico.[5] Além disso, ele prevê que a disparidade de renda entre países que diferem apenas nos níveis *iniciais* de renda *per capita* e estoque de capitais diminuiria com o tempo.

Para exemplificar, imagine uma maratona na qual, quanto mais corredores avançam do ponto de partida, mais difícil o desafio se torna a cada próximo passo. Se um grupo começar a corrida alguns minutos antes de um segundo grupo de corredores com o mesmo nível de talento, o primeiro grupo se manterá à frente dos retardatários, mas a diferença entre eles diminuirá a cada passo dado. E, de forma análoga, no contexto de países que diferem apenas em seus níveis iniciais de renda *per capita* e estoque de capital, as economias mais pobres, ou seja, aqueles que iniciaram a corrida mais tarde, deveriam convergir gradativamente com as economias mais ricas, que por sua vez iniciaram a corrida mais cedo, e, portanto, as diferenças de renda em todas essas nações diminuiriam com o tempo.

No entanto, como mostra a Figura 15, as economias das nações desenvolvidas e em desenvolvimento não convergiram. Muito pelo contrário, na verdade: nos últimos dois séculos, as diferenças nos padrões de vida entre as regiões aumentaram muito.

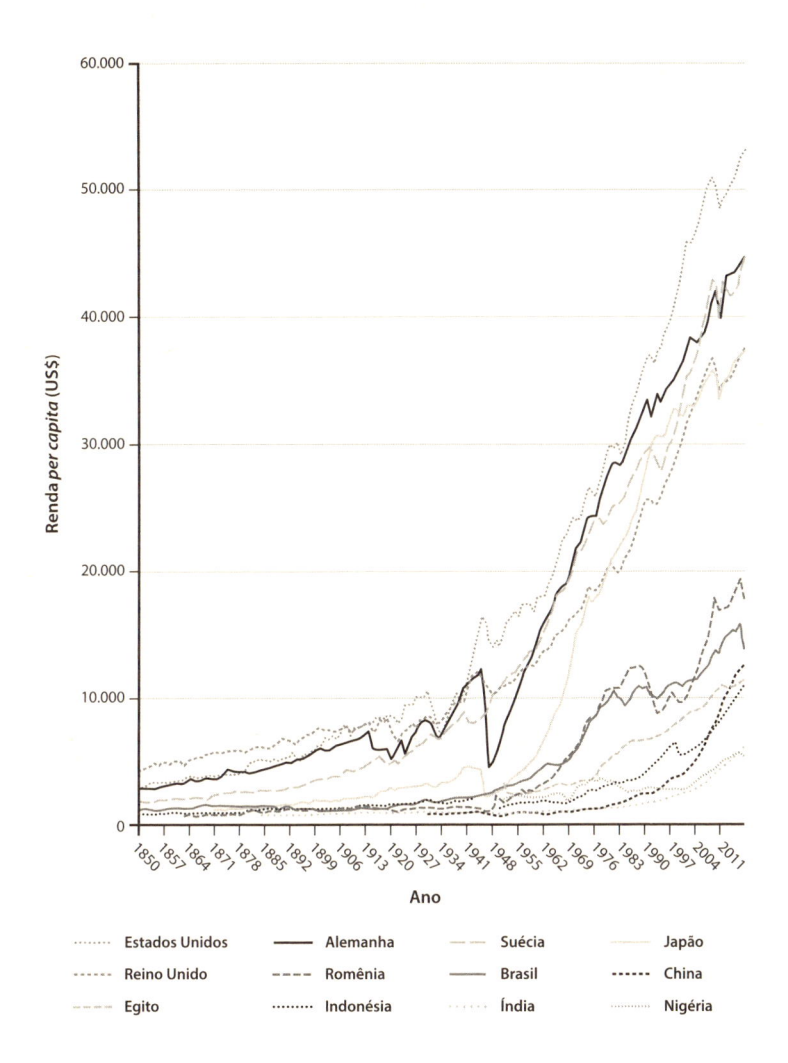

Figura 15. Evolução da renda *per capita* entre países, 1850-2016[6]

O que causou essa grande diferença entre alguns países? E quais são as forças que impediram algumas das nações mais pobres de alcançarem as mais ricas? Na segunda metade do século XX, os formuladores de políticas desenvolveram programas com o objetivo de elevar os padrões de vida dos países em desenvolvimento baseando-se na percepção de que o progresso tecnológico e a acumulação de capital físico e humano estimulam o crescimento econômico. No entanto, a desigualdade entre as nações persiste, a ponto de sugerir que essas políticas tiveram pouco impacto.[7] Um foco muito limitado em fatores observáveis na superfície — as disparidades explícitas —, e não nas causas subjacentes que as criaram, impede a formulação de políticas que ajudariam as nações mais pobres a superar os obstáculos enfrentados que são menos visíveis, mas mais persistentes. Essas forças podem ter criado uma barreira que impede investimentos, educação e adoção de novas tecnologias, contribuindo para o desenvolvimento desigual em todo o mundo. São essas causas e obstáculos subjacentes que precisaremos identificar se quisermos decifrar o Mistério da Desigualdade e promover a prosperidade global.

Comércio, colonialismo e desenvolvimento desigual

Durante o século XIX, o comércio internacional aumentou consideravelmente. Isso foi resultado da rápida industrialização do noroeste da Europa, possibilitada e alimentada pelo colonialismo, e também incentivada pela redução das barreiras comerciais e dos custos de transporte. De toda a produção mundial em 1800, apenas 2% eram comercializados internacionalmente. Em 1870, essa participação quintuplicou para 10%; em 1900 consistia em 17%, e em 1913, às vésperas da Primeira Guerra Mundial, era de 21%.[8] Mesmo que a maior parte desse comércio ocorresse entre sociedades industrializadas, as economias em desenvolvimento eram um importante e crescente mercado para suas exportações. Os padrões que surgiram durante esse período deixavam claro: os países do noroeste da Europa eram exportadores de bens manufaturados, enquanto as exportações das economias asiáticas, latino-americanas e africanas eram, em grande maioria, compostas de produtos agrícolas e matérias-primas.[9]

Embora os avanços tecnológicos durante essa época pudessem ter provocado a Revolução Industrial sem a contribuição da expansão do comércio internacional, o ritmo de industrialização e a taxa de crescimento nas nações da Europa Ocidental foram intensificados por tal comércio, bem como pela exploração das colônias, de seus recursos naturais, de suas populações nativas e de africanos escravizados e seus descendentes. Da mesma forma, o comércio triangular atlântico, que atingiu seu auge nos séculos anteriores, e o crescente comércio com a Ásia e a África tiveram um grande impacto nas economias da Europa Ocidental. O comércio de mercadorias não só era muito lucrativo, como também fornecia matérias-primas como madeira, borracha e algodão em estado bruto para o processo de industrialização; todos produzidos a baixo custo por meio do trabalho escravo e forçado. Enquanto isso, a produção, nas colônias, de produtos agrícolas como trigo, arroz, açúcar e chá permitiu às nações europeias aumentar sua especialização na produção de bens industriais e se beneficiar dos mercados em expansão para seus produtos nas colônias.[10]

Especialmente no Reino Unido, a parcela da renda nacional resultante do comércio internacional cresceu de 10% na década de 1780 para 26% no período de 1837 a 1845, e para 51% entre 1909 e 1913. As exportações foram cruciais para a viabilidade de alguns setores, sobretudo a indústria do algodão, na qual 70% da produção do Reino Unido foi exportada na década de 1870.[11] Outras economias europeias tiveram um padrão semelhante. A proporção da renda nacional resultante do comércio exterior às vésperas da Primeira Guerra Mundial era de 54% na França, 40% na Suécia, 38% na Alemanha e 34% na Itália.[12]

Essa expansão do comércio internacional nas fases iniciais da industrialização teve um efeito importante — e assimétrico — no desenvolvimento das economias industriais e não industriais. Nas economias industriais, serviu como incentivo ao aprimoramento da especialização na produção de bens que exigiam uma força de trabalho cuja qualificação era relativamente alta. O aumento associado da demanda por mão de obra qualificada nessas nações intensificou seu investimento em capital humano e acelerou a transição demográfica, estimulando ainda mais o progresso tecnológico e aumentando sua vantagem comparativa na produção desses bens. Nas economias não industriais, pelo contrário, o comércio internacional incentivou a especialização na produção de bens agrícolas e matérias-primas que exigiam relativamente pouca qualificação. A ausência de uma demanda significativa por trabalhadores qualificados nesses setores limitou o incentivo ao investimento em capital humano e, assim, atrasou a transição demográfica, aumentando ainda mais a abundância relativa de mão de obra pouco qualificada e a desvantagem comparativa na produção de bens que exigiam "qualificação intensiva".

Da mesma forma, a globalização e a colonização contribuíram para a disparidade de riqueza entre as nações nos últimos dois séculos. Enquanto nas nações industrializadas os ganhos do comércio foram direcionados sobretudo para o investimento em educação e levaram ao crescimento da renda *per capita*, uma parcela maior dos ganhos do comércio nas nações não industriais foi canalizada para o aumento da fecundidade e o crescimento populacional. Essas forças afetaram de modo contínuo a distribuição da população, habilidades e tecnologias em todo o mundo, ampliando as lacunas tecnológicas e educacionais entre economias industriais e não industriais e, dessa forma, aumentando, em vez de diminuir, os padrões iniciais de vantagem comparativa.[13] A premissa desse argumento — que o comércio internacional gerou efeitos opostos nas taxas de fecundidade e níveis de educação em economias desenvolvidas e menos desenvolvidas — é sustentada por análises regionais e entre países baseadas em dados contemporâneos e históricos.[14]

O impacto assimétrico da globalização e da colonização também é bastante evidente pela velocidade com que a própria industrialização ocorreu nos países desenvolvidos e nos em desenvolvimento. O nível de industrialização *per capita* no Reino Unido aumentou 50% entre 1750 e 1800, quadruplicou entre 1800 e 1860 e quase dobrou entre 1860 e 1913. Nos Estados Unidos, aumentou quatro vezes entre 1750 e 1860 e seis vezes entre 1860 e 1913. Um padrão comparável foi experimentado por Alemanha, França, Suécia, Suíça, Bélgica e Canadá. Por outro lado, durante o século XIX as economias em desenvolvimento vivenciaram um *declínio* na industrialização *per capita*, e levou quase dois séculos para conseguirem retornar aos níveis iniciais, antes de finalmente decolarem na segunda metade do século XX (Fig. 16).[15]

A relação comercial entre o Reino Unido e a Índia, sua colônia, ilustra esse padrão. Entre 1813 e 1850, enquanto mostrava uma rápida expansão em seu volume de exportações e importações, a Índia aos poucos se transformou de exportadora de produtos manufaturados — sobretudo têxteis — em fornecedor de bens agrícolas e matérias-primas.[16] O comércio com o Reino Unido foi fundamental nesse processo, sendo origem de mais de dois terços das importações da Índia (principalmente de bens manufaturados) durante a maior parte do século XIX, e destino para mais de um terço de suas exportações.[17]

Já podemos imaginar o efeito que isso teve no Reino Unido. Ao fomentar o processo de industrialização, o comércio contribuiu para o aumento significativo da demanda por mão de obra qualificada na segunda fase da Revolução Industrial. A média de anos de escolaridade da força de trabalho masculina da Inglaterra, que não sofreu uma mudança significativa até a década de 1830, triplicou no início do século XX. O volume de matrículas escolares de crianças aos dez anos de idade aumentou de 40% em 1870 para quase 100% em 1902.[18] Na década de 1870, a taxa geral de fecundidade no país começou a cair, e nos cinquenta anos seguintes passou de cerca de cinco crianças por mulher para algo próximo a 2,5 crianças. Nesse mesmo período, a economia passou para um estado de crescimento sustentado da renda *per capita*, a uma taxa de quase 2% ao ano.

Contrastando com tal cenário, a Índia sofreu um declínio no nível de industrialização *per capita*. A consolidação do setor agrícola na Índia, para o qual a educação não era essencial, contribuiu para a continuidade do analfabetismo generalizado até o século XX. As tentativas de ampliar a educação primária nesse século foram prejudicadas pela baixa frequência e altas taxas de evasão.[19] Apesar do gradual avanço da educação, 72% dos indianos acima dos 15 anos não tinham escolaridade em 1960. Na ausência de uma formação significativa de capital humano, a transição demográfica na Índia foi atrasada até a segunda metade do século XX.

Assim, enquanto os ganhos do comércio no Reino Unido aceleraram a redução da fecundidade e levaram a um crescimento significativo da renda *per capita*, na Índia eles foram canalizados, em sua maior parte, para o aumento das taxas de fecundidade. Desde 1820, o tamanho da população indiana em relação à do Reino Unido dobrou, enquanto a renda *per capita* britânica em relação à da Índia também dobrou.

No entanto, os padrões de dominação, exploração e comércio assimétrico durante a era colonial aumentaram os padrões preexistentes de vantagem comparativa, mas não foram responsáveis por criá-los. O que explica o desenvolvimento desigual que ocorreu antes do período colonial? O que permitiu que alguns

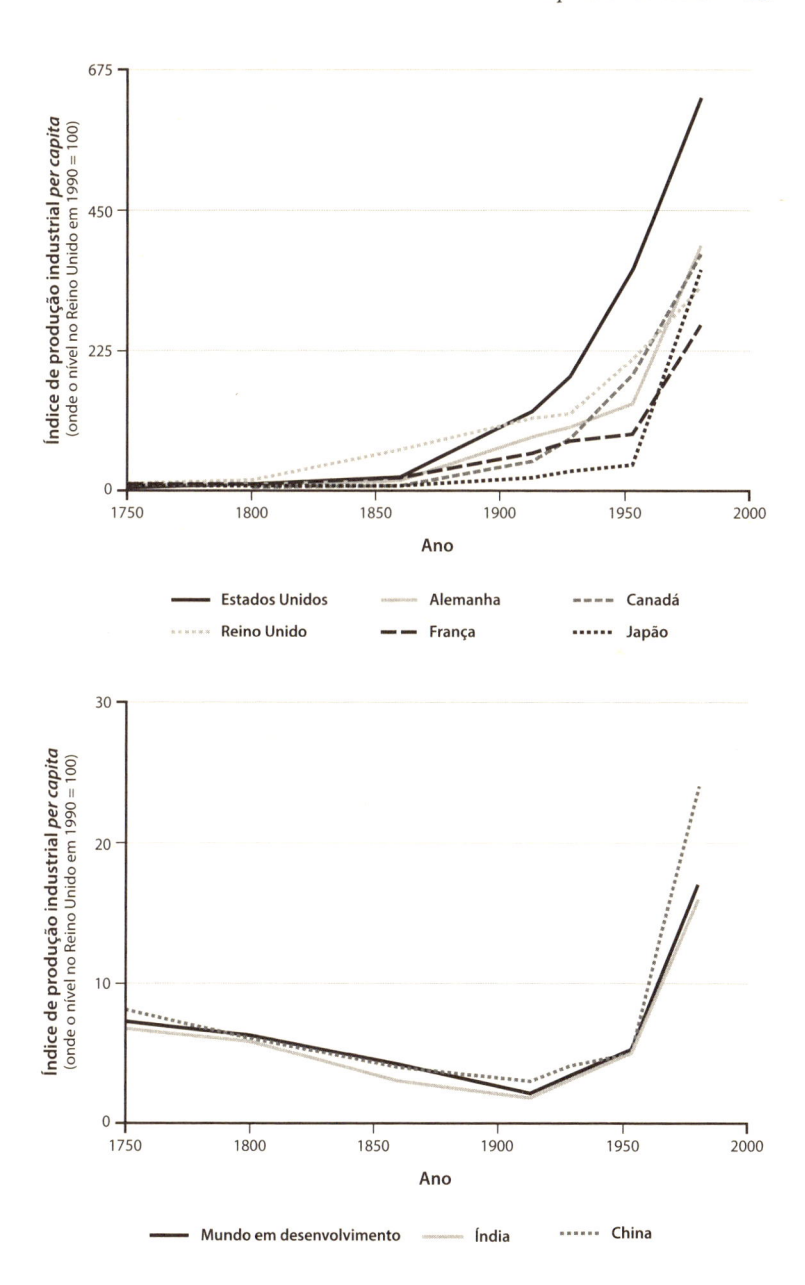

Figura 16. O impacto da globalização: industrialização e desindustrialização no mundo

países se tornassem colonizadores e industrializados e obrigou outros a se tornarem colonizados e não industrializados?[20] Para decifrar o Mistério da Desigualdade, precisaremos desvendar fatores mais profundos do que os identificados até agora.

Fatores profundamente enraizados

Imagine que em uma manhã ensolarada você se levanta da cama, prepara uma xícara de café e, ao sair para aproveitar o dia, descobre, surpreso, que a grama no jardim dos vizinhos está mais verde.

Por que o gramado deles é tão bonito? Uma resposta técnica pode ser que a grama de seus vizinhos reflete a luz em comprimentos de onda na faixa verde do espectro, enquanto a sua reflete a luz mais próxima da faixa amarela. Essa explicação, embora perfeitamente precisa, não é muito útil — não nos aproxima de entender a raiz da questão. Uma resposta mais completa e menos pedante se concentraria nas diferenças de tempo, intensidade e métodos que você e seus vizinhos usaram para cuidar de seus gramados: irrigação, corte, fertilização e aplicação de pesticidas.

No entanto, esses motivos, por mais importantes que sejam, ainda podem não ser suficientes para revelar as razões básicas para a grama de seus vizinhos ser mais verde. Eles representam *causas imediatas* para as diferenças visíveis na qualidade dos dois gramados, por trás das quais estão as *razões subjacentes*, que explicam por que seus vizinhos irrigam o gramado deles com mais regularidade, ou por que eles têm mais sucesso no controle de pragas. Se você não entender o papel desses fatores fundamentais, então suas tentativas de imitar os métodos de jardinagem de seus vizinhos, por mais persistentes que sejam, podem não produzir o mesmo tom verde e exuberante que você tanto deseja.

Fatores geográficos talvez estejam por trás das diferenças visíveis entre os dois gramados — variações na qualidade do solo e exposição à luz solar podem frustrar seus esforços para imitar o sucesso dos seus vizinhos. Outra possibilidade é que as diferenças podem vir de *fatores culturais* subjacentes, que refletem o ambiente onde eles e você foram criados e a natureza da educação que vocês receberam — traços culturais, como uma mentalidade orientada para o futuro, que leva seus vizinhos a dedicar muito cuidado e atenção ao gramado, regando e cortando nos momentos ideais.

Pode ser que as duas propriedades estejam sob a jurisdição de diferentes autoridades municipais. Por exemplo, a sua administração local pode ter proibido a rega, sob o propósito de economizar água, enquanto seus vizinhos são livres para regar o gramado deles quanto quiserem. Portanto, pode ser um *fator institucional* que impede você de imitar as técnicas de jardinagem de seus vizinhos e diminuir a diferença entre os dois gramados. Ou pode ser uma razão mais profunda, ainda nos seus respectivos municípios, que leva a essas diferenças institucionais, algo associado à própria composição da comunidade de vizinhos. Comunidades mais homogêneas são mais articuladas para implementar regulamentos e decisões coletivas acerca de investimentos públicos em infraestrutura de irrigação e erradicação de pragas, enquanto comunidades mais heterogêneas podem se beneficiar da fertilização cruzada de diferentes técnicas inovadoras de jardinagem. Nesse sentido, pode ser que a *diversidade populacional* seja a causa subjacente da diferença entre os dois gramados.

Assim como as diferenças entre os dois gramados, as imensas disparidades de riqueza entre as nações estão enraizadas em uma cadeia de fatores causais: na superfície estão *fatores imediatos*, como as diferenças tecnológicas e educacionais entre os países. No cerne — e na raiz de tudo — estão os fatores mais profundos e *fundamentais*: instituições, cultura, geografia e diversidade populacional. Embora possa ser um desafio diferenciar o impacto de fatores imediatos e profundos, a distinção é crucial para entender como esses fatores fundamentais afetaram a velocidade com que as grandes engrenagens da história humana se movimentaram e, com isso, controlaram o ritmo do desenvolvimento econômico em diferentes lugares.

8

As impressões digitais das instituições

Esta imagem de satélite é certamente uma das fotografias mais impressionantes já tiradas a partir do espaço.

A península coreana
Imagens de satélite das luzes noturnas, 2012[1]

Na parte inferior da imagem está a próspera Coreia do Sul, tarde da noite: uma galáxia brilhante de estrelas irradiando a luz da prosperidade. Os sul-coreanos voltam do trabalho em ruas iluminadas, passam as primeiras horas da noite em restaurantes, shoppings e centros culturais cheios de luz, ou então com suas famílias em suas casas bem iluminadas. Em contraste, o segmento superior da imagem contém um dos países mais pobres da Terra — a Coreia do Norte, mergulhada na escuridão. A maioria dos norte-coreanos se prepara para dormir cedo em meio à escuridão causada pelas interrupções do fornecimento de eletricidade. O país não produz energia suficiente para manter a rede elétrica ligada de forma permanente nem mesmo na capital, Pyongyang.

As disparidades entre a Coreia do Norte e a Coreia do Sul não são resultado de diferenças geográficas ou culturais, nem reflexo da falta de conhecimento dos norte-coreanos a respeito de como construir e manter uma rede elétrica funcional. Durante a maior parte do último milênio, a península coreana formou em grande medida uma única entidade social, cujos habitantes compartilhavam língua e cultura em comum. No entanto, a divisão da Coreia após a Segunda Guerra Mundial entre as esferas de influência soviética e americana gerou instituições políticas e econômicas divergentes. A pobreza e o subdesenvolvimento tecnológico da Coreia do Norte — como o da Alemanha Oriental antes da queda do Muro de Berlim — originaram-se em instituições políticas e econômicas que restringiam as liberdades pessoais e econômicas. Restrições insuficientes ao poder do governo, estado de direito limitado, insegurança para os direitos de propriedade, aliados a um planejamento central ineficiente por natureza, dificultaram o empreendedorismo e a inovação, ao mesmo tempo que encorajaram a corrupção e promoveram a estagnação e a pobreza. Não é surpresa que, em 2018, os sul-coreanos desfrutavam de níveis de renda *per capita* 24 vezes maiores do que os de seus vizinhos ao norte, e uma expectativa de vida onze anos maior em 2020. Outras diferenças em medidas de qualidade de vida não são menos acentuadas.[2]

Há mais de duzentos anos, os pensadores da economia política britânicos Adam Smith e David Ricardo destacaram a importância da especialização e do comércio para a prosperidade econômica. No entanto, como defendido pelo historiador econômico americano Douglass North, ganhador do prêmio Nobel, uma precondição crucial para a existência do comércio é a presença de instituições políticas e econômicas que o viabilizem e encorajem, como contratos vinculantes e executáveis. Simplificando, se as instituições governamentais não impedirem a violação de acordos — ou mesmo extorsão, roubo, intimidação, nepotismo ou discriminação —, o comércio provavelmente será muito mais difícil, e os ganhos típicos trazidos por ele serão menos acessíveis.[3]

No passado distante, as sociedades dependiam de laços de parentesco, redes tribais e étnicas, além de instituições informais para facilitar e fomentar o comércio. Os comerciantes medievais do Magreb, por exemplo, impunham sanções coletivas àqueles que violassem acordos, e construíam laços especiais entre comunidades distantes para desenvolver um comércio transnacional próspero no Norte da África e além.[4] No entanto, à medida que as sociedades humanas ficavam maiores e mais complexas, tornou-se necessário formalizar essas normas. As sociedades que finalmente desenvolveram instituições favoráveis ao comércio — moedas únicas, proteções de direitos de propriedade e um conjunto de leis aplicadas de maneira uniforme — teriam mais condições de estimular o crescimento econômico, reforçando o círculo virtuoso entre o tamanho e composição da população e o progresso tecnológico. Sociedades que demoraram a desenvolver instituições pró-comércio ficaram para trás.

Ao longo da história humana, a concentração do poder político e econômico nas mãos de uma pequena elite, permitindo que ela protegesse seus privilégios e preservasse as disparidades existentes, serviu de forma geral como freio à maré do progresso. Isso sufocou a livre iniciativa, impediu investimentos significativos em educação, travando o crescimento e o desenvolvimento econômicos. Estudiosos referem-se às instituições que permitem às elites monopolizar o poder e perpetuar a desigualdade como *instituições extrativistas*. Por outro lado, as instituições que descentralizam o poder político, protegem os direitos de propriedade e incentivam a iniciativa privada e a mobilidade social são consideradas *instituições inclusivas*.[5] Em seu livro *Por que as nações fracassam*, os economistas Daron Acemoglu e James A. Robinson demonstram que diferenças desse tipo nas instituições políticas contribuem para que se mantenham as disparidades entre nações. As instituições extrativistas costumam dificultar a acumulação de capital humano, o empreendedorismo e o progresso tecnológico, atrasando assim a transição da estagnação para o crescimento econômico de longo prazo, enquanto as instituições inclusivas auxiliam nesses processos.

Ainda assim, a história sugere que as instituições políticas extrativistas não precisam ser prejudiciais em todas as fases do desenvolvimento econômico. De fato, ditadores, por vezes, orquestraram grandes reformas em resposta a ameaças externas aos seus regimes, como aconteceu na Prússia após a derrota para Napoleão, em 1806, e no Japão, no final do século XIX, durante a Restauração Meiji. Além disso, durante décadas após a divisão da península coreana, a Coreia do Sul foi uma ditadura — cuja transição para a democracia não teve início até 1987 — e, no entanto, ao longo dessas três décadas, teve um crescimento impressionante, enquanto a Coreia do Norte permaneceu subdesenvolvida. Ambas as Coreias foram governadas inicialmente por autocracias; a diferença fundamental estava em suas doutrinas econômicas. Os ditadores em Seul adotaram proteções à propriedade privada, bem como reformas agrárias de longo alcance que descentralizaram o poder político e econômico, enquanto seus rivais em Pyongyang optaram por uma nacionalização maciça da propriedade privada e da terra, bem como uma tomada de decisões centralizada. Essas diferenças iniciais proporcionaram à Coreia do Sul uma imensa vantagem econômica sobre a Coreia do Norte, muito antes de se tornar uma democracia. Da mesma forma, os regimes não democráticos que governavam Chile, Singapura e Taiwan — e os que ainda governam a China e o Vietnã — estimularam com sucesso o crescimento econômico de longo prazo, incentivando investimentos em infraestrutura e capital humano, a adoção de tecnologias avançadas e a promoção de uma economia de mercado.

No entanto, embora instituições políticas não inclusivas possam coexistir com instituições econômicas inclusivas viáveis, isso tem sido em grande parte a exceção, e não a regra — e, em momentos críticos da história humana, seguir o padrão parece ter sido fundamental. A existência de instituições inclusivas pode explicar, em parte, por que a Revolução Industrial começou especificamente na Grã-Bretanha, enquanto a presença de instituições extrativistas pode esclarecer por que algumas partes do mundo anteriormente colonizadas continuam ficando para trás, mesmo décadas após sua libertação oficial do domínio colonial.

Origens institucionais da ascensão britânica

O avanço sem precedentes do Reino Unido durante a Revolução Industrial permitiu que o país assumisse o controle de vastas porções do planeta e construísse um dos impérios mais poderosos que já existiram. No entanto, durante a maior parte da história humana, os habitantes das Ilhas Britânicas ficaram atrás de seus vizinhos na França, Holanda e norte da Itália em termos de riqueza e educação; a Grã-Bretanha era um mero remanso nos limites da Europa Ocidental. A sociedade britânica era agrícola e feudal; o poder político e econômico era mantido nas mãos de uma pequena elite, e, no início do século XVII, muitos setores da economia eram monopólios aristocráticos cedidos por decreto real.[6] Dada a escassez de concorrência e livre iniciativa na Inglaterra, essas indústrias monopolizadas eram incrivelmente improdutivas no desenvolvimento de novas tecnologias.

Como muitos outros governantes, os monarcas ingleses eram hostis à mudança tecnológica e atrapalhavam o progresso de seu reino. Um famoso e irônico exemplo está associado ao início tardio da indústria têxtil britânica. Em 1589, a rainha Elizabeth I se recusou a conceder ao clérigo e inventor William Lee uma patente para sua nova máquina de tricô. Ela temia que a invenção prejudicasse as guildas locais de tricotadeiras manuais, causando desemprego e, portanto, agitação social. Rejeitado pela rainha inglesa, Lee mudou-se para a França, onde o rei Henrique IV lhe concedeu, de bom grado, a patente desejada. Somente várias décadas depois o irmão de William Lee navegou de volta à Grã-Bretanha para comercializar essa tecnologia de ponta, que se tornou a base da indústria têxtil britânica.

No entanto, no final do século XVII as instituições governamentais na Grã-Bretanha foram radicalmente reformuladas. Os esforços do rei Jaime II para consolidar uma monarquia absolutista junto com sua conversão ao catolicismo romano provocaram forte oposição. Os rivais do rei encontraram um salvador: Guilherme de Orange, regente de vários condados protestantes da República Holandesa (e marido da princesa Maria, filha mais velha do rei). Exortado a tomar o poder na Grã-Bretanha, Guilherme atendeu ao chamado, depôs o sogro e foi coroado rei Guilherme III da Inglaterra, Irlanda e Escócia. Esse golpe — conhecido como a Revolução Gloriosa, já que foi, de forma um tanto equivocada, associado a relativamente pouco derramamento de sangue — transformou o equilíbrio de forças políticas na Grã-Bretanha: sendo um rei estrangeiro sem uma base doméstica de apoio na Inglaterra, Guilherme III dependia em grande medida do Parlamento, o que não era o caso de seu antecessor.

Em 1689, o rei deu o consentimento real à Declaração de Direitos, que aboliu os poderes do monarca para suspender a legislatura parlamentar, aumentar os impostos e mobilizar exércitos sem o consentimento do Parlamento. A Inglaterra se tornou uma monarquia constitucional. O Parlamento começou a representar uma gama relativamente ampla de interesses, incluindo os da classe mercantil em ascensão, e a Grã-Bretanha estabeleceu instituições inclusivas que protegiam os direitos de propriedade privada, encorajavam a iniciativa privada e promoviam a igualdade de oportunidades e o crescimento econômico.

Após a Revolução Gloriosa, a Grã-Bretanha intensificou suas tentativas de abolir os monopólios. A Companhia Real Africana, à qual o rei Carlos II havia concedido o monopólio do comércio de africanos escravizados, foi apenas uma das muitas empresas a perderem poder. O Parlamento também aprovou uma nova legislação para estimular a concorrência no crescente setor industrial, minando os interesses econômicos da aristocracia. Em particular, os impostos sobre os fornos industriais foram reduzidos, enquanto os tributos sobre a terra, em grande parte de propriedade da nobreza, foram aumentados.

Tais reformas, que na época foram exclusividade da Grã-Bretanha, criaram incentivos que não existiam em nenhum outro lugar da Europa. Na Espanha, por exemplo, a Coroa manteve zelosamente seu controle sobre os lucros do comércio transatlântico, muitas vezes direcionando o dinheiro para o financiamento de guerras e o consumo de bens de luxo. Na Grã-Bretanha, por outro lado, os ganhos do comércio transatlântico de matérias-primas, bens e africanos escravizados eram compartilhados por uma ampla classe de comerciantes e, portanto, eram em boa parte investidos na acumulação de capital e no desenvolvimento econômico. Esses investimentos lançaram as bases para as inovações tecnológicas sem precedentes durante a Revolução Industrial.

O sistema financeiro do país também passou por uma metamorfose radical na época, aumentando ainda mais seu desenvolvimento econômico. O rei Guilherme III adotou as instituições financeiras avançadas de sua Holanda natal, incluindo uma bolsa de valores, títulos do governo e um banco central. Algumas dessas reformas expandiram o acesso ao crédito para empreendedores não aristocratas e incentivaram o governo inglês a ser mais disciplinado no equilíbrio entre gastos governamentais e receitas tributárias. O Parlamento ganhou poderes de fiscalização mais fortes sobre a emissão de dívida pública, e os detentores de títulos — aqueles que emprestaram dinheiro à Coroa — ganharam representação no processo decisório sobre as políticas fiscal e monetária. Dessa forma, a Grã-Bretanha passou a gozar de maior credibilidade no mercado de crédito internacional, reduzindo os gastos com empréstimos em comparação com outros reinos europeus.

Na verdade, o início precoce da Revolução Industrial na Inglaterra pode ter sido incentivado por reformas institucionais ainda anteriores.[7] Conforme descrito no Capítulo 2, no século XIV a Peste Negra matou quase 40% dos habitantes das Ilhas Britânicas. A escassez de trabalhadores agrícolas provocada pela pandemia aumentou o poder de barganha dos servos e forçou a aristocracia latifundiária a aumentar os salários de seus arrendatários a fim de impedir sua migração das áreas rurais para as cidades. Em retrospectiva, a praga desferiu um golpe fatal no sistema feudal, e as instituições políticas da Inglaterra se tornaram mais inclusivas e menos extrativistas. O poder político e econômico foi descentralizado, e a mobilidade social foi incentivada, permitindo a um segmento maior da sociedade inovar e participar da criação de riqueza. Por outro lado, na Europa Oriental, a existência de uma ordem feudal mais rigorosa, bem como taxas mais baixas de urbanização, aliadas a uma crescente demanda do Ocidente por produção agrícola, fortaleceu a aristocracia fundiária e suas instituições extrativistas após a Peste Negra. Em outras palavras, o que poderiam ser variações institucionais insignificantes entre a Europa Ocidental e a Oriental antes da Peste Negra levou a uma grande divergência após seu surto, colocando a Europa Ocidental em uma trajetória de crescimento totalmente diferente da vivida pela Europa Oriental.[8]

A relativa fraqueza das guildas na Grã-Bretanha também contribuiu para algumas das mudanças institucionais que precederam a Revolução Industrial britânica. As guildas, que operavam na Europa como um todo, eram instituições que defendiam os interesses de seus membros — profissionais especializados em um determinado comércio. Elas muitas vezes usavam seus poderes monopolistas para sufocar o empreendedorismo e o progresso tecnológico. Por exemplo, a guilda dos escribas em Paris, no final do século XV, conseguiu barrar a entrada da primeira imprensa da cidade por quase vinte anos.[9] Em 1561, a guilda dos funileiros de Nuremberg pressionou o conselho municipal a impedir um funileiro local chamado Hans Spaichi, que havia inventado um torno de descanso deslizante aprimorado, de divulgar sua invenção, ameaçando prender qualquer um que ousasse adotar as novas técnicas de produção.[10] Em 1579, o conselho da cidade de Danzig ordenou que o inventor de um novo tear de fitas, maquinário que ameaçava os tecelões de teares tradicionais, fosse afogado em segredo.[11] E, no início do século XIX, uma multidão enfurecida de homens da guilda dos tecelões protestou contra Joseph-Marie Jacquard (1752-1834), inventor de um tear inovador que operava com base em uma série de cartões perfurados — tecnologia que mais tarde inspiraria a programação dos primeiros computadores. Por outro lado, as guildas britânicas eram menos poderosas do que suas contrapartes europeias, o que pode ter sido em parte uma consequência da reconstrução às pressas, e em geral não regulamentada, da cidade de Londres após o Grande Incêndio de 1666, bem como da rápida expansão dos mercados, levando a uma demanda por profissionais maior do que as guildas eram capazes de suprir. Tal fraqueza tornou mais fácil para o Parlamento proteger e apoiar inventores, permitindo que os industriais britânicos adotassem novas tecnologias com mais rapidez e eficiência.

Foi graças a essas reformas institucionais que o Reino Unido do final do século XVIII foi influenciado pelos interesses variados de comerciantes e empresários, e não apenas por uma elite proprietária de terras determinada a evitar o progresso tecnológico e perpetuar seu poder. Nesse sentido, o país havia se tornado a primeira economia moderna do mundo, e o restante da Europa Ocidental logo seguiu seu exemplo. Assim, enquanto forças arraigadas levavam a humanidade como um todo ao fim da era malthusiana e para a iminência da era do crescimento, esses avanços institucionais, em conjunto com outros fatores que serão explorados em breve, tornaram o Reino Unido um terreno bastante fértil para o rápido desenvolvimento tecnológico, precisamente no momento em que a humanidade estava pronta para sua transição de fase.

Tanto o início precoce da Revolução Industrial na Grã--Bretanha quanto a diferença entre as economias na península coreana mostram o profundo impacto que as instituições podem ter no desenvolvimento e na prosperidade. Mas poderiam esses exemplos radicais ser a exceção e não a regra? Quando, no curso da história, as instituições evoluíram de maneira mais gradual, as reformas institucionais afetaram a prosperidade econômica, ou foi a própria prosperidade econômica que levou às mudanças institucionais? Ou será que outros fatores podem ser responsáveis pela aparente relação entre os dois?

Instituições e desenvolvimento a longo prazo

Nos últimos dois séculos, os países mais ricos tenderam a ser mais democráticos.[12] Alguns alegaram que a democracia dá ao público o poder para superar grupos de interesses especiais na sociedade, melhorando, portanto, a igualdade de oportunidades e a distribuição de talentos entre profissões, o que, por sua vez, aumenta a produtividade e estimula a prosperidade econômica. Em outras palavras, por ser politicamente inclusiva, a democracia também seria economicamente inclusiva.

No entanto, embora as democracias tenham experimentado um crescimento econômico mais rápido, isso não significa necessariamente que a democracia seja a *causa* do crescimento.[13] Na verdade, pode ser que o crescimento econômico dê as condições para o surgimento de uma classe média capaz de desafiar o cenário político e fazer pressão para que aconteçam reformas democráticas. Instituições inclusivas podem ser o resultado do crescimento, e não sua causa. De fato, alguns estudos trazem argumentos a favor da "Hipótese da Modernização", segundo a qual o crescimento econômico conduz à democratização.[14] Por outro lado, essa correlação positiva pode refletir o impacto de outros fatores que promovem tanto a democracia quanto a prosperidade. Pode ser, por exemplo, que o crescimento tenha ocorrido em uma democracia por razões específicas daquela região, mas que a proximidade geográfica e cultural daquela localidade tenha encorajado outros países a adotar tanto suas tecnologias quanto suas instituições democráticas, gerando assim uma associação positiva entre democracia e crescimento.

Um método promissor para resolver esse dilema é examinar o impacto de eventos históricos, causados por forças não relacionadas ao desenvolvimento econômico local, que levaram a uma súbita transformação institucional em algumas regiões, mas não em outras. Comparar as mudanças na prosperidade econômica a longo prazo nas regiões afetadas e não afetadas nos permitiria separar, de um lado, o impacto das instituições, e de outro, demais fatores capazes de provocar confusão. Episódios de conquista e colonialismo nos oferecem experimentos naturais desse tipo.

O sistema de *mita*, instaurado pelos conquistadores espanhóis para uso do trabalho forçado, oferece um exemplo interessante do efeito duradouro e adverso das instituições extrativistas sobre o desenvolvimento econômico. A *mita* obrigava as aldeias indígenas em certas áreas, mas não todas, a entregar um sétimo de sua força de trabalho masculina para atuar nas minas de prata espanholas. Embora esse sistema tenha sido abolido em 1812, as regiões peruanas que foram submetidas a ele continuam mais pobres e apresentam taxas de desnutrição infantil mais altas em comparação com áreas próximas que não foram. Essas descobertas parecem refletir os efeitos a longo prazo da migração dos homens mais produtivos para longe das áreas de *mita* (para escapar do recrutamento para as minas de prata), bem como o surgimento de grandes comunidades rurais fora das áreas de *mita*, que deram suporte ao desenvolvimento de infraestruturas públicas nas suas aldeias e contribuíram para o bem-estar a longo prazo dos seus habitantes.[15]

Outro episódio é visto na conquista napoleônica de partes da Prússia logo após a Revolução Francesa. Nas áreas sob sua ocupação, os franceses estabeleceram instituições inclusivas que estimularam o crescimento econômico, como sistemas jurídicos baseados na igualdade perante a lei, a abolição dos monopólios das corporações profissionais e a redução dos privilégios da aristocracia prussiana. Embora as invasões sejam tipicamente associadas à desordem e à exploração nos territórios ocupados, décadas após a retirada francesa as partes da Prússia antes ocupadas eram de fato mais desenvolvidas economicamente em relação às áreas vizinhas que não haviam sido invadidas, como indicam suas taxas mais altas de urbanização.[16]

Esses eventos históricos específicos sugerem que as instituições podem, de fato, ter uma influência de longo prazo no processo de desenvolvimento. Mas será que uma história mais abrangente da era do colonialismo e das conquistas confirmaria tal hipótese?

O legado do colonialismo

A era colonial testemunhou o imenso enriquecimento das potências coloniais e a miséria de gerações de povos nativos e africanos escravizados. Como vimos no capítulo anterior, em meio à Revolução Industrial o comércio colonial exacerbou ainda mais essa profunda diferença em seus destinos.

Enquanto os colonizadores muitas vezes trouxeram consequências devastadoras e horríveis para as populações nativas em todo o vasto mundo colonizado, é plausível que, a longo prazo, as poderosas instituições políticas e econômicas que os colonizadores impuseram e deixaram para trás — sobretudo Reino Unido, França, Portugal e Espanha — tenham provocado os efeitos mais duradouros no padrão de vida de suas ex-colônias.

Grandes regiões da América do Norte, Austrália e Nova Zelândia, que eram relativamente pouco povoadas e tinham tecnologias menos avançadas, desfrutaram de um rápido crescimento econômico depois de colonizadas, embora, é claro, o crescimento não tenha sido experimentado pelas populações nativas dessas terras, mas sim por uma população de imigrantes europeus que crescia em um ritmo acelerado. Por outro lado, regiões densamente povoadas da Mesoamérica e da América do Sul que deram origem às civilizações pré-colombianas mais avançadas — lar das prósperas culturas asteca, inca e maia — passaram por um desenvolvimento mais lento durante a era moderna e foram ultrapassadas pelas colônias europeias da América do Norte.[17]

Em grande parte, essa foi uma inesperada inversão de expectativas. O filósofo francês Voltaire falou em nome de muitos quando menosprezou as brigas entre britânicos e franceses por suas colônias na América do Norte, afirmando ser uma disputa "por alguns acres de neve". A Guerra dos Sete Anos, que ocorreu entre 1756 e 1763, terminou com a vitória britânica. Durante as negociações territoriais seguintes, muitos diziam que o Reino Unido deveria exigir as possessões caribenhas da França, onde a economia das grandes plantações, cultivadas com trabalho escravo, produzia lucros imensos, em vez de suas propriedades na América do Norte, que haviam acabado de ser devastadas pelas guerras coloniais.[18] No entanto, anos depois, esses "poucos acres de neve" se tornaram uma das regiões mais ricas do planeta. As causas dessa aparente inversão de expectativas motivaram um intenso debate acadêmico nas últimas décadas. Como o legado do colonialismo afetou o desenvolvimento a longo prazo? Por que algumas colônias se tornaram nações prósperas, enquanto outras ficaram atoladas na pobreza?

Uma hipótese se concentra no fato de que a maioria das ex-colônias herdou os sistemas jurídicos de seus colonizadores. Ex-colônias e protetorados britânicos, como Austrália, Canadá, Hong Kong, Índia, Nova Zelândia e Singapura, adotaram sistemas de direito consuetudinário no estilo inglês, enquanto ex-colônias espanholas e portuguesas, como Angola, Argentina, Bolívia, Brasil, Chile, Colômbia, Indonésia e México, adotaram sistemas de direito civil em variadas formas. Os sistemas de direito consuetudinário oferecem proteções mais fortes a investidores e aos direitos de propriedade, e estudos empíricos apontam para uma correlação positiva entre a adoção do sistema jurídico de direito consuetudinário e a prosperidade econômica. No longo prazo, ex-colônias britânicas desfrutaram de uma prosperidade maior do que as ex-colônias de outras potências mundiais, conforme medida de acordo com sua renda *per capita*.[19] Porém, não podemos descartar a possibilidade de que os britânicos tenham colonizado áreas com maior potencial econômico, ou que os próprios colonizadores britânicos tenham trazido habilidades, atitudes e abordagens específicas para melhor administrar economicamente essas regiões.

Outros fatores que também podem ter contribuído para os efeitos a longo prazo da colonização nas instituições locais são as diferentes condições climáticas. O clima e o solo da América Central e do Caribe eram mais adequados para o cultivo de café, algodão, cana-de-açúcar e tabaco — culturas para as quais o cultivo eficiente exige grandes plantações. Portanto, o setor agrícola que surgiu nessas regiões durante a era colonial foi caracterizado pela propriedade centralizada da terra, o que levou à distribuição desigual da riqueza, ao trabalho forçado e até à escravidão — a mais extrativista de todas as instituições —, consolidando a desigualdade e inibindo o crescimento. De fato, mesmo em períodos posteriores, a severa concentração da propriedade de terra sufocou o desenvolvimento econômico nas Américas Central e do Sul, no Caribe e no Sul dos Estados Unidos. Como visto no Capítulo 4, os proprietários de terra que dependiam muito ou exclusivamente da mão de obra rural para seus ganhos, como tendia a ser o caso nos locais onde a propriedade da terra era muito concentrada, tinham um forte incentivo para ser contra os investimentos em educação pública, a fim de evitar a migração de seus trabalhadores para áreas urbanas, onde a mão de obra qualificada estava em maior demanda. Essas forças impediram diretamente a acumulação de capital humano, a industrialização e o crescimento econômico.[20]

Por outro lado, as condições climáticas nas colônias da América do Norte (exceto no Sul dos Estados Unidos), que eram mais adequadas à combinação entre o cultivo de grãos e a pecuária, estimularam o crescimento de uma rede de pequenas propriedades familiares, uma distribuição mais igualitária da riqueza e a adoção de instituições políticas inclusivas, como democracia, igualdade perante a lei e segurança dos direitos de propriedade, que levaram à prosperidade de longo prazo.[21] Ironicamente, essas instituições eram bastante discriminatórias: a negação das liberdades civis e a exploração de afro-americanos e nativos americanos eram parte integrante dessa "inclusão".

Uma hipótese relacionada sustenta que a razão pela qual a Mesoamérica e a América do Sul — antes tecnologicamente mais avançadas do que seus vizinhos do norte — acabaram se tornando a parte mais pobre das Américas foi uma consequência indireta e macabra das variações na *densidade populacional* no período pré-colombiano. Durante esse período malthusiano, como o desenvolvimento tecnológico e a densidade populacional andavam de mãos dadas, as áreas mais densamente povoadas eram, claro, aquelas onde as civilizações eram mais avançadas. Nessas regiões prósperas, portanto, os regimes coloniais tiveram um incentivo maior para formar instituições que extraíssem a riqueza da vasta população indígena. Quando essas colônias conquistaram a independência, as poderosas elites locais que sucederam os colonizadores europeus mantiveram essas instituições extrativistas, focadas em retardar o crescimento, de modo a sustentar e ganhar com a persistência das disparidades econômicas e políticas, o que acabou condenando tais regiões ao subdesenvolvimento.[22] Por outro lado, em áreas menos avançadas e com menor densidade populacional, os regimes coloniais tendiam a se estabelecer e desenvolver essas regiões para si, geralmente depois de terem dizimado, deslocado ou subjugado a população nativa. Portanto, eles formaram instituições inclusivas e promotoras do crescimento para seu próprio benefício e também para o de seus descendentes. Embora muito discriminatórias em relação às populações afro-americanas e americanas nativas, essas instituições contribuíram para o desenvolvimento econômico geral das regiões, favorecendo a inversão de seu cenário.

No entanto, além das mudanças institucionais, a era colonial deu origem a todo tipo de transformações no mundo colonizado, e o potencial de crescimento dessas colônias foi pouco uniforme devido às suas grandes diferenças quanto às características agroclimáticas. Como podemos separar essas várias forças e isolar apenas o impacto duradouro das instituições?

Os europeus tendiam a não imigrar em número significativo para colônias que apresentavam taxas de mortalidade relativamente mais altas causadas por doenças como malária e febre amarela. A maioria dos europeus que se mudaram para essas regiões não eram colonos, como na América do Norte, mas sim membros da elite dominante — oficiais e militares — que chegaram para serviços temporários e estabeleceram instituições que exploravam e escravizavam populações locais. Por outro lado, os imigrantes europeus se estabeleceram em massa em áreas com prevalência relativamente menor de doenças fatais, como a América do Norte, onde apoiaram o estabelecimento de instituições mais inclusivas, propícias a uma maior imigração europeia e ao crescimento econômico de longo prazo. No final da era colonial, as nações independentes que surgiram na América do Norte, Austrália e Nova Zelândia mantiveram essas instituições semi-inclusivas, enquanto muitas das elites locais na África, América Latina e Caribe herdaram e perpetuaram instituições extrativistas.

Portanto, a taxa de mortalidade de diferentes populações de colonos pode servir como um indicador da natureza das instituições modernas que surgiram em seu caminho. Além disso, levando em conta que as taxas de mortalidade dos colonos (e as supostas doenças ambientais) não tenham efeito direto na prosperidade econômica atual, esses índices podem ser usados como uma variável para avaliar a influência causal de tais instituições na prosperidade econômica. Estudos usando esse método sugerem que as instituições governamentais históricas tiveram de fato grande impacto sobre a riqueza das nações na era moderna.[23]

Mas esse argumento tem seus críticos, e eles apontam que, como as mesmas doenças também podem ter sido letais para populações originárias, sua prevalência pode ter diminuído a produtividade nativa e, dessa forma, prejudicado a prosperidade a despeito de qualquer efeito indireto por meio de instituições políticas.[24] Com efeito, as taxas de mortalidade hoje continuam sendo mais altas em regiões onde os índices de mortalidade de colonos eram altos no passado. Então talvez não tenha sido apenas a natureza das instituições coloniais estabelecidas em regiões devastadas por doenças, mas também o próprio ambiente de doenças perigosas, o que condenou tais regiões a séculos de subdesenvolvimento econômico.

Também é igualmente desafiador separar os efeitos das instituições coloniais do impacto das habilidades dos colonos europeus. Quando os europeus migraram para as colônias, desalojando grandes populações nativas, levaram consigo certos conhecimentos e habilidades, bem como laços comerciais com suas pátrias europeias. De fato, evidências sugerem que colônias compostas de grandes concentrações de populações europeias no século XIX eram muito mais propensas a desfrutar de crescimento econômico do que colônias compostas predominantemente de populações nativas.[25] O que parece ser um impacto direto das instituições pode, em parte, refletir o efeito que os próprios imigrantes europeus, com seu capital humano importado, tiveram sobre o desenvolvimento econômico. Alguns chegam a defender que os níveis anteriores de capital humano são um indicador mais forte para previsão da renda *per capita* moderna do que a natureza ou a qualidade das instituições políticas.[26]

Por essa perspectiva, o desenvolvimento econômico relativamente rápido da América do Norte, em comparação com o da Mesoamérica e o da América do Sul, não é a inversão de expectativas que parece ser à primeira vista. O cenário claramente não reflete mudanças no bem-estar dos descendentes das populações nativas pré-coloniais, que na América do Norte foram exterminadas ou deslocadas. Em vez disso, indicaria uma manutenção, já que as regiões ricas da América do Norte abrigam, hoje, predominantemente pessoas cujos ancestrais emigraram das regiões mais ricas do mundo.[27]

Também vale a pena apontar que o poder das instituições coloniais para moldar o desenvolvimento econômico pode, em algumas regiões, ter sido superado pelo poder de outras instituições preexistentes. Vejamos o caso do continente africano: muitos dos grupos étnicos da África foram divididos, de modo arbitrário, por fronteiras artificiais impostas pelas potências imperiais europeias durante a era conhecida como a "Partilha da África" (1884-1914). Essas fronteiras dividiam regiões que compartilhavam a mesma etnia, organização tribal e idioma entre diferentes nações, submetendo-as a distintas instituições centrais de governo. Curiosamente, as evidências sugerem que o desenvolvimento econômico atual na África foi influenciado sobretudo pelas estruturas sociais locais e instituições étnicas preexistentes, e não pelas instituições centrais nacionais que se mantêm desde a era colonial.[28]

Recapitulando: durante a era colonial, foram criadas instituições extrativistas que persistiram em algumas colônias, enquanto algumas mais inclusivas prevaleceram em outras, refletindo características geográficas, doenças ambientais e densidade populacional. As atuais evidências sugerem que tais instituições tiveram um efeito duradouro significativo no desenvolvimento econômico das ex-colônias, embora fatores importantes — especialmente as doenças ambientais e o capital humano dos colonizadores — possam impossibilitar conclusões quantitativas mais seguras. Mas e as sociedades que não foram colonizadas? Qual foi a origem de suas instituições, e por que as entidades que conduzem ao progresso tecnológico e à prosperidade econômica surgiram pela primeira vez na Europa e não, digamos, nas grandes e avançadas civilizações da Ásia? E, na Europa, por que primeiro na Grã-Bretanha e não na França ou na Alemanha?

A origem das instituições

Reformas institucionais operadas no curso da história, desencadeadas por guerras, doenças, líderes instáveis, carismáticos ou brutais, ou por capricho do destino, por vezes foram causa direta da divergência nas trajetórias de desenvolvimento em todo o mundo.[29] Se a Europa medieval fosse poupada da Peste Negra, ou se Jaime II tivesse vencido Guilherme de Orange no campo de batalha, então o feudalismo e a monarquia absolutista poderiam ter durado mais na Inglaterra e, por fim, a Revolução Industrial poderia ter ocorrido em outro lugar, ou em um período diferente. Em alguns casos, como na península coreana, uma decisão política relativamente arbitrária — a divisão do país pelo paralelo 38 — condenou duas parcelas de um mesmo povo a um destino econômico totalmente diferente, apesar da estabilidade de sua base geográfica e de seu ambiente cultural. Em outras palavras, pode ser que algumas mudanças institucionais em conjunturas críticas acabem sendo a encruzilhada na estrada em que o caminho do crescimento se bifurca e onde nascem as disparidades entre as nações. Ao contrário dos fatores geográficos e culturais, que persistem ao longo do tempo por natureza, as instituições podem se alterar muito rápido e, por essa razão, podem ter efeitos bastante drásticos.

No entanto, transformações institucionais "aleatórias" são bem incomuns. Em geral, as organizações sobrevivem por séculos e se adaptam muito devagar, mesmo quando os avanços tecnológicos e comerciais exigem uma reforma urgente. O principal impacto das instituições pode estar, na verdade, em sua *continuidade* e, portanto, em seu efeito duradouro sobre o desenvolvimento, como tem sido o impacto das instaurações extrativistas na América Latina e das instituições promotoras do crescimento na América do Norte.

Na maioria das vezes, as instituições evoluíram gradualmente, em resposta a pressões e tendências a longo prazo: à medida que a complexidade das sociedades se intensificava; que as mudanças no ambiente abriam novas oportunidades para o comércio e levavam à demanda por infraestrutura pública; que as condições climáticas exigiam cooperação na formação de sistemas de irrigação; e que a escala e a diversidade crescentes das populações aumentavam a importância da coesão social.[30] São esses fatores — culturais, geográficos e sociais — que precisarão ser examinados se quisermos esclarecer as origens das instituições predominantes nos países que não foram colônias em todo o mundo.

Além disso, talvez esbarremos nas limitações do poder das instituições políticas para explicar as diferenças na prosperidade econômica quando começarmos a examinar a grande variação entre as democracias da Europa Ocidental, cuja renda *per capita* em 2020 variou de 17.676 dólares na Grécia a 51.126 dólares na Suécia, 86.602 dólares na Suíça e 115.874 dólares em Luxemburgo.[31] Da mesma forma, outros fatores também serão necessários para explicar a continuidade secular de desigualdades significativas *dentro* de países, como o abismo entre o Norte e o Sul da Itália, que em princípio compartilhavam as mesmas instituições de governo central desde que o país foi politicamente unificado na segunda metade do século XIX.

Vimos o modo como as instituições políticas e econômicas promotoras do crescimento intensificaram o círculo virtuoso entre o progresso tecnológico e o tamanho e a composição das populações, acelerando a transição para a era do crescimento moderno. Também exploramos como as instituições que retardam o crescimento podem, por outro lado, colocar um galho nessa roda, impedindo o desenvolvimento e contribuindo para a estagnação econômica de longo prazo.

Mas, como ficará claro, uma ampla gama de fatores culturais, geográficos e sociais afetaram e interagiram com as instituições, restringindo a inovação e a formação de capital humano em alguns lugares e estimulando o progresso tecnológico, o investimento em educação e a Transição Demográfica em outros.

Para entender devidamente o papel desses fatores, devemos viajar para mais longe no tempo — explorando primeiro as origens dos traços culturais que influenciaram o processo de crescimento.

<h1 style="text-align:center">9</h1>

O fator cultural

"É mais fácil um camelo passar pelo buraco de uma agulha do que um homem rico entrar no reino de Deus", afirmava Jesus. Essa era uma ideia recorrente entre os primeiros fundadores da Igreja, e, por muitos séculos, teólogos cristãos pregavam contra a busca da riqueza pessoal, a qual consideravam um obstáculo ao desenvolvimento espiritual e à salvação. O apóstolo Paulo teria chegado ao ponto de argumentar que "o amor ao dinheiro é a raiz de todos os males". Teólogos posteriores ainda compartilharam sentimentos semelhantes, e Tomás de Aquino, no século XIII, declarou que a "cobiça" era um pecado. Além disso, o cristianismo sustenta que no Dia do Julgamento a ordem social será derrubada e então os mansos "herdarão a Terra".[1]

Em 1517, a cristandade foi profundamente abalada quando o monge e teólogo alemão Martinho Lutero pregou na porta de uma igreja de Wittenberg suas *Noventa e cinco teses*, documento que condenava a venda de indulgências pela Igreja Católica. A intenção de Lutero era reformar a Igreja, não romper com ela, mas o feroz debate desencadeado entre o monge e os partidários do papado causou uma ruptura irreversível. Em 1520, o papa Leão X ameaçou formalmente excomungar Lutero, que em resposta queimou em público a bula papal — *Exsurge Domine* —, junto com volumes de direito canônico. Na fogueira, ele também queimou suas últimas pontes com a Igreja Católica, dando formas ao luteranismo como um movimento distinto dentro do mundo cristão e provocando, assim, a Reforma Protestante na Europa Ocidental.

O protestantismo desencadeou uma onda de novas normas e crenças religiosas para uma série de questões, entre elas austeridade, empreendedorismo e riqueza. Conforme observado no Capítulo 5, Lutero (1483-1546) dizia que a Igreja não tinha nenhum papel mediador entre o homem e Deus, e encorajava a leitura independente da Bíblia — uma prática radical que incentivava seus seguidores a alcançarem a capacidade da alfabetização. O teólogo francês João Calvino (1509-1564), fundador do ramo calvinista do protestantismo, afirmava que todos os cristãos fiéis tinham o dever de servir a Deus por meio de trabalho diligente, vida frugal e abstinência do desperdício e da libertinagem; na opinião dele, o sucesso econômico podia ser um sinal da graça de Deus e até mesmo de que aquele ser estava predestinado à salvação. Outros novos ramos do cristianismo viam com bons olhos o acúmulo de riqueza. John Wesley (1703-1791), o clérigo inglês do século XVIII que fundou o metodismo, por exemplo, exortava seus discípulos a acumularem riqueza e doarem generosamente para a caridade.[2] Essas denominações do cristianismo, que ganharam força na Alemanha, Suíça, França, Inglaterra, Escócia e Holanda e depois foram difundidas na América do Norte, bem como variações anteriores à Reforma, caso dos cistercienses, estimularam o surgimento de traços culturais como a austeridade e o trabalho árduo, em geral associados ao crescimento econômico.[3]

O protestantismo plantou as primeiras sementes do pensamento moderno a respeito da relação entre traços culturais e crescimento econômico. Ganhou fama a publicação de *A ética protestante e o espírito do capitalismo*, influente tese apresentada em 1905 pelo sociólogo alemão Max Weber. Nela, ele argumentava que o protestantismo havia contribuído para a convicção de que a capacidade de acumular riqueza neste mundo era uma forte indicação da probabilidade de alcançar o céu, legitimando a riqueza como um fim em si mesma, enquanto reformulava a ociosidade como fonte de vergonha. Assim, ele defendeu que a ética protestante era a fonte do "espírito do capitalismo" na Europa Ocidental.

A tese de Weber foi criticada por colocar o poder das ideias como predominante sobre as forças materiais sublinhadas por Marx para a emergência do capitalismo. Entretanto, há evidências para sustentar a afirmação de que a "ética protestante" teve um papel no surgimento de traços culturais que conduzem ao crescimento econômico. Durante o século XIX, as regiões da Prússia que tinham populações protestantes relativamente grandes de fato desfrutavam de níveis mais altos de alfabetização e prosperidade econômica do que as demais, e a inclinação protestante de investir em educação contribuiu para o impacto a longo prazo desse movimento na prosperidade econômica.[4] Além disso, evidências de áreas contemporâneas do antigo Sacro Império Romano sugerem que o protestantismo está associado, hoje, a uma probabilidade significativamente maior de alguém se tornar empreendedor.[5]

A despeito da importância da ética protestante no processo de crescimento, é bastante evidente que a cultura tem um papel fundamental, e às vezes crucial, no processo de desenvolvimento econômico.

O poder da cultura

Os traços culturais — os valores compartilhados, normas, crenças e preferências que prevalecem em uma sociedade e são transmitidos através das gerações — muitas vezes têm um impacto significativo no processo de desenvolvimento de uma sociedade. Em especial, aspectos da cultura que aproximam ou afastam as populações da manutenção de fortes laços familiares, da confiança interpessoal, do individualismo, da orientação para o futuro e do investimento em capital humano têm implicações econômicas consideráveis no longo prazo.[6]

O limite entre os traços culturais e os pessoais pode muitas vezes parecer confuso. Algumas pessoas podem investir muito na educação dos filhos por conta de valores de seu grupo social, étnico ou religioso, enquanto outras podem ser motivadas por traços pessoais, reflexo de suas experiências de vida, criação e antecedentes familiares. No entanto, seus valores, crenças e preferências raramente são independentes do contexto social e cultural. E, quando as variações dessas normas se correlacionam claramente com grupos étnicos, religiosos ou sociais, é plausível que sejam, em grande medida, uma manifestação de diferenças culturais, e não individuais. Em outras palavras, o componente cultural é o que importa para a compreensão da desigualdade *entre diferentes grupos*.

Então como os traços culturais surgiram e persistiram, e como afetaram a evolução das sociedades no curso da história humana?

O judaísmo oferece um exemplo de traço cultural que surgiu de forma bastante espontânea, perdurando devido a suas vantagens imprevistas, e que acabou tendo consequências duradouras. Quase dois mil anos atrás, como parte da luta pelo poder entre movimentos rivais dentro do judaísmo, vários sábios judeus promoveram a alfabetização universal. Os defensores mais famosos desse princípio foram o rabino Shimon ben Shetach, no primeiro século a.C., e o sumo sacerdote Joshua ben Gamla cerca de um século depois, que insistia na ideia de que os pais judeus tinham o dever de providenciar educação para seus filhos. Conforme observado no Capítulo 5, essa doutrina apresentava um imenso desafio em uma época em que as taxas de alfabetização eram extremamente baixas, poucas ocupações exigiam a capacidade de ler ou escrever, e a maioria das famílias não podia dispensar o trabalho de seus filhos, nem pagar por sua educação.[7]

Iniciativas culturais desse tipo são uma característica comum das sociedades humanas, mas poucas vezes sobrevivem o suficiente para contribuir com mudanças culturais significativas a longo prazo.[8] Mas, nesse caso, uma série de eventos acabou contribuindo para manter viva aquela mudança cultural. No rescaldo da Grande Revolta contra o Império Romano, que eclodiu na Judeia em 66 d.C., os romanos destruíram Jerusalém e o Templo Judaico. Vários dos principais ramos do judaísmo morreram, incluindo os saduceus — a elite sacerdotal — e os zelotes, que lutavam pela independência judaica, enquanto os fariseus, a facção relativamente moderada que priorizava o estudo dos textos judaicos em lugar da adoração ritual no Templo, tornaram-se o grupo dominante no mundo judaico. Os fariseus eruditos encorajaram o acesso em massa à educação e, mais tarde, impuseram sanções culturais às famílias que não enviavam seus filhos à escola, o que levou, de forma não intencional, as famílias mais pobres a abandonarem o judaísmo.

Na esperança de fortalecer os sobreviventes que restavam de seu povo derrotado, o rabino Judah ha-Nasi, chefe da comunidade judaica na Judeia ocupada pelos romanos na virada do século III d.C., também enfatizou a importância de se ler a Bíblia e praticar seus mandamentos. E, ao longo dos séculos, a expulsão dos judeus de sua terra natal e o surgimento de leis na diáspora que os proibiam de possuir propriedades tornaram a aquisição de capital humano, um ativo móvel por natureza, um investimento muito atraente e valioso. A posterior urbanização do mundo muçulmano e da Europa medieval ampliou a demanda por uma força de trabalho instruída, aumentando ainda mais os benefícios dessa norma cultural, o que acelerou a tendência de longo prazo dos judeus de se afastarem das ocupações baseadas na agricultura para optarem por profissões urbanas comerciais e que necessitavam de maior educação.

Como as mutações biológicas, o aparecimento inicial de uma mudança cultural pode ser "aleatório", mas sua sobrevivência ou extinção não é acidental.[9] A regra da alfabetização e da leitura talvez nunca houvesse aparecido, tanto entre os judeus quanto entre os protestantes, não fossem a ordem dada pelos sábios judeus e a pregação de Lutero. Mas é quase certo que ela nunca teria se enraizado como o fez se não fossem as vantagens — nesse caso, comerciais e econômicas — concedidas àqueles que a adotaram, vantagens essas que os primeiros defensores do estudo bíblico não imaginavam nem prometiam.

Sociedades diferentes em lugares e épocas diversas inevitavelmente desenvolveram normas distintas para se adaptar às ecologias específicas em que habitavam. Ao longo do tempo, e em todas as civilizações, pensadores e líderes propuseram inúmeras iniciativas para reformar normas, valores e crenças. Mas sobretudo quando as características geográficas e climáticas, o cenário de doenças ambientais ou as condições tecnológicas, comerciais e sociais reforçam os benefícios desses novos traços culturais é que eles persistem e geram mudanças culturais significativas.

Os seres humanos desenvolveram tradições e normas que regulam, por exemplo, alimentação, direitos de propriedade, coesão social, estrutura familiar e papéis de gênero. Indivíduos inseridos nessas sociedades muitas vezes consideram suas tradições como sendo baseadas em verdades atemporais e essenciais, em geral aderindo a elas e perpetuando-as como tais, sem necessariamente conhecer seus propósitos originais, ou entender as razões adaptativas de sua existência.[10] Tal tendência psicológica a aderir às normas culturais existentes sem desafiar seus fundamentos trouxe uma vantagem de sobrevivência. Sociedades com quase nenhum conhecimento científico da biologia humana, da consciência de grupo ou dos fatores ecológicos que afetam seus habitats conseguiram prosperar em ambientes complexos e precários, comportando-se como se detivessem tal conhecimento, graças à sabedoria acumulada por tentativa e erro ao longo de gerações, transmitida na forma de antigas tradições, crenças atemporais e regras universais. Por exemplo, ao herdar leis alimentares que foram desenvolvidas em resposta à falta de saneamento ou à capacidade limitada de distinguir as plantas silvestres venenosas das nutritivas, novas gerações eram poupadas do processo potencialmente mortal de aprender e se adaptar a essas condições por conta própria.

A grande diversidade de culturas em todo o mundo é resultado da adaptação de cada sociedade a seu nicho ecológico e suas circunstâncias históricas únicas.[11] Portanto, tal processo *não* gerou uma hierarquia de normas em todo o planeta. Porém, como defende Franz Boas, o fundador do campo da antropologia cultural, o único traço que a maioria das culturas têm em comum é a convicção equivocada, e às vezes destrutiva, de que suas próprias normas são as adequadas universalmente. Essa tendência pode ter contribuído para o surgimento do racismo como traço cultural em inúmeras sociedades. O retrato de outros povos e culturas como inferiores, ou mesmo como sub-humanos, foi muitas vezes invocado pelos conquistadores e pelas potências coloniais como forma de legitimação moral para a exploração, escravidão e genocídio, e contribuiu para a tremenda disparidade entre as potências coloniais e os povos por elas colonizados.[12]

Não é surpresa que muitas das normas a persistirem são aquelas que conduzem seus adeptos à prosperidade no longo prazo. Esses traços incluem uma tendência acentuada para maior cooperação, que surgiu em regiões onde as características geográficas necessitavam do desenvolvimento de infraestrutura agrícola pública, como nos casos de terraceamento e dos sistemas de irrigação; a adoção de comportamentos mais voltados para o futuro, que evoluíram para comunidades agrícolas onde os frutos da colheita eram usufruídos por um tempo significativo após o esforço da plantação; e a maior confiança em estranhos, que surgiu em regiões onde a volatilidade climática exigia o compartilhamento de riscos. Esses traços surgiram em vários momentos e em diferentes lugares, mas todos perduraram e se espalharam por beneficiarem a sociedade como um todo.

Mas, então, uma transformação radical que consolidou essas características como vantajosas ocorreu em uma região do mundo, o que levou ao surgimento de uma "cultura de crescimento".

Uma cultura de crescimento

Durante a maior parte da história humana, indivíduos que questionavam normas, crenças e preferências herdadas de seus ancestrais teriam dificuldades para criar alternativas mais eficientes. A sabedoria e a tradição culturais eram veneradas porque haviam ajudado na sobrevivência e, como poucos indivíduos tinham uma compreensão profunda a respeito de *como* elas contribuíam para seu bem-estar, seria evolutivamente arriscado questionar sua validade. Como tal, a maioria das sociedades humanas na história resistiu a mudanças culturais rápidas, como aquelas que acompanham os grandes avanços tecnológicos, filosóficos e científicos. Em vez disso, as culturas tendem a enfatizar a prudência de seus ancestrais, reverenciando o passado distante com uma mistura de nostalgia e idealismo. Por exemplo, um princípio do judaísmo ortodoxo é o "declínio de gerações", ou seja: a crença de que as gerações passadas eram mais sábias e mais próximas a Deus e, ainda, que as interpretações profundas e bem argumentadas da Bíblia feitas milênios atrás pelos sábios judeus dificilmente seriam igualadas.

No entanto, chegou-se a um ponto em que a mudança tecnológica atingiu tal ritmo que as vantagens do conservadorismo começaram a diminuir e, a partir desse ponto, a reverência pela sabedoria antiga aos poucos foi perdendo força. Na obra satírica *A batalha dos livros*, publicada em 1704 pelo escritor anglo-irlandês Jonathan Swift, há uma descrição bastante interessante acerca do espírito da época, na qual livros novos e antigos ganham vida em uma biblioteca e lutam uns contra os outros. Tratava-se da metáfora de uma disputa que havia iniciado com o surgimento do humanismo durante o Renascimento, ganhou força ao longo do século XVII e sacudia o continente europeu na época. De um lado estavam os "Modernos", argumentando que o tempo e os valores haviam mudado e era viável progredir além do pensamento clássico da Grécia e Roma. Do outro lado estavam os "Antigos", sustentando que a sabedoria dos pensadores clássicos era eterna e universal e que os filósofos e escritores modernos deveriam se limitar a priorizar a salvação, restauração e imitação daquela sabedoria.

Essa briga marcou um momento único na história: foi a primeira vez que filósofos que pensavam sobre o futuro começaram a ganhar vantagem sobre seus rivais. Assim escreveu Immanuel Kant em 1784, em seu ensaio "O que é o Iluminismo?":

Iluminismo é a saída do homem da menoridade pela qual ele próprio é culpado. A menoridade é a incapacidade de se servir do próprio entendimento sem a orientação de outrem. Tal menoridade é por culpa própria, caso sua causa não resida na carência de entendimento, mas na falta de decisão e de coragem em se servir de si mesmo sem a orientação de outrem. Ouse saber! (*Sapere aude!*) "Tenha a coragem de te servires do teu próprio entendimento" são, portanto, as palavras de ordem do Iluminismo.[13]

O Iluminismo foi um chamado para os seres humanos confiarem em si mesmos e tomarem a decisão de rejeitar tradições culturais antiquadas. O movimento incentivou o desenvolvimento de uma abordagem mais cética, empírica e flexível em relação ao mundo, na esperança de criar uma nova cultura baseada não na fé nas tradições do passado, mas na crença de que um mundo melhor pode ser construído pelo progresso científico, tecnológico e institucional. Essa perspectiva, adequada à rápida adaptação a um ambiente em mudança, recentemente foi descrita pelo historiador econômico Joel Mokyr como "uma cultura de crescimento".[14]

À medida que o ritmo das mudanças tecnológicas e sociais aumentava de forma acentuada, os indivíduos e as sociedades que estavam em posição de adotar essa mentalidade prosperaram. Foi uma mudança radical de paradigma em relação a períodos anteriores, nos quais o ritmo do progresso era mais lento e, portanto, muitas vezes as ideias do Iluminismo eram *menos* vantajosas do que a reverência à sabedoria dos antigos e a adesão à tradição.

Porém, preservar e persistir são atitudes presentes na natureza e no propósito da cultura, ao contrário de rejeitar o passado e celebrar a mudança. Para a maioria das sociedades, essa tensão inerente torna uma transformação rápida algo desafiador ou inviável.

Inércia cultural

De acordo com a *hipótese do gene econômico*, uma adaptação evolutiva permitiu que nossos ancestrais distantes sobrevivessem a períodos de escassez de alimentos por meio do acúmulo de reservas de gordura. Hoje, no entanto, nas sociedades contemporâneas, onde os alimentos são abundantes, essa mesma adaptação tornou-se um dos principais contribuintes para a epidemia global de obesidade e uma das maiores causas de doenças e mortalidade.[15] A persistência dessa característica, apesar de sua desvantagem moderna, reflete o fato de que os fatores biológicos costumam evoluir em um ritmo mais lento do que o habitat humano.

Os traços culturais são, é claro, diferentes dos traços biológicos. Ao contrário dos genes, eles são transmitidos horizontalmente entre pares, e não apenas verticalmente entre gerações. Essa transmissão social ocorre por meio do aprendizado, da imitação, da educação e do tabu, o que significa que as características culturais podem evoluir muito mais rápido do que nosso genoma. No entanto, os traços culturais também evoluíram em um ritmo mais lento do que as condições de vida e, ao contrário das mudanças institucionais, raramente sofrem transformações rápidas, mesmo diante de grandes mudanças no ambiente.

O impacto da inércia cultural no desenvolvimento econômico pode ser observado nas diferentes trajetórias do Norte e do Sul da Itália. Desde 1871, a Itália é uma república unitária, governada por um único conjunto de instituições políticas, jurídicas e econômicas. Ao contrário da Coreia, não há fronteira internacional separando a região Norte da região Sul do país. No entanto, as duas partes da Itália são bastante diferentes: em grande parte do Sul, a renda *per capita* é de apenas dois terços do nível no próspero Norte do país.

Em 1958, o cientista político americano Edward Banfield apresentou uma famosa tese que atribuía o nível mais baixo de prosperidade do Sul da Itália a laços familiares mais fortes na região.[16] Ele argumentava que tais laços mais fortes diminuíam a confiança fora do grupo de parentesco, enfraqueciam a cooperação em torno de um objetivo público comum e, como resultado, reduziam o nível de prosperidade econômica na região. Acompanhando essa tese, evidências recentes sugerem que os laços de parentesco diferem bastante entre as regiões italianas, como em geral diferem na comparação entre países. E, da mesma forma, laços familiares nucleares mais estreitos tendem a afetar negativamente os níveis de confiança social, participação política, o status das mulheres na força de trabalho e a mobilidade geográfica.[17] Assim, como aponta o economista americano Kenneth Arrow, vencedor do prêmio Nobel, os negócios muitas vezes dependem de confiança e sua ausência prejudica o comércio — logo, níveis mais baixos de confiança fora do ambiente familiar podem ter diminuído o nível de desenvolvimento econômico no Sul da Itália em comparação com o Norte do país.[18]

Mas como surgiram essas diferenças nos níveis de confiança e laços familiares? Quase trinta anos após o estudo de Banfield, o pesquisador de políticas públicas americano Robert Putnam lançou um livro igualmente influente, que oferecia uma explicação para essas intrigantes variações. Mil anos atrás, o Sul da Itália era governado por reis normandos que impunham uma ordem econômica feudal, enquanto as cidades do Norte, que gozavam de relativa liberdade após se livrarem do jugo do Sacro Império Romano, desenvolveram instituições mais democráticas.[19] Portanto, historicamente, os cidadãos do Norte da Itália haviam desempenhado um papel mais ativo nos assuntos políticos, contribuído para as atividades comunais e tinham, ainda, maiores níveis de confiança em seus pares, enquanto os do Sul haviam se acostumado a ter voz limitada no sistema político hierárquico. De acordo com Putnam, por essa razão, o Norte da Itália nutria uma cultura propícia à democracia, enquanto faixas do Sul mantinham instituições que lembravam a antiga ordem feudal e eram dominadas pela máfia.

Putnam defendia que a democracia é fundamentalmente alimentada pelo *capital social* — traços culturais que promovem a confiança e o engajamento cívico na política. De fato, os habitantes modernos das cidades italianas que alcançaram a independência relativamente cedo na Idade Média demonstram níveis mais altos de compromisso democrático e civil, maior confiança e níveis mais altos de prosperidade econômica.[20] O capital social também contribuiu para uma maior aceitação dos instrumentos das finanças contemporâneas e, portanto, da prosperidade econômica. Os moradores do Norte da Itália, que se caracteriza por maiores níveis de capital social, refletidos em maiores taxas de participação eleitoral e de doação de sangue, por exemplo, têm maior tendência a manter sua riqueza em bancos, aceitar crédito, investir em ações e obter empréstimos. Curiosamente, o capital social tem um impacto duradouro e de longo prazo: os italianos que migram para outras partes da Itália ainda são influenciados pela herança cultural de suas regiões ancestrais.

A divisão italiana demonstra a poderosa influência dos atributos culturais associados ao capital social. Também indica que esses aspectos persistem ao longo de séculos, trazendo o efeito de mudanças institucionais do passado antigo para influenciar os acontecimentos sociais e políticos no presente. As impressões digitais do impacto histórico de longo prazo da cultura também são visíveis em outras regiões. O império dos Habsburgos governou uma grande extensão da Europa Central e Oriental de meados do século XV até o início do século XX e era conhecido pela eficiência de suas instituições. Partes da Europa Oriental outrora governadas pelos Habsburgos ainda desfrutam de maior confiança nas instituições governamentais e níveis mais baixos de corrupção do que regiões adjacentes (mesmo dentro de um mesmo país), anteriormente governadas pelo Império Otomano ou pelo Sacro Império Romano.[21]

O legado duradouro do tráfico de escravizados na África serve como um exemplo bastante grave da persistência do capital social — ou da falta dele. A escravidão existia em partes da África antes do século XV, mas, com o advento do comércio transatlântico de africanos escravizados, os sequestros e conflitos entre as etnias aumentaram muito na África Ocidental, à medida que os chefes locais respondiam à imensa demanda dos europeus traficantes de escravizados. Tais práticas traumatizantes fomentaram uma desconfiança preventiva em relação a europeus e estrangeiros, mas também em relação a vizinhos e parentes. De fato, com base em um estudo realizado pela rede de pesquisa Afrobarometer em países da África Subsaariana, parece haver uma disparidade substancial nos níveis de confiança interpessoal na comparação entre as áreas afetadas pelo tráfico de escravizados e aquelas que foram poupadas, mais de um século depois que o comércio havia chegado ao fim.[22]

Ainda assim, talvez seja mais fácil observar a persistência de traços culturais entre os migrantes e seus descendentes. Como seria de esperar, a adaptação a uma mudança repentina nas condições ambientais e nas instituições governamentais pode ser um processo demorado. Entre os migrantes na Europa e na América do Norte, as atitudes em relação ao papel das mulheres na força de trabalho e à independência das crianças, por exemplo, convergem muito rapidamente para aquelas que prevalecem na população local estabelecida. No entanto, quando se trata de crenças religiosas e valores morais, mesmo os imigrantes de quarta geração nessas áreas tendem a manter parte de sua cultura nativa tradicional.[23] Tal disparidade de adaptação pode refletir o fato de alguns valores culturais não terem um impacto significativo na prosperidade econômica e, portanto, o incentivo para uma rápida adaptação cultural ser limitado. Nessas circunstâncias, os indivíduos são mais propensos a preservar seus valores e tradições originais.

Em resumo, os traços culturais surgem de diversos fatores, geralmente como uma resposta adaptativa ao nosso habitat. Os ajustes nesse ambiente, sejam na forma de novas instituições, tecnologia, chegada de novas culturas, comércio ou migração, têm um grande impacto no surgimento e na manutenção de novos traços culturais. Quando uma mudança nas características culturais leva ao sucesso econômico, tal mudança parece ocorrer mais rápido. Mas, como em geral as culturas evoluem mais devagar do que a tecnologia, sobretudo nos últimos séculos, é provável que em algumas sociedades os traços culturais tenham sido, e ainda possam ser, uma barreira ao desenvolvimento.

Cultura e prosperidade

A cultura contribuiu de várias maneiras para o processo de crescimento e prosperidade econômica. Ela desempenhou um papel importantíssimo no modo como criamos nossos filhos, afetando a formação do capital humano e, em última análise, o início da transição demográfica. Também moldou o grau de confiança que temos uns nos outros, bem como nas instituições políticas e financeiras, fomentando o capital social e a cooperação. E ainda formou nossa tendência para um comportamento voltado ao futuro, afetando a poupança, a formação de capital humano e a adoção de tecnologia, e moldou a maneira como percebemos ideias transformadoras e mudanças de paradigma.

Assim como as instituições políticas e econômicas influenciaram os valores culturais — aumentando ou diminuindo nossa tendência a confiar em estranhos, investir em educação ou cooperar uns com os outros —, a cultura, por sua vez, também exerceu sua própria influência sobre essas instituições.[24] Na América do Norte, por exemplo, vários grupos de imigrantes europeus estabeleceram instituições alinhadas aos valores culturais que prezavam em suas pátrias originais.[25] Os quakers, cuja cultura valorizava as liberdades pessoais e religiosas, apoiaram a formação de instituições que limitavam o papel do governo, priorizavam a liberdade individual, a separação entre Igreja e Estado e a cobrança de impostos relativamente baixos. Os puritanos, que valorizavam a alfabetização em prol da independência espiritual, bem como da coesão social, fundaram instituições que promoviam a educação pública, o envolvimento comunitário e a rigidez da lei e da ordem, tudo sustentado por impostos mais elevados. Enquanto isso, imigrantes da Escócia e da Irlanda, que defendiam um papel limitado do governo nos assuntos pessoais, estabeleceram instituições que defendiam as liberdades individuais, recorriam a julgamentos *ad hoc* para resolver disputas (o que ficou conhecido como "justiça de fronteira"), apoiavam o direito ao porte de armas e os impostos baixos. Esses valores culturais são até hoje visíveis em diferentes segmentos da sociedade americana — e nos tipos de instituição favorecidos por eles.

No decorrer da história humana, indivíduos na maioria das sociedades trataram as mudanças tecnológicas, científicas e filosóficas com certa desconfiança, defendendo suas instituições governantes e as estruturas de poder existentes. Isso não é coincidência: como vimos, é uma consequência do papel fundamental que valores, crenças e preferências estáveis ao longo de gerações têm desempenhado na sobrevivência e prosperidade em ambientes de incerteza. No entanto, alguns séculos atrás, as sociedades da Europa Ocidental *de fato* passaram por uma mudança cultural que acelerou a velocidade das grandes engrenagens da história humana e ajudou a criar a era moderna de crescimento econômico sustentado. Elas chegaram à convicção de que o desenvolvimento científico, tecnológico e institucional era a chave para um mundo melhor. Em outras palavras, acreditavam que os avanços desse tipo *eram o progresso*.

Fundamentalmente, essas sociedades adotaram características culturais como uma maior tendência ao investimento em capital humano e à igualdade de gênero, que se tornariam os motores centrais da Transição Demográfica e do início do regime de crescimento sustentado. Além disso, com o tempo, elas passaram a abraçar os valores do individualismo e do secularismo, que incentivam o crescimento: a crença de que o indivíduo deve ter o direito de criar seu próprio destino, sem restrições sociais ou mesmo religiosas. Essas transformações culturais também foram fundamentais para a criação de instituições políticas e econômicas que levaram a um maior progresso tecnológico. E, à medida que o ritmo da mudança tecnológica e social se intensificou, essas novas normas culturais e as estruturas institucionais se tornaram ainda mais vantajosas. Assim, surgiu um círculo virtuoso. As normas culturais promotoras do desenvolvimento aceleraram o ritmo do progresso tecnológico e a transição da estagnação para o crescimento, enquanto as grandes engrenagens da história estimularam a evolução de características culturais que se adaptaram àquele processo de crescimento que ganhava cada vez mais força.

Contudo, um grande quebra-cabeça permanece sem solução: por que as culturas e instituições que foram particularmente propícias ao desenvolvimento tecnológico surgiram em certas sociedades, e não em outras? O desenvolvimento tecnológico tanto da Dinastia Song quanto do Califado Abássida foi espetacular, mas em certo momento seu ritmo diminuiu, enquanto no Ocidente ele persiste até hoje, graças ao surgimento de instituições e traços culturais que servem de estímulo ao crescimento.

Em alguns momentos da história humana, a localização das transformações culturais e institucionais pode parecer bastante arbitrária. Poderíamos imaginar uma história alternativa, na qual a Coreia do Norte se tornou uma potência capitalista, enquanto a Coreia do Sul mergulhou na pobreza comunista. No entanto, na maioria das circunstâncias, fatores profundamente enraizados foram responsáveis pelo surgimento de normas culturais e estruturas institucionais. Esses fatores são a geografia e a diversidade humana.

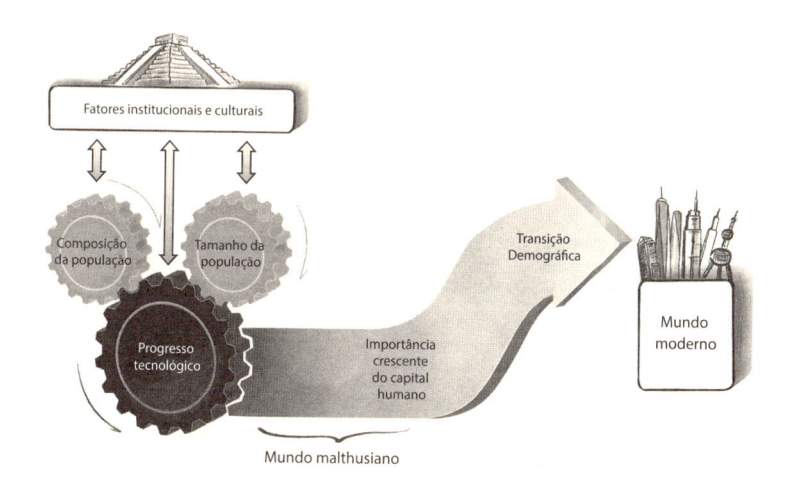

Instituições, cultura e as engrenagens da mudança

10

A sombra da geografia

Antes da Revolução Industrial, a pecuária era a base das atividades agrícolas em grande parte do mundo. Os animais serviam não apenas como uma fonte vital de alimento, mas também forneciam fibras para tecidos e eram usados como meio de transporte. Na Eurásia, o gado foi parte integrante da Revolução Agrícola. Nas montanhas dos Andes, na América do Sul, lhamas e alpacas eram animais de carga, bem como fontes de lã e carne. Nos desertos da Arábia, Saara e Gobi, os camelos não apenas carregavam nômades pelas regiões áridas como também forneciam pele e leite durante as viagens. Nas montanhas tibetanas, iaques eram usados para arar e transportar carga, assim como para fornecer lã, pele e leite. A pecuária permitiu às sociedades aumentar a produção agrícola e, por consequência, expandir suas populações e intensificar seu progresso tecnológico.

Entretanto, uma região do planeta Terra permaneceu essencialmente desprovida de gado: uma ampla faixa de terra que se estendia da costa leste a oeste da África, cercada ao norte pelo deserto do Saara e ao sul pelo deserto do Kalahari. A ausência de gado parece ser uma das razões centrais para, historicamente, essa região ter sido relativamente pouco povoada e o motivo de seus residentes não desfrutarem dos mesmos avanços tecnológicos e das instituições políticas registradas em outras regiões. O que causou essa ausência? A resposta está em uma singela mosca.[1]

A mosca tsé-tsé, que prolifera em meio à umidade e ao calor da África Central, alimenta-se do sangue de humanos e animais. O inseto é o principal vetor de um parasita mortal que causa a doença do sono (tripanossomíase africana) em humanos, bem como doenças semelhantes em cabras, ovelhas, porcos, cavalos e outros animais. O parasita mata alguns dos animais que infecta e diminui a produção de leite e a energia dos sobreviventes, tornando impraticável que as sociedades dependam desses mamíferos. Uma pesquisa recente, baseada em evidências antropológicas compiladas em 1967 de quase quatrocentos grupos étnicos pré-coloniais nessa região da África, sugere que a presença da mosca tsé-tsé teve um efeito adverso radical na adoção de técnicas de criação de animais e pecuária, como a aragem.[2] Na verdade, o inseto infligiu danos tão consideráveis ao gado domesticado nas regiões atingidas que elas permaneceram menos desenvolvidas do que outras regiões próximas desde a transição para a agricultura.[3] E, como a mosca tsé-tsé vive apenas em certas condições geográficas, estas acabaram sendo as características geográficas que determinaram a ausência de gado na África Central e, portanto, o desenvolvimento econômico da região daí em diante.

A mosca tsé-tsé não é o único inseto a atrapalhar o desenvolvimento econômico da África. O mosquito *Anopheles*, que prolifera em condições climáticas limitadas e transmite a malária aos humanos, também infligiu muitas baixas no continente. Populações em regiões afetadas pela malária na África Subsaariana, Sudeste Asiático e América do Sul estão sujeitas a altas taxas de mortalidade infantil, e as crianças que sobrevivem à doença muitas vezes sofrem déficits cognitivos duradouros.[4] Além disso, a probabilidade de perda obriga os pais a aumentar o número de filhos que geram, reduzindo a capacidade de investir no seu capital humano e prejudicando a educação das mulheres e sua participação na força de trabalho.[5] Nas últimas décadas, avanços médicos diminuíram os efeitos adversos de outras epidemias sobre o crescimento econômico, mas, na ausência de uma vacina eficaz, a malária continuará dificultando a acumulação de capital humano e o processo de crescimento nas regiões onde é endêmica.

Outros aspectos da geografia também afetaram o desenvolvimento econômico, a despeito dos insetos transmissores de doenças. Antes da invenção das ferrovias e do transporte aéreo, a proximidade do mar e de rios navegáveis era uma vantagem fundamental para o comércio, a difusão tecnológica e o acesso à fartura do mar e, por isso, tinha um grande impacto no processo de desenvolvimento e formação do Estado.[6] Embora alguns dos 44 países sem litoral do mundo sejam economicamente prósperos, como a Áustria e a Suíça, a maioria permanece desfavorecida. Da mesma forma, terrenos muito acidentados ou climas locais voláteis costumam ter um efeito prejudicial direto sobre o desenvolvimento.

A geografia também determina a disponibilidade de recursos naturais, como combustíveis fósseis e minerais naturais. Esses fatores tendem a fornecer uma importante vantagem inesperada no curto prazo, mas muitas vezes são considerados uma "maldição" no longo prazo, pois desviam recursos de setores intensivos em capital humano e promovem atividades não produtivas na busca de renda. Alguns alegam que as abundantes minas de carvão proporcionaram à Grã-Bretanha uma vantagem no desenvolvimento das tecnologias de motores a vapor e, portanto, contribuíram para o início de sua Revolução Industrial, mas outros países com grandes quantidades de carvão, como a China, só foram se industrializar muito mais tarde. É interessante notar que, durante a era malthusiana, a oferta de terras adequadas para a agricultura era uma bênção, contribuindo para a densidade populacional e o avanço tecnológico. No entanto, na era moderna a vantagem comparativa na agricultura tendia a impedir o desenvolvimento de outros setores mais lucrativos, sendo negativamente correlacionada com a prosperidade.[7]

Ainda assim, além desses efeitos diretos — na produtividade agrícola e do trabalho, na adoção de tecnologia, no comércio e na disponibilidade de recursos naturais —, muitas das influências fundamentais da geografia foram indiretas: na forma como ela estimulou a competição, moldou as instituições e deu origem a alguns traços culturais importantes.

Fragmentação geográfica e a ascensão da Europa

A capacidade da geografia para fomentar a competição pode ter sido responsável pela ascensão da Europa e sua habilidade em ultrapassar outras civilizações, como a China — no que foi chamado de *Milagre Europeu*.

As regiões mais férteis da China foram unificadas já em 221 a.C. Elas vêm usando um sistema uniforme de escrita e uma única língua dominante nos últimos dois mil anos e permaneceram sob o controle central durante a maior parte desse tempo. Por outro lado, a Europa há muito tempo está fragmentada entre um grande número de Estados, um mosaico de países e línguas.[8] Argumenta-se que a fragmentação política estimulou uma intensa competição entre as nações europeias, o que por sua vez parece ter facilitado e incentivado o desenvolvimento institucional, tecnológico e científico.[9] Como escreveu David Hume, filósofo escocês do Iluminismo, em 1742:

> Nada é mais favorável ao surgimento da educação e do aprendizado do que a existência de vários Estados vizinhos e

independentes, conectados entre si pelo comércio e pela política. A imitação, que surge naturalmente entre os Estados vizinhos, é uma fonte óbvia de melhorias: mas, sobretudo, eu destacaria os limites que tais territórios confinados trazem, tanto ao poder quanto à autoridade.[10]

Em civilizações centralizadas como a China e o Império Otomano, os governos tinham o poder de impedir o desenvolvimento tecnológico ou cultural que ameaçava os interesses das elites. Na Europa, por outro lado, inventores e empreendedores que encontrassem resistência podiam se mudar para Estados vizinhos, onde outros monarcas talvez hesitassem em deixar de lado revoluções tecnológicas, comerciais ou organizacionais capazes de, em última instância, determinar seu destino.

O financiamento das viagens de Cristóvão Colombo às Américas é um exemplo da natureza dessa competição. Colombo inicialmente fez uma petição ao rei João II de Portugal para financiar uma viagem para o oeste, mas ela foi recusada porque o rei acreditava que o fortalecimento da rota de Portugal ao sul e ao leste em torno da África era o investimento mais prudente. Colombo então tentou a sorte arrecadando fundos em Gênova e Veneza, sem sucesso. Ele enviou o irmão para verificar se o rei Henrique VII da Inglaterra poderia pagar a conta da expedição, enquanto abordava a rainha Isabel I de Castela e o marido dela, o rei Fernando II de Aragão. Como a Espanha já estava atrás na corrida para garantir rotas marítimas diretas para o leste, Colombo acabou convencendo o casal real a financiar sua viagem para o oeste, que funcionaria como uma rota tortuosa para a Índia. Eles não apenas forneceram o financiamento como também incentivaram o sucesso comercial da viagem, concedendo a Colombo permissão para ficar com alguns dos futuros lucros.

O contraste entre as viagens de exploração e pilhagem feitas pelos europeus, alimentadas pela competição, e as aventuras marítimas mais modestas das dinastias chinesas ilustra ainda mais o impacto da competição política. No início do século XV, a frota imperial chinesa navegou para o sul da Ásia e África usando navios bem maiores do que qualquer um usado por Colombo. Porém, depois que as facções pró-marinha foram derrotadas nas lutas internas de poder que envolveram a corte imperial chinesa em meados daquele século, a China desmantelou seus próprios estaleiros e navios e proibiu viagens de longa distância de potencial lucrativo através do oceano.

A introdução tardia da imprensa no Império Otomano oferece outro grande exemplo dos efeitos desastrosos da falta de competição durante as mudanças tecnológicas. Em 1485, de acordo com alguns relatos, o sultão otomano emitiu um édito proibindo a imprensa de tipos móveis em escrita árabe, uma tentativa de aliviar os temores do influente sistema religioso de que perderia seu monopólio sobre a disseminação da sabedoria religiosa e, em menor medida, dos escribas que sofreriam com a competição.[11] Somente em 1727, após séculos de uso de tecnologia de impressão ultrapassada, os otomanos permitiram a abertura da primeira gráfica de caracteres árabes. Mesmo isso foi submetido a uma rígida supervisão e apenas algumas centenas de livros foram publicadas em tiragens limitadas por editoras otomanas no século seguinte.[12] Tal barreira pode ser uma das razões por que as taxas de alfabetização no Império Otomano definharam, ficando em apenas 2% a 3% da população total no início do século XVIII.[13]

A competição na Europa contribuiu para uma cultura de inovação e adaptação institucional, sendo a Reforma Protestante um excelente exemplo. Empreendedores ofereciam suas iniciativas para além das fronteiras, e engenheiros, físicos, arquitetos e profissionais qualificados migravam pelo continente europeu em busca de oportunidades econômicas.[14] Enquanto os califados muçulmanos sob os abássidas (750--1258) e a China sob a Dinastia Song (960-1279) passaram por períodos de inovação e avanços intelectuais em matemática, astronomia e engenharia, essas tendências, no fim das contas, não duraram. Na Europa, desde o Renascimento, tais mudanças culturais perduram até hoje, ajudando a colocar o continente europeu e seu primo cultural da América do Norte na vanguarda do progresso tecnológico por meio milênio, sem rivais até muito pouco tempo atrás. Em nossa atual era globalizada, a competição que alimenta a inovação não é mais intraeuropeia, mas intercontinental — Europa *versus* América do Norte *versus* Sudeste Asiático.

Mas de onde veio essa fragmentação política? Por que a Europa foi descentralizada e caracterizada pela competição entre potências relativamente pequenas, enquanto extensas regiões da Ásia eram controladas por megaimpérios monolíticos? Uma teoria, apresentada pelo historiador germano-americano Karl Wittfogel e conhecida como *hipótese hidráulica*, sugere que essas diferenças podem ser resultado do fato de que a agricultura europeia dependia em grande parte das chuvas, enquanto as regiões ao redor dos grandes rios da China ficaram livres dessa dependência pelo desenvolvimento de uma complexa rede de represas e canais, cuja operação exigia um grau considerável de centralização política.[15]

Outras teorias invocam diretamente as paisagens dessas regiões. Temíveis líderes como Júlio César, Carlos Magno e Napoleão tomaram grandes porções da Europa, mas o sucesso deles em manter o controle do continente foi pequeno em comparação ao de seus contemporâneos na China, em parte por causa de suas respectivas geografias: enquanto os rios Yangtze e Amarelo ofereciam aos imperadores chineses ligações de transporte entre suas terras férteis, os grandes rios da Europa — o Reno e o Danúbio — são muito menores e limitavam os aspirantes a dominadores a fazerem viagens rápidas entre as diferentes partes do continente. Além disso, os Pireneus, os Alpes e as montanhas dos Cárpatos representaram grandes obstáculos físicos para os ambiciosos conquistadores europeus, assim como o mar Báltico e o canal da Mancha, proporcionando uma zona de proteção contra invasões para muitos Estados europeus, entre eles a Grã-Bretanha, França, Espanha, Suíça, Itália, além dos países escandinavos. As cadeias de montanhas da China, por outro lado, ofereciam pouca proteção contra o governo imperial centralizado.[16]

A linha costeira acidentada da Europa fornece outra explicação geográfica para sua descentralização. A costa europeia é caracterizada por uma infinidade de baías e penínsulas, como as da Grécia, Itália, Espanha e Escandinávia. Os habitantes dessas regiões conseguiram defender seus territórios de invasores e manter as rotas marítimas comerciais abertas mesmo em tempos de guerra.[17] Tal desenho da linha costeira também encorajou o desenvolvimento de tecnologias avançadas para o comércio marítimo, estabelecendo as bases para uma futura explosão de comércio e riqueza.[18] O litoral do Leste Asiático não tinha tais penínsulas, exceto na Coreia, que de fato desenvolveu uma cultura independente.

Olhando em retrospecto, fica claro que a *conectividade geográfica* da China, que levou à centralização política, foi benéfica na Idade Média, proporcionando à região uma vantagem econômica e tecnológica. Mas isso acabou tendo um efeito adverso nas vésperas da Revolução Industrial, quando a competição e a fluidez cultural foram fundamentais para acelerar e tirar proveito dessa mudança de paradigma tecnológico.[19]

Esses efeitos conflitantes da conexão geográfica sugerem que sociedades em vários estágios de desenvolvimento econômico podem se beneficiar de diferentes graus de conectividade. Quando o ritmo potencial de progresso tecnológico é relativamente baixo, uma maior unicidade geográfica, como existia na China, apesar de seu efeito adverso sobre a competição e inovação, permite que regimes centralizados governem impérios enormes de forma eficiente, e promove crescimento econômico estabelecendo o estado de direito e investindo em bens públicos. Porém, quando o progresso tecnológico se acelera, níveis mais baixos de conectividade, apesar de seu efeito adverso na coesão social, facilitam a competição e as inovações e estimulam a prosperidade. Em outras palavras, à medida que as grandes engrenagens da história humana se aceleravam e o progresso tecnológico ganhava velocidade, o grau ideal de conectividade geográfica para o crescimento diminuía, contribuindo para a inversão de expectativas entre as duas civilizações.

Dito isso, uma vez que a China já fez sua transição para o crescimento moderno, na ausência de uma grande mudança de paradigma tecnológico e dada a escala da economia chinesa, sua conectividade geográfica, centralização política e coesão social ainda podem trazer o país de volta à vanguarda da prosperidade mundial.

As origens das instituições extrativistas

As condições geográficas tiveram uma influência crucial na natureza das instituições que se formaram em diferentes colônias e continuam até os dias hoje, como visto no Capítulo 8.

O clima tropical e o solo vulcânico da América Central e do Caribe, bem como as condições agroclimáticas de outras regiões da América Latina e do Sul dos Estados Unidos, tornaram essas áreas ideais para o cultivo de lavouras nas quais grandes plantações e a força de mão de obra em massa eram mais eficientes.[20] Durante a era colonial, essas características geográficas levaram a uma alta concentração da propriedade da terra e à violência das instituições extrativistas e exploradoras da escravidão e do trabalho forçado. O efeito não foi de curta duração. Uma vez que essas colônias alcançaram a independência, as elites locais tenderam a manter as instituições extrativistas que atrasavam o crescimento para se beneficiar da continuidade das disparidades econômicas e políticas.[21]

Além disso, as áreas férteis da América Central e do Sul que deram origem às civilizações pré-colombianas tecnologicamente mais avançadas foram aquelas onde as potências coloniais formaram instituições extrativistas para administrar a exploração de suas imensas populações indígenas.[22] O surgimento dessas instituições e sua continuidade na era pós-colonial também podem ser atribuídos à influência indireta da geografia, uma vez que a população era mais densamente concentrada onde a terra e o clima permitiam uma agricultura mais nutritiva e confiável. Elas contribuíram também para uma trajetória de desenvolvimento mais lenta, transformando algumas dessas regiões prósperas nas menos abastadas das Américas.

Da mesma maneira, a geografia afetou a viabilidade do comércio assimétrico durante a era colonial, fortalecendo, assim, as instituições extrativistas que o alimentaram e às quais ele deu origem. Regiões menos desenvolvidas da África e das Américas dotadas de matérias-primas e solo fértil foram alvo desse comércio, alimentando a instituição mais extrativista de todas: o tráfico de escravizados. Conforme discutido no Capítulo 7, os ganhos desse comércio assimétrico aceleraram a transição das potências coloniais para a era moderna de crescimento perpétuo, ao mesmo tempo que retardaram essa transição em todo o mundo em desenvolvimento.[23] Mais especificamente, os efeitos da escravização no desenvolvimento econômico da África duraram muito além da era colonial.[24] Os países africanos cujas populações foram mais afetadas pela escravização e migração forçada têm economias menos desenvolvidas até hoje.[25] Por esse mesmo motivo, o terreno acidentado, que em geral dificulta o comércio e a prosperidade econômica, trouxe um efeito benéfico duradouro no desenvolvimento econômico de certas regiões, pois funcionava como proteção contra caçadores de escravos.[26]

Porém, ainda mais profundos do que os efeitos indiretos da geografia sobre a competição e as instituições são os efeitos que a geografia teve sobre a evolução dos traços culturais.

Raízes geográficas dos traços culturais

Mentalidade orientada para o futuro

Uma mentalidade orientada para o futuro, ou um pensamento de longo prazo, é um dos traços culturais mais importantes para a prosperidade econômica. Ela afeta nossa propensão a economizar, obter educação e criar ou adotar novas tecnologias — e, de acordo com o trabalho do psicólogo social holandês Geert Hofstede, é um aspecto que difere de forma significativa entre países.[27] Pela contribuição dessa característica para a formação de capital físico e humano, para o avanço tecnológico e o crescimento econômico, pesquisadores a consideram um determinante fundamental para a riqueza das nações.

A origem desse traço cultural pode ser atribuída ao ambiente geográfico em que ele evoluiu. Imagine uma sociedade, durante a era malthusiana, cujos membros contemplam duas estratégias possíveis para o uso de suas terras. A estratégia de consumo é explorar toda a terra para coleta, pesca e caça, de modo a satisfazer as necessidades diárias de consumo do grupo. Essa estratégia garante uma oferta de alimentos limitada mas relativamente estável durante todo o ano. A estratégia de investimento, por outro lado, é abrir mão de uma parcela do consumo atual plantando lavouras em parte do território. Essa estratégia requer algum grau de orientação de longo prazo, pois envolve sacrificar o consumo de curto prazo em prol do consumo no futuro.

Ao longo da história, a estratégia de investimento teria sido mais lucrativa em regiões onde as lavouras geravam maior rendimento, e assim, nesses locais, seria de esperar que uma parcela maior do território disponível fosse destinada ao plantio. As sociedades localizadas nessas regiões mais produtivas de fato desfrutaram de níveis mais altos de renda e, durante a era malthusiana, de maior sucesso reprodutivo. Isso teria justificado a estratégia, reforçando sua atitude favorável à orientação de longo prazo, que seria transmitida de maneira intergeracional e se tornaria mais prevalente nessas sociedades. Assim, a variação na produtividade dos cultivos pode ser a origem dos diferentes níveis de comportamento orientado para o futuro observados em diferentes regiões do mundo.

Não há dúvida de que a produtividade dos cultivos é distribuída de forma desigual dentro dos continentes e também na comparação entre eles (Fig. 17). No período pré-1500, em particular, os cultivos dominantes na Europa (cevada) e na Ásia (arroz) produziam quase o dobro de calorias diárias em potencial (por acre) do que o cultivo correspondente na África Subsaariana (ervilhas), apesar de exigirem apenas dois terços do período de cultivo desde o plantio até a colheita.

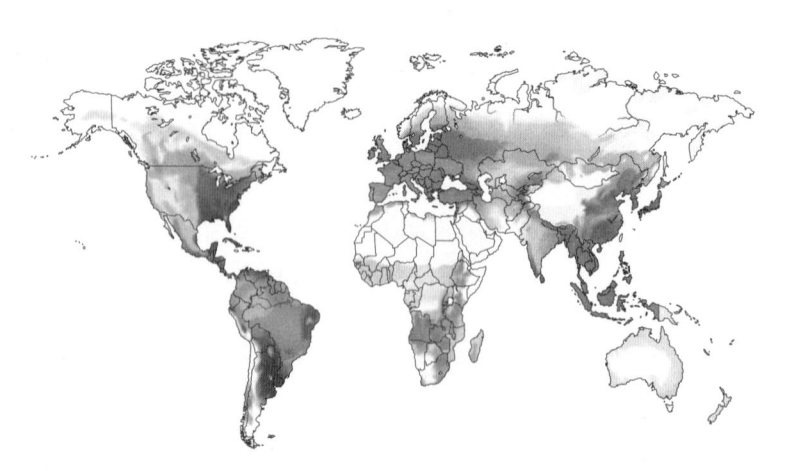

Figura 17. Retorno calórico potencial de cultivos nativos antes de 1500 d.C.

O gráfico mostra a distribuição mundial de rendimento calórico potencial diário, durante o período do plantio até a colheita, para culturas nativas de cada local antes de 1500 d.C. Valores mais altos de rendimento calórico potencial são indicados pelos tons mais escuros.[28]

Evidências empíricas sugerem que, dentro de cada continente, países cujas populações se originaram em áreas com maior potencial de retorno do cultivo agrícola tendem a ser mais orientados a longo prazo, mesmo levando em conta outros fatores geográficos, culturais e históricos.[29] Além disso, análises baseadas em pesquisas realizadas pela European Social Survey (2002-2014) e pela World Values Survey (1981-2014) sugerem que as pessoas que vêm de regiões com maior potencial de retorno ao seu cultivo estão predispostas a ser mais orientadas para o futuro.[30]

Como sempre, tais descobertas podem ser motivadas por causalidade reversa. Essa correlação talvez reflita o fato de que as sociedades com maior orientação de longo prazo são as que *optam* por cultivar plantios que exigem investimentos de longo prazo. No entanto, a correlação é com o retorno calórico *potencial*, inferido inteiramente pelas características agroclimáticas, e não com os cultivos que foram de fato produzidos em uma região; o fato de que tais características não são (em grande parte) afetadas pela escolha humana implica que a causalidade reversa não é uma possibilidade. Ao mesmo tempo, o fato de o rendimento potencial do cultivo estar (de forma previsível) altamente correlacionado com o rendimento *obtido* indica que a produtividade do cultivo é, com efeito, o mecanismo que desencadeou a evolução dessa característica cultural.

Também é possível que sociedades mais orientadas para o longo prazo acabem *migrando* para regiões adequadas para cultivos de longo prazo e de mais alto rendimento. No entanto, as evidências sugerem que a adoção de culturas de alto rendimento, como o milho e a batata das Américas após o Intercâmbio Colombiano, teve um efeito significativo para a orientação de longo prazo das populações já estabelecidas do Velho Mundo.[31] Isso indica que os rendimentos dos cultivos tiveram influência no mínimo parcial em relação ao comportamento orientado ao futuro, por meio de um processo de adaptação cultural, em vez de migração seletiva.

É importante ressaltar que estudos de migrantes de segunda geração que residem hoje na Europa e nos Estados Unidos mostram que seu grau de orientação de longo prazo se correlaciona com os rendimentos potenciais das lavouras cultivadas nas terras de origem de seus pais, e não nos países onde nasceram e foram criados. Em outras palavras, o efeito do rendimento das lavouras cultivadas (ou suas características agroclimáticas subjacentes) na orientação de longo prazo nesses casos não é resultado direto da geografia, mas, sim, culturalmente incorporado e transmitido entre as gerações.[32]

A produtividade não é o único aspecto dos cultivos que transforma as condições geográficas em traços culturais. O tipo de cultivo exigido também pode ter influência nisso. Evidências de regiões chinesas sugerem que a adequação das terras para o cultivo de arroz — que requer sistemas de irrigação em grande escala e, portanto, compartilhados — contribuiu para uma cultura mais coletivista e interdependente, enquanto as terras propícias para o cultivo de trigo, que exigem menor grau de cooperação, contribuíram para o surgimento de culturas mais individualistas.[33] Da mesma forma, a comparação entre países sugere que terras adequadas para cultivos que exigem mais mão de obra também estão associadas ao surgimento de culturas mais coletivistas.[34]

Papéis de gênero

Um dos principais fatores que impulsionaram a transição da estagnação para o crescimento foi o maior número de mulheres entrando na força de trabalho remunerada. A industrialização foi a principal causa, e a consequente redução da diferença salarial entre homens e mulheres foi um incentivo para a formação de famílias menores, o que acelerou a transição demográfica. Mas a atitude predominante de diferentes sociedades em relação aos papéis de gênero também foi — e continua sendo — um importante fator, favorecendo a chegada das mulheres ao mercado de trabalho e o processo de desenvolvimento em alguns lugares, ou dificultando tal situação em outros.

Mais uma vez, a possível origem de um traço cultural com consequências cruciais para o desenvolvimento econômico pode ser atribuída às condições geográficas. Em 1970, a economista dinamarquesa Esther Boserup sugeriu a hipótese de que as variações nas atitudes atuais em relação ao papel das mulheres na força de trabalho são produto dos métodos de cultivo na era pré-industrial. Seu argumento era que, devido às diferenças na natureza do solo e nas culturas predominantes entre as regiões, em algumas áreas os agricultores lavravam seus campos com enxadas e ancinhos, enquanto em outras usavam arados atrelados a cavalos ou bois. Como usar um arado e controlar os animais que o puxam requer uma grande força na parte superior do corpo, os homens tiveram uma vantagem fisiológica significativa sobre as mulheres nessa atividade, portanto as mulheres nessas regiões foram limitadas ao trabalho doméstico ao longo da história humana. Segundo Boserup, a adequação da terra para o uso do arado foi, em grande parte, o que levou à divisão do trabalho conforme o gênero.

Evidências de sociedades agrícolas em todo o mundo sustentam o argumento de Boserup. As áreas que usavam o arado apresentam, de forma consistente, uma maior divisão do trabalho dentro de casa, com homens se engajando predominantemente na agricultura e mulheres em sua maioria confinadas ao trabalho doméstico. Já nas regiões que faziam uso de enxadas e ancinhos, homens e mulheres tendiam a dividir o trabalho agrícola — desde a preparação da terra até a semeadura e colheita, além de outras tarefas, como transportar água, ordenhar vacas ou coletar lenha —, embora a maior parte do trabalho doméstico tenha permanecido de forma predominante sob o domínio das mulheres.

Como tal, parece que o arado deu origem a uma divisão do trabalho não apenas na lavoura, mas em toda uma gama de atividades. Uma análise baseada em pesquisas realizadas pela World Values Survey nos anos de 2004 a 2011 sugere que uma série de preconceitos atuais relacionados a gênero estão associados à adoção do arado. Isso pode explicar em parte por que em regiões que historicamente usaram o arado mais cedo e com mais intensidade, como o Sul da Europa, o

Oriente Médio e a Ásia Central, há menos mulheres na força de trabalho, nas diretorias das empresas e no cenário político.[35]

O impacto do arado nas atitudes em relação às mulheres também é evidente entre os filhos de imigrantes que hoje residem na Europa e nos Estados Unidos. Os migrantes de segunda geração de países que usavam o arado têm visões menos igualitárias sobre as mulheres do que os que migraram de áreas que não usavam esse instrumento; além disso, as mulheres entre eles tendem a ter uma menor taxa de participação na força de trabalho, apesar de estarem expostas aos mesmos incentivos e oportunidades econômicas. O fato de esses migrantes de segunda geração serem afetados por seus ambientes geográficos ancestrais sugere que suas atitudes em relação aos papéis de gênero foram transmitidas de modo intergeracional e que esse legado histórico perdura mesmo quando as famílias migram para locais com diferentes instituições e sistemas educacionais (embora, como observado anteriormente, os pontos de vista a respeito das mulheres que entram na força de trabalho tendam a convergir mais rápido com os da cultura dominante do que outros traços culturais).[36]

Aversão à perda

Daniel Kahneman, ganhador do prêmio Nobel, e Amos Tversky, psicólogo cognitivo, descobriram uma tendência, comum entre os humanos, de atribuir mais peso a uma perda do que a um ganho de tamanho igual ou comparável.[37] A chamada "aversão à perda" é um importante indicador do nível de atividade empreendedora de uma população, e esse nível, por sua vez, é um fator significativo como direcionador ao crescimento econômico no mundo moderno.

A origem desse traço cultural também pode ser atribuída à influência do ambiente geográfico e, mais especificamente, climático. Durante a maior parte da história, a produtividade humana — ou seus "ganhos" — mal sustentava um nível de consumo de subsistência. Para os agricultores, caçadores e pastores da era malthusiana, condições climáticas adversas, como secas, muitas vezes levavam à fome e até à extinção. Enquanto isso, circunstâncias favoráveis, que produziam colheitas abundantes, trouxeram apenas aumentos temporários em seu bem-estar e sucesso reprodutivo. De um ponto de vista evolutivo, portanto, seria prudente se precaver contra perdas catastróficas causadas por flutuações adversas no clima, mesmo às custas do possível ganho total.

Poderia a nossa tendência de atribuir maior importância às perdas do que aos ganhos comparáveis ser um traço cultural nascido de uma antiga adaptação à ameaça de extinção? O fato de a aversão à perda variar de forma perceptível entre populações cujas origens estão em regiões com diferentes condições climáticas sugere que sim.

Imagine dois continentes fictícios: o volátil "Volatilia" e o uniforme "Uniformia". Ambos sofrem oscilações climáticas que prejudicam a produção agrícola, embora a volatilidade seja muito mais extrema em Volatilia. Os dois continentes também diferem nas variações regionais de seus padrões climáticos. Quando Uniformia sofre um ano muito frio, todas as regiões do continente são igualmente frias. Em anos difíceis em Volatilia, por outro lado, a maioria das regiões experimenta temperaturas extremas, mas algumas ainda passam por condições climáticas favoráveis. Assim, em Volatilia, os habitantes de certas áreas escapam dos danos causados pelo clima mesmo em anos excepcionalmente difíceis, enquanto em Uniformia as condições climáticas severas afetam toda a população e ainda ameaçam a extinção em massa.

Ambos os continentes abrigam várias sociedades. No início, algumas culturas em cada um dos continentes são bastante avessas à perda, enquanto outras têm atitudes mais neutras em relação a esse quesito. Nas culturas avessas às perdas são adotadas estratégias agrícolas que produzem colheitas menores na média, mas também menos vulneráveis às flutuações climáticas. Assim, as pessoas podem garantir condições básicas de vida para suas famílias, a despeito das condições climáticas, de modo que o tamanho de sua população permaneça estável no decorrer do tempo. Por outro lado, as culturas neutras em relação às perdas adotam estratégias agrícolas que geram rendimentos médios mais altos que o esperado, mas são mais vulneráveis a condições climáticas adversas. Sob condições climáticas favoráveis, as culturas neutras à perda colhem uma produção excedente, o que permite o crescimento de suas famílias; no entanto, quando o clima piora, elas colhem produções menores do que o necessário para sobreviver, expondo as famílias ao risco de aniquilação total.

Mais cedo ou mais tarde, os dois continentes vão vivenciar um clima excepcionalmente adverso. Em Uniformia, um evento climático severo vai, necessariamente, afetar toda a população e pode acabar com as sociedades neutras às perdas que, seguindo sua tendência, tomaram decisões arriscadas. Uma vez que toda Uniformia experimenta condições climáticas idênticas, todas as culturas neutras em relação às perdas sofrerão um destino semelhante e, por isso, nenhuma sobreviverá. Em Volatilia, no entanto, onde os padrões climáticos regionais diferem em todo o continente, algumas sociedades neutras à perda serão poupadas das condições climáticas extremamente adversas, e pelo menos algumas delas terão longos períodos de abundância, colheitas fartas e populações em crescimento. Essas poucas e sortudas sociedades neutras à perda vão se expandir a um ritmo mais rápido do que seus vizinhos avessos à perda e, aos poucos, a composição da população de Volatilia mudará, à medida que as características neutras à perda se tornarem mais prevalentes na população geral. Regiões do planeta Terra que se assemelham a Volatilia, portanto, podem conter uma proporção menor do tipo de sociedade avessa à perda, enquanto regiões que se assemelham a Uniformia tendem a ter uma proporção maior desse tipo de sociedade.[38]

Evidências experimentais, bem como pesquisas conduzidas pela European Social Survey (2002-2014), pela World Values Survey (1981-2014) e pela General Social Survey (1972-2018), oferecem estimativas da variação no grau de aversão à perda dentro de cada país e na comparação entre países. Quando combinadas com os dados climáticos dos últimos 1.500 anos, e levando em conta possíveis fatores de confusão provocados pela geografia, cultura e história, as evidências sugerem que as condições climáticas voláteis de fato contribuíram para o surgimento de culturas com níveis relativamente baixos de aversão à perda, enquanto regiões onde as flutuações climáticas são relativamente uniformes contribuíram para culturas mais avessas às perdas.[39]

Mais uma vez, é claro que essa associação entre volatilidade climática e aversão à perda pode refletir o fato de que indivíduos e sociedades avessos a perdas são mais propensos a se estabelecer em ambientes menos voláteis. No entanto, como vimos antes, a adoção de novas safras no decorrer do intercâmbio colombiano, com diferentes épocas de cultivo e, portanto, diferentes níveis de vulnerabilidade à volatilidade climática, permite testar essa possibilidade. As evidências sugerem que a volatilidade associada a essas novas lavouras cultivadas teve um efeito significativo no grau de neutralidade das perdas entre as populações já estabelecidas no Velho Mundo. Isso indica que o clima é realmente o fator responsável.

Da mesma forma, a análise empírica baseada em pesquisas com filhos de migrantes nascidos na Europa e nos Estados Unidos indica que seu grau de aversão à perda se correlaciona com as condições climáticas dos países de origem *dos pais*, não com as do país onde os filhos nasceram. Isso reforça que o efeito da volatilidade climática na aversão à perda não é direto, mas sim culturalmente incorporado e transmitido de modo intergeracional, por meio de traços moldados ao longo de séculos de adaptação.[40]

Coevolução de traços culturais e linguísticos

Os inuítes, que vivem perto do polo Norte, e os samis, que vivem no norte do Ártico da Noruega, Suécia e Finlândia, são conhecidos por terem várias maneiras de descrever diferentes tipos de neve. Não é surpresa que grupos étnicos mais ao sul, onde a neve é mais rara, não tenham desenvolvido um vocabulário tão rico para descrevê-la.[41] Da mesma forma, sociedades com maior exposição ao sol aparentemente têm a tendência a falar línguas que agregam "verde" e "azul", devido à sua capacidade reduzida de distinguir as duas cores, enquanto sociedades próximas a lagos são mais propensas a ter uma palavra distinta para "azul".[42]

As línguas são moldadas por diversas forças. É totalmente plausível que entre essas influências estejam as características ambientais, geográficas, culturais e institucionais das regiões onde elas se desenvolveram. Como culturas e instituições, os traços linguísticos são transmitidos através das gerações. As línguas também estão sendo incessantemente alteradas e modificadas para comunicar a natureza sempre mutável da experiência humana. Inevitavelmente, os traços linguísticos mais eficientes e úteis que surgiram ao longo da história de cada grupo linguístico são os que se difundiram e prevaleceram.[43] De acordo com a *hipótese do nicho linguístico*, as línguas evoluíram em resposta a pressões sociais e ambientais.[44] Simplificando, ter palavras adicionais para descrever vários tipos de neve deve ter ajudado a comunicação entre os inuítes e os samis, e essa é possivelmente a razão pela qual essas palavras surgiram, evoluíram e sobreviveram.

As línguas não apenas facilitam a comunicação em um mundo cada vez mais complexo, mas também influenciam a mentalidade de seus falantes — a maneira como pensam, percebem e se relacionam uns com os outros e com o mundo como um todo. Dessa forma, elas têm o potencial de reforçar as atitudes culturais existentes.[45] A coevolução de três pares-chave de traços culturais e linguísticos, cada um enraizado na geografia da região de origem da língua, cada um mostrando um impacto significativo no processo de desenvolvimento, ilustra esse padrão.[46]

O primeiro par cultural-linguístico diz respeito às atitudes em relação aos papéis de gênero. Em regiões como o Sul da Europa, onde a adequação da terra para o uso do arado levou a uma divisão mais rígida do trabalho de acordo com o gênero, houve tendência ao surgimento de línguas com distinções gramaticais baseadas no gênero, como é o caso dos idiomas românicos. Por outro lado, em lugares menos adequados para o uso do arado, a tendência foi pelo surgimento de línguas neutras em termos de gênero. É plausível que o gênero gramatical possa, portanto, ter fortalecido e preservado os preconceitos de gênero e a divisão sexual do trabalho, afetando negativamente a formação do capital humano feminino, sua participação na força de trabalho e o desenvolvimento econômico em geral.[47]

O segundo par diz respeito às atitudes em relação às hierarquias sociais. Em regiões de alta diversidade ecológica

— por exemplo, onde uma área montanhosa faz limite com o deserto de um lado e o oceano do outro —, populações de diferentes ecossistemas normalmente desenvolvem habilidades e bens especializados, fomentando o comércio entre tais comunidades. Isso, por sua vez, levou ao surgimento de instituições destinadas a facilitar o comércio, por meio do fornecimento de infraestrutura e da proteção e aplicação dos direitos de propriedade.[48] A presença de tais instituições e autoridades de governo ajudou no desenvolvimento de sociedades mais hierarquizadas, bem como no surgimento de formas distintas de tratamento — estruturas linguísticas que enfatizam e acentuam essas hierarquias sociais. Em alemão, por exemplo, tradicionalmente se usa para pessoas mais velhas e estranhos a forma educada "Sie", enquanto para crianças, amigos e parentes é usado o "du". Muitos outros idiomas apresentam distinções semelhantes, como entre "tú" e "usted" no espanhol. Essas estruturas linguísticas podem ter facilitado a interação entre pessoas de diferentes posições sociais, e a linguagem, sendo a força poderosa que é, provavelmente fixou e perpetuou tais hierarquias na sociedade, afetando de modo negativo o individualismo e o espírito empreendedor, ao mesmo tempo que aumentou a coesão social.[49]

O terceiro par reflete atitudes em relação ao futuro. Como vimos, as condições climáticas e geográficas que levavam ao cultivo de plantas ricas em calorias tendiam a promover uma mentalidade mais orientada para o futuro. Nesses lugares, houve a tendência ao surgimento do futuro perifrástico — o uso de palavras auxiliares junto aos verbos, como "shall", "will" ou "going to" em inglês, para indicar intenções, aspirações e planejamento futuro. Alguns linguistas defendem que o tempo perifrástico futuro reflete maior inclinação para o pensamento de longo prazo e determinação em relação à ação futura.[50] De fato, as sociedades que usam essa construção são caracterizadas por uma maior orientação a longo prazo; sua população tende a economizar mais, ter níveis mais altos de educação, fumar menos, ter menor prevalência de obesidade e ter um nível de renda *per capita* mais alto.[51]

Raízes do desenvolvimento comparado

Vimos que a geografia afetou o desenvolvimento de várias maneiras: por meio da prevalência de doenças e recursos naturais, aumentando a competição e a inovação tecnológica, mas também estimulando traços institucionais, culturais e até linguísticos que se reforçam mutuamente. As características do solo propícias a grandes plantações deram origem ao surgimento de intuições extrativistas — bem como um traço cultural que reforçou o racismo e forneceu a justificativa moral distorcida para a exploração e a escravidão. Características geográficas propícias a um maior retorno dos cultivos agrícola levaram ao surgimento do traço cultural ligado a uma mentalidade mais orientada para o futuro — bem como, é provável, às instituições que reforçaram esses traços, protegendo direitos de propriedade e a garantia de contratos. A adequação do solo para o uso do arado teve um efeito significativo e duradouro nas atitudes culturais em relação à igualdade de gênero, e também pode ter contribuído para a discriminação institucional de gênero.

Portanto, características geográficas são algumas das forças definitivas que põem em movimento a evolução da cultura, das instituições e da produtividade. Elas estão entre os fatores fundamentais que afetam as grandes engrenagens e que impulsionam a jornada da humanidade, acelerando o surgimento do crescimento em alguns lugares e atrasando em outros. Em conjunto com as características culturais e institucionais, elas contribuíram para o momento e a localização da explosão tecnológica da Revolução Industrial e, finalmente, para o início da Transição Demográfica. Também revelam algumas das raízes da disparidade de riqueza entre as nações hoje e, desse modo, fornecem pistas de como podemos lidar com isso.

Mas elas também trazem um mistério. Se a influência da geografia é tão profunda assim, e se a Europa talvez estivesse predestinada a ser o berço da Revolução Industrial, então por que o continente, e, mais especificamente, o Norte e o ocidente europeus, foram lugares tão atrasados do ponto de vista econômico durante a maior parte da história humana? Em outras palavras, por que as primeiras grandes civilizações surgiram não na Europa, mas na Mesopotâmia? Resolver essas questões cruciais vai exigir retroceder mais um pouco em nossa jornada, para explorarmos como a geografia afetou, muito tempo antes, a Revolução Neolítica.

11

O legado da Revolução Agrícola

Em 1989, após vários anos de seca, o nível de água do mar da Galileia, no norte de Israel, caiu drasticamente, expondo as ruínas de uma pequena vila de 23.000 anos. Lá, os arqueólogos encontraram vestígios de seis cabanas feitas de arbustos e relativamente bem preservadas, pedras de sílex, ferramentas de osso e madeira, contas artesanais, bem como um esqueleto humano. À primeira vista, parecia um assentamento típico de caçadores-coletores, semelhante a outros descobertos em todo o mundo. Entretanto, à medida que os arqueólogos cavavam mais fundo, foram descobertas evidências de tecnologia surpreendentemente avançada, como foices para colheita e uma pedra de amolar usada para triturar grãos, coisas que só seriam encontradas em achados de períodos muito posteriores. A descoberta mais extraordinária foram os restos do primeiro cultivo de plantas em pequena escala. As evidências daquele sítio arqueológico, chamado de "Ohalo II", apontavam para um longo período durante o qual os habitantes da aldeia semearam e colheram trigo e cevada, cerca de onze mil anos antes da data aceita para o início da Revolução Neolítica e da transição para a agricultura.[1]

A vila parece ter sido incendiada e abandonada após várias gerações, embora a região como um todo tenha permanecido na vanguarda do progresso tecnológico por milênios. A primeira evidência de agricultura em larga escala vem, de fato, de sítios arqueológicos próximos, como Tel Jericó, no vale do Jordão, e Tel Aswad, perto de Damasco.

Assim como os britânicos desfrutaram de uma vantagem tecnológica após a Revolução Industrial, as civilizações que desenvolveram a agricultura mais cedo tiveram uma vantagem semelhante sobre o resto do mundo nos milênios que se seguiram à Revolução Neolítica. Seus níveis relativamente avançados de tecnologia agrícola permitiram que sustentassem populações maiores e mais densas, o que catalisou um maior desenvolvimento tecnológico e o surgimento das primeiras civilizações humanas.

Por que a Revolução Neolítica ocorreu pela primeira vez nessa região, e não em outro lugar? E por que seus efeitos foram tão duradouros?

Raízes e impactos da revolução neolítica

Jared Diamond apresentou uma importante tese ligando o desenvolvimento desigual em todo o mundo à variação do momento do início da Revolução Agrícola em cada região. Mais especificamente, ele sugere uma intrigante solução para a questão de por que, historicamente, as civilizações mais poderosas da Terra surgiram na massa terrestre da Eurásia, e não na África Subsaariana, nas Américas ou na Oceania.[2]

Diamond atribuiu o surgimento precoce da Revolução Neolítica na Eurásia à sua biodiversidade, bem como à orientação de seus continentes. Ele defende especificamente que o início da Revolução Agrícola há quase doze mil anos no Crescente Fértil foi devido à sua abundância em uma ampla gama de espécies domesticáveis de plantas e animais. Uma porção significativa dos cereais selvagens e de sementes grandes de todo o planeta Terra foi cultivada, pela primeira vez, no Crescente Fértil. De fato, os cultivos fundadores da agricultura humana, incluindo trigo, cevada, linho, grão-de-bico, lentilha e ervilha, bem como árvores frutíferas e várias espécies animais, como ovelhas, cabras e porcos, foram domesticados pela primeira vez nessa fértil região. Enquanto isso, a biodiversidade em outras partes da massa terrestre da Eurásia contribuiu para o surgimento independente da agricultura há cerca de dez mil anos no Sudeste Asiático.

Houve diversas tentativas de domesticar plantas e animais selvagens em outras partes do mundo, mas sua resistência biológica à adaptação impediu ou atrasou o processo. Os grãos silvestres do Crescente Fértil eram atraentes e relativamente simples de domesticar, pois se espalhavam por autopolinização, já eram ricos em proteínas, além de adequados para armazenamento no longo prazo. Por outro lado, o cultivo do ancestral distante do milho, uma planta selvagem muito diferente, conhecida como teosinto, que cresceu na Mesoamérica, exigiu um longo processo de reprodução seletiva para que a mudança física fundamental necessária fosse alcançada. Como resultado, os habitantes da Mesoamérica domesticaram o milho milhares de anos depois de os do Crescente Fértil domesticarem o trigo e a cevada. Dificuldades semelhantes atrapalharam a domesticação de outras culturas e árvores, o que ainda acontece, por exemplo, no caso do carvalho: seus frutos, as bolotas, eram uma importante fonte de alimento para os nativos americanos que, no entanto, desenvolveram um método para remover seus taninos amargos.

A disponibilidade de animais para domesticação era ainda mais limitada e variava muito entre os continentes. Na época da Revolução Agrícola, os animais da África e da Eurásia viviam ao lado de diferentes espécies de hominídeos havia milhões de anos, adaptando-se incessantemente às suas estratégias de caça cada vez mais sofisticadas. Na Oceania e nas

Américas, porém, a espécie humana chegou quando estava em um estágio muito posterior de seu desenvolvimento, e as grandes presas não tiveram tempo suficiente para se adaptar às técnicas de caça relativamente avançadas. A maioria dos grandes mamíferos dessas regiões foi levada à extinção logo após a chegada dos primeiros caçadores-coletores e não sobreviveu até a época em que as sociedades começaram a domesticar animais selvagens.

A transição anterior da Eurásia para a era agrícola também é atribuída por Diamond a um segundo fator geográfico, abordado no Capítulo 1 — a orientação leste-oeste do continente eurasiano. Uma vez que a Eurásia se estende predominantemente ao longo de um eixo horizontal, grandes áreas dela se encontram em linhas semelhantes de latitude e, portanto, desfrutam de condições climáticas comparáveis, que durante a Revolução Agrícola permitiram a dispersão de plantas, animais e práticas agrícolas por um vasto território. Novas tecnologias agrícolas e grãos recém-domesticados poderiam se espalhar rapidamente por vastas extensões, sem encontrar grandes obstáculos geográficos. Por outro lado, os continentes da África e das Américas se estendem de forma predominante ao longo de um eixo norte-sul. Embora a Mesoamérica e algumas regiões da África tenham vivido uma transição relativamente precoce para a agricultura, a difusão de culturas domesticáveis e das práticas agrícolas de região para região aconteceu de forma mais lenta dentro desses continentes, uma vez que havia grandes diferenças de clima e solo, e também obstáculos geográficos, como o deserto do Saara e as florestas tropicais da América Central.

A difusão mais rápida de tecnologias agrícolas, bem como os animais e plantas domesticados, contribuíram para o substancial avanço tecnológico das civilizações eurasianas. E, uma vez que eles foram obtidos, essas vantagens aumentaram. A inovação tecnológica na forma de irrigação e métodos de cultivo gerou maiores rendimentos agrícolas, o que, por sua vez, levou a uma maior densidade populacional. O aumento da densidade populacional permitiu a especialização: uma família ou comunidade poderia dedicar seus esforços ao cultivo de determinada cultura, por exemplo, porque poderia comercializar seus produtos com famílias próximas que cultivavam outras. Essa divisão do trabalho facilitou o desenvolvimento de métodos de produção mais eficientes e o surgimento de uma classe não produtora de alimentos, o que estimulou a criação de conhecimento e o avanço tecnológico. Com cada avanço levando a outro, as civilizações do Crescente Fértil construíram as primeiras cidades e maravilhas arquitetônicas do mundo, processaram bronze e depois aço e ainda desenvolveram sistemas de escrita. Também criaram instituições que estimulam o crescimento, promovendo o conceito de direitos de propriedade e o estado de direito, dando suporte ao uso eficiente dos recursos e, mais uma vez, promovendo o progresso tecnológico.[3]

O caminho adiante muitas vezes foi atrapalhado por fortes ventos contrários. O crescimento da densidade populacional e a domesticação de animais aumentaram a exposição dos humanos a vírus e bactérias. Algumas das doenças mais catastróficas da história — varíola, malária, sarampo, cólera, pneumonia e gripe — são variantes de doenças que geralmente se originaram em animais e se espalharam para a população humana nas sociedades agrícolas e pastoris. No curto prazo, essas enfermidades desencadearam epidemias e altas taxas de mortalidade. No longo prazo, porém, as populações que passaram antes pela Revolução Neolítica desenvolveram uma imunidade mais forte a tais doenças infecciosas.[4] Essa adaptação acabou por facilitar a transição das populações para o difícil ambiente de proliferação de doenças encontrado em centros urbanos, o que lhes trouxe uma vantagem devastadora quando entraram em contato ou conflito com outras populações que passaram pela transição para a agricultura muito mais tarde.

Na história da guerra humana, os vitoriosos muitas vezes foram aqueles que carregavam consigo os patógenos mais letais. No século XVI, os espanhóis atacaram os dois impérios mais poderosos das Américas — o asteca, no atual México, e o inca, dentro e ao redor do Peru. Os espanhóis desembarcaram com varíola, gripe, tifo e sarampo — doenças que ainda não haviam chegado às Américas —, matando inúmeros astecas, entre eles possivelmente seu penúltimo rei, Cuitláhuac. Os conquistadores de Hernán Cortés, protegidos por seus sistemas imunológicos e equipados com tecnologia superior, conseguiram levar o império mais poderoso da Mesoamérica à rendição.

Os micróbios que traziam consigo se espalhavam mais rápido que os próprios invasores: a população inca foi aniquilada antes mesmo de os espanhóis pisarem nos Andes. De acordo com a maioria dos relatos, o imperador inca Huayna Capac foi abatido em 1524 pela varíola ou pelo sarampo, doenças que atingiram seu império, e a consequente guerra de sucessão que se desenrolou entre seus filhos permitiu que uma pequena força espanhola, com armas superiores e liderada por Francisco Pizarro, conquistasse o Império Inca. Na América do Norte, nas ilhas do Pacífico, na África Meridional e na Austrália, grandes parcelas das populações nativas foram igualmente exterminadas logo depois que os primeiros europeus jogaram suas âncoras e espirraram, espalhando os germes que haviam navegado com eles desde a Europa.

Em todos os continentes, as primeiras civilizações agrícolas normalmente usavam suas populações maiores e o maior poder tecnológico para ocupar a área dos caçadores-coletores, empurrando algumas dessas populações para cantos remotos, enquanto destruíam ou integravam outras.[5] Em alguns encontros, os caçadores-coletores adotavam a agricultura e mudavam a estratégia de subsistência de forma mais espontânea.[6] Na verdade, quando os europeus chegaram ao litoral, algumas das populações nativas da América Central e do Sul já haviam feito a transição para a agricultura milhares de anos antes. Mesmo assim, já era tarde demais. A vantagem dos europeus levou a uma grande diferença tecnológica, e as populações nativas não eram páreo para as armas dos europeus nem tinham os meios para impedir a destruição de suas civilizações.

A conquista europeia das Américas é, talvez, o exemplo mais evidente da expansão de uma civilização que abraçou a agricultura relativamente cedo. Mas é claro que existem outros, bem anteriores, entre eles a disseminação de agricultores neolíticos no continente europeu entre oito e nove mil anos atrás. Após o início da Revolução Neolítica no Crescente Fértil, agricultores pré-históricos construíram poderosas comunidades ao redor dos rios Nilo, Eufrates e Tigre, ocupando áreas de tribos nômades lá existentes. À medida que suas vantagens aumentavam, os agricultores começaram a migrar da Anatólia (na atual Turquia) para a Europa, deslocando algumas tribos de caçadores-coletores e convertendo outras em sociedades agrícolas. Curiosamente, apesar da migração para dentro e para fora da Europa desde então, uma parte significativa da ascendência dos europeus modernos se origina desses agricultores da Anatólia.[7]

No leste da Ásia, a Revolução Neolítica começou no Norte da China há dez mil anos. À medida que os agricultores se dirigiam para o sul, evidências linguísticas sugerem que também expulsaram a grande maioria das tribos de caçadores-coletores em seu caminho, bem como sociedades agrícolas menos desenvolvidas que aderiram mais tarde à Revolução Neolítica. Há quase seis mil anos, os agricultores migraram do sudeste da China e se estabeleceram na ilha de Taiwan. De acordo com a maioria dos relatos, esses migrantes e seus descendentes — os austronésios — usaram sua tecnologia de navegação para fazer a viagem entre as ilhas das Filipinas e da Indonésia, e depois atravessar mares e oceanos muito maiores, a fim de chegar ao Havaí e à Ilha de Páscoa no leste, Nova Zelândia no sul e Madagascar no oeste. As populações nativas que sobreviveram ao ataque austronésio estavam geralmente localizadas em regiões que já haviam adotado a agricultura em larga escala, ou onde o cultivo da terra era inviável devido à natureza do terreno. Em várias ilhas, os austronésios causaram tantos danos à ecologia local que a agricultura se tornou inviável, forçando o retorno à pesca, caça e coleta.[8]

Na África Subsaariana, os agricultores do grupo étnico banto se espalharam a partir de sua terra natal ancestral no território fronteiriço entre a atual Nigéria e Camarões há cinco mil anos. Usando sua vantagem numérica e ferramentas de ferro, a *expansão banta* deslocou e integrou grupos locais de caçadores-coletores, como os pigmeus e coisãs, que conseguiram sobreviver sobretudo em áreas menos adequadas para os tipos de cultivos dos quais os bantos dependiam.[9]

Por quase dez mil anos, em praticamente todos os lugares e em todos os períodos, o mesmo padrão se repetiu. Sociedades de agricultores e pastores que viveram a Revolução Neolítica primeiro acabaram se espalhando e deslocando tribos estabelecidas de caçadores-coletores e outras culturas que abraçaram a agricultura mais tarde. Contudo, enquanto a transição para a agricultura sedentária foi uma condição necessária para o surgimento de civilizações tecnologicamente sofisticadas, a história sugere que isso não foi o suficiente. Os habitantes da Nova Guiné, por exemplo, desenvolveram a agricultura na mesma época em que os egípcios no delta do Nilo, mas, enquanto o Egito Antigo se tornou um dos

primeiros impérios do mundo governados por uma hierarquia política estruturada, o aumento da produtividade agrícola na Nova Guiné deixou sua população fragmentada em
áreas montanhosas, sujeita a guerras tribais endêmicas e sem
a consolidação de um poder além do nível tribal.[10]

Qual a explicação para esse complicado padrão? Mais
uma vez, a geografia e, especificamente, os tipos de cultivos
que eram nativos em diferentes regiões nos oferecem uma
possível resposta.

Os grãos da civilização

Logo após a transição para a agricultura, a maioria das sociedades manteve as estruturas tribais básicas que antes prevaleciam. Em sociedades compostas de não mais do que algumas
centenas de membros, quase todos os indivíduos estavam familiarizados, e muitas vezes tinham parentesco, com a maioria dos outros integrantes de sua tribo. A pequena escala e a
coesão dessas sociedades facilitaram a cooperação e mitigaram
as disputas. Normalmente, cada comunidade era chefiada por
um único líder tribal influente, que aplicava um conjunto básico de regras e administrava atividades públicas que exigiam
unidade. Em geral a liderança era baseada no mérito, e não
herdada, então aristocracias tribais eram raras. Como as tribos
não aumentavam os impostos em escala significativa, não costumavam priorizar a construção de grandes infraestruturas públicas, como canais de irrigação, fortificações ou templos, nem
podiam acomodar membros da tribo que não contribuíssem de
alguma forma para suas atividades agrícolas ou de pastoreio.

No entanto, à medida que a densidade populacional aumentava, novas estruturas tendiam a surgir. Geralmente, o próximo
estágio no desenvolvimento político das sociedades agrícolas

era a chefatura — uma sociedade hierárquica que consistia em várias aldeias ou comunidades governadas por um chefe supremo.[11] As chefaturas apareceram pela primeira vez no Crescente Fértil. À medida que as sociedades da região cresciam, tornou-se essencial que os indivíduos colaborassem regularmente fora de seu grupo de parentesco. Para facilitar a cooperação em larga escala, essas sociedades mais complexas eram caracterizadas por uma liderança política contínua e muitas vezes hereditária, pela estratificação social e pela tomada de decisão centralizada. Com as significativas disparidades de riqueza, autoridade e status, vieram as divisões de classe e também uma classe dominante, constituída por uma nobreza hereditária, cujo interesse era manter a hierarquia social e a distribuição desigual da riqueza. Essas distinções de status foram reforçadas e mantidas por normas, crenças e práticas culturais, muitas vezes de natureza religiosa. Fundamentalmente, essas sociedades hierárquicas tendiam a aumentar impostos ou dízimos para sustentar a elite e pagar pelo fornecimento de infraestrutura pública.

Desde o surgimento das chefaturas, a diferença entre regimes tirânicos e benevolentes dependeu, em grande parte, do uso das receitas fiscais. Os tiranos costumavam roubar o erário público para ganho pessoal, salvaguardando seu status e perpetuando a desigualdade, enquanto enriqueciam uma pequena elite. Os governantes mais benevolentes usavam as receitas tributárias para o fornecimento de bens públicos, como irrigação, infraestrutura, fortificação e defesa contra bandidos e invasores. Mas, benevolentes ou tirânicos, a condição inescapável para sua existência era a capacidade de aumentar os impostos. Sem isso, teriam dificuldades para construir uma unidade política contendo mais que alguns milhares de pessoas.

Durante o estágio agrícola de desenvolvimento, os impostos eram pagos em sua maioria pelas colheitas. A viabilidade e a eficiência da cobrança de impostos dependiam, portanto, dos tipos de cultivo predominantes na região, da facilidade de transporte e armazenamento[12] e da capacidade de avaliar o tamanho das colheitas.[13] Nas civilizações antigas mais desenvolvidas, a agricultura baseava-se, sobretudo, em grãos, e não em tubérculos e raízes como mandioca, batata-doce e inhame. Isso não era coincidência. Os grãos poderiam ser calculados, transportados, armazenados e, portanto, tributados com muito mais facilidade.[14] De fato, evidências históricas sugerem que regiões com solo adequado para as lavouras de grãos eram mais propensas a produzir sociedades hierárquicas complexas. Por outro lado, as regiões onde as safras consistiam em tubérculos e raízes eram caracterizadas por uma organização social mais simples, semelhante à das sociedades de pastores e nômades.[15] Os governantes dessas regiões tinham dificuldades para arrecadar impostos, e mesmo áreas que passaram pela Revolução Neolítica relativamente cedo não se transformaram em sociedades mais hierárquicas — como cidades-Estados, nações e impérios.

Estados estruturados conseguiam financiar exércitos, oferecer serviços públicos, impor a lei e a ordem, investir em capital humano e fazer cumprir contratos comerciais, aspectos que fomentaram o progresso tecnológico e o crescimento econômico. Assim, a propensão do solo para grãos ou tubérculos influenciou de modo significativo a formação de Estados, a criação de conhecimento e o progresso tecnológico, o que por sua vez afetou a velocidade das grandes engrenagens da história humana.

Ainda assim, se a biodiversidade e os tipos de cultivo que contribuíram para a transição à agricultura juntaram-se à vantagem tecnológica como as causas definitivas para as desigualdades globais de hoje, então por que muitos lugares onde a Revolução Neolítica e a formação do Estado ocorreram cedo — graças a tais condições geográficas — hoje são relativamente pobres (Fig. 18)?

O berço da Revolução Neolítica e das primeiras civilizações humanas — o Crescente Fértil — não está na vanguarda da prosperidade econômica nos dias atuais. As rendas *per capita* na China e na Índia são menores do que na Coreia e no Japão, que passaram pela Revolução Neolítica milhares de anos depois. A Turquia e o Sudeste da Europa são mais pobres do que a Grã-Bretanha e os Estados nórdicos, apesar de terem vivido a Revolução Neolítica milhares de anos antes. Como essa vantagem foi perdida?

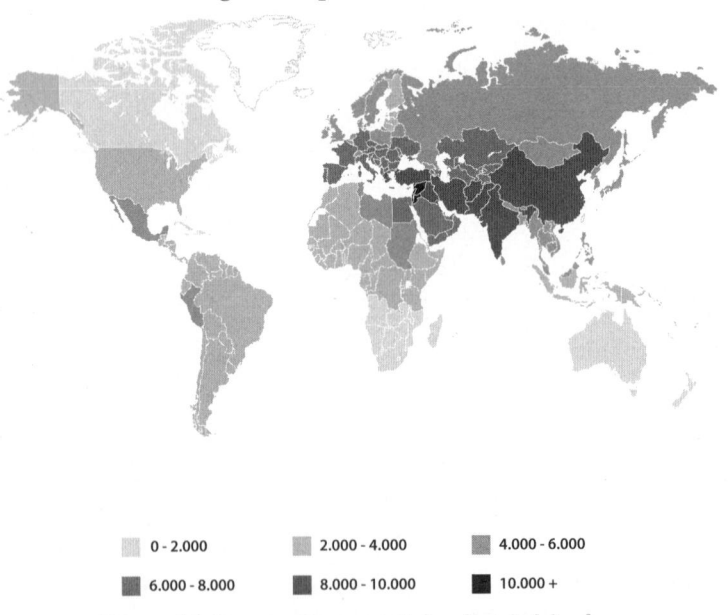

	0 - 2.000		2.000 - 4.000		4.000 - 6.000
	6.000 - 8.000		8.000 - 10.000		10.000 +

Figura 18. Tempo (em anos) desde o início da Revolução Neolítica em todo o mundo[16]

Cedendo a vantagem

Por milhares de anos, as partes do mundo que haviam passado antes pela Revolução Neolítica e desfrutado da vantagem de lidar com grãos tributáveis eram de fato aquelas com densidades populacionais mais altas e tecnologias mais avançadas.[17] No entanto, evidências empíricas mostram que, apesar de o momento da Revolução Neolítica ter um efeito significativo sobre a produtividade na era pré-industrial, esse efeito se dissipou no período a partir de 1500 e tem uma consequência limitada sobre a renda *per capita* na era moderna.[18] Em outras palavras, com o passar do tempo, as vantagens do início precoce da agricultura diminuíram a um ponto em que não são suficientes para explicar as disparidades de riqueza entre as nações hoje em dia. Por que esses efeitos benéficos desapareceram nos últimos quinhentos anos? O que mudou nesse período?

As primeiras regiões a passarem pela Revolução Neolítica desfrutaram de duas grandes vantagens — maior produtividade agrícola e avanço tecnológico — que colocaram esses pioneiros na vanguarda do desenvolvimento econômico mundial. Entretanto, no alvorecer do século XVI, à medida que as atividades inovadoras passaram do ambiente rural para o urbano, a importância econômica do setor agrícola — a agropecuária — entrou em seu declínio gradual, enquanto o setor urbano, intensivo em capital humano e de base tecnológica, começou a prosperar. Passar antes pela Revolução Neolítica, portanto, começou a gerar efeitos conflitantes. Por um lado, o avanço tecnológico continuou a estimular o avanço tanto no setor rural quanto no urbano. Mas, por outro lado, a vantagem comparativa da agricultura levou as sociedades a se especializarem particularmente nesse setor, retardando a urbanização e o rápido progresso tecnológico que a acompanhava e atrasando a formação de capital humano e o início da transição demográfica.

À medida que a importância do setor urbano para o desenvolvimento de novas tecnologias se intensificou, o efeito adverso da vantagem comparativa na produção de bens agrícolas se aprofundou, e as vantagens tecnológicas de iniciar a Revolução Neolítica antes aos poucos desapareceram. Além disso, conforme as nações urbanas e marítimas desenvolviam tecnologias e instrumentos financeiros que facilitavam o comércio global e o início da era colonial, os efeitos desfavoráveis da especialização no setor agrícola foram reforçados, reduzindo ainda mais as vantagens anteriores.[19]

Por fim, o avanço tecnológico foi contrabalançado pela *des*vantagem relativa da especialização agrícola e, portanto, o momento em que ocorreu a Revolução Neolítica teve um impacto menor no desenvolvimento econômico na era moderna. Embora os diferentes momentos desse estágio sejam fundamentais para nossa compreensão da variação histórica no processo de desenvolvimento em todo o mundo, outras forças são fundamentais para a compreensão atual do Mistério da Desigualdade.

O decreto da geografia

Alguns pesquisadores atribuem a ascensão tecnológica europeia a *conjunturas definidoras* no curso da história humana: transformações institucionais e culturais, como as que ocorreram após a Peste Negra, o colapso do Império Romano ou o Iluminismo.[20] Eles defendem que essas transformações estão na raiz das desigualdades de riqueza modernas e que as tentativas de identificar fatores geográficos mais complexas são provocadas pelo viés de confirmação das análises retrospectivas.

Mudanças institucionais e culturais abruptas que não podem ser atribuídas a origens mais complexas tiveram, sem dúvida, um papel importante no desenvolvimento das sociedades, como exemplificado pelas diferenças entre Coreia do Norte e Coreia do Sul nas últimas décadas. De fato, acontecimentos aleatórios ou acidentais poderiam ter atrasado em séculos a invenção da imprensa, levado a marinha imperial chinesa a explorar as Américas, desencadeado a Revolução Industrial na Holanda e não na Grã-Bretanha, ou impedido a Restauração Meiji no Japão do século XIX.

Embora mudanças institucionais e culturais repentinas tenham afetado o processo de crescimento ao longo de décadas ou séculos, é muito improvável que elas tenham uma importância central na progressão da jornada da humanidade como um todo, ou mesmo nos fatores fundamentais que causaram a diferença de riqueza entre as nações. Por maiores ou mais drásticas que essas mudanças possam nos parecer, elas são em sua maioria relativamente modestas e, em grande parte, temporárias e regionais, quando vistas de uma perspectiva de milhares, dezenas de milhares ou centenas de milhares de anos.

O simples surgimento de transformações culturais ou institucionais abruptas capazes de levar ao desenvolvimento fica em segundo plano quando as comparamos à capacidade delas de proliferar e resistir ao tempo. Nesse contexto a interação com as forças geográficas foi fundamental. Se o surgimento e a persistência dos fatores culturais e institucionais que aceleraram a "Ascensão da Europa" foram causados por sua fragmentação geográfica — que promovia a competição política e a fluidez cultural —, por seus cultivos de alto rendimento, que encorajavam uma mentalidade voltada para o futuro e o investimento a longo prazo, ou por quaisquer outras forças, a principal fonte das disparidades modernas está longe de ser um acidente histórico. Ainda assim, a evolução das instituições e da cultura e a Revolução Neolítica foram fatores determinantes do *ritmo* desse processo como um todo e de seus diferentes padrões de acordo com os países e regiões.

Não há dúvidas de que, no alvorecer da Revolução Neolítica, não se poderia prever a eclosão das guerras entre gregos e persas, mas, dada a grande variedade de plantas e animais domesticáveis na região, era possível prever que o Mediterrâneo oriental era propício a uma alta densidade populacional; que civilizações avançadas surgiriam na região; e que provavelmente ocorreriam conflitos entre essas sociedades. O surgimento das primeiras civilizações no Crescente Fértil com certeza não foi coincidência — eventos aleatórios não poderiam ter gerado e sustentado grandes civilizações antigas no coração do deserto do Saara.

Mas isso não quer dizer que a forma da jornada da humanidade em diferentes regiões possa ser atribuída inteiramente à geografia, tampouco à interação dela com características institucionais e culturais. Há outra força fundamental que afeta o desenvolvimento econômico: a diversidade humana. Se o papel da geografia no desenvolvimento comparativo nos levou doze mil anos para trás no tempo, até o alvorecer da Revolução Neolítica, a exploração do papel da diversidade populacional nos levará para muitos milhares de anos antes, até o momento em que tudo começou: o êxodo da espécie humana, partindo da África.

12

Saindo da África

Na primeira metade do século XX, enquanto os canhões rugiam na Europa, os Estados Unidos passaram por uma das maiores ondas de migração interna da história. Durante essa Grande Migração, seis milhões de afro-americanos se despediram das aldeias rurais pobres do Sul dos Estados Unidos e fizeram o êxodo para cidades em rápida expansão, algumas no Sul, mas sobretudo no Norte, Centro-Oeste e Oeste. Eles buscavam as oportunidades de trabalho na indústria, que cresciam especialmente nas fábricas de armas que alimentavam a máquina de guerra americana durante as guerras mundiais, enquanto fugiam da opressão do Sul do país. Após o horror e a degradação da escravidão e da discriminação que os afro-americanos sofreram por mais de trezentos anos, essa onda de migração levou a um grande aumento em sua interação com os americanos de ascendência europeia, agora como vizinhos nas áreas urbanas.

A integração desses dois grupos foi prejudicada, e, alguns diriam, frustrada, pelo preconceito, racismo e desigualdade, os quais persistem até hoje. Apesar disso, dessa fusão de povos e tradições surgiu um dos produtos mais ecléticos da cultura do século XX: o *rock and roll*. Como disse o escritor e crítico musical americano Robert Palmer, o *"rock 'n' roll* foi uma consequência inevitável das interações sociais e musicais que cruzaram a fronteira racial no Sul e no Sudoeste".[1]

Embora as origens exatas do *rock and roll* continuem sendo alvo de debate, assim como as características específicas que o distinguem de outros estilos de música popular, é indiscutível que os encontros interculturais foram um dos seus impulsos, se não o principal. Americanos de ascendência africana e europeia combinaram uma ampla gama de instrumentos e diversas tradições de ritmos, escalas e formações musicais para desencadear uma explosão cultural como o mundo raramente havia experimentado antes. Apesar do racismo endêmico da época, jovens americanos brancos foram atraídos pelo som de músicos afro-americanos como Fats Domino e Chuck Berry, e também de cantores brancos, como Elvis Presley.

O surgimento do *rock and roll*, assim como o do samba no Brasil e o do *son cubano* em Cuba, é um exemplo vívido de como a diversidade pode estimular o progresso cultural, tecnológico e econômico. Como o escritor científico Matt Ridley observou em seu livro *O otimista racional*, o progresso tecnológico ocorre "quando as ideias fazem sexo".[2] Como a reprodução biológica, o acasalamento de ideias também se beneficia de um conjunto mais amplo de indivíduos, uma vez que a diversidade aumenta as perspectivas de uma polinização cruzada frutífera. Caso estivessem cercados apenas por pessoas tocando instrumentos semelhantes em ritmos parecidos, tanto os músicos euro-americanos quanto os afro-americanos teriam, sem dúvida, avançado em suas próprias tradições musicais, mas com certeza estariam menos propensos a criar um gênero inteiramente novo. No entanto, a forte interação entre essas duas tradições musicais deu origem a uma total novidade.

O *rock and roll* talvez seja um dos exemplos mais barulhentos e dançantes dos efeitos criativos da diversidade social, mas existem inúmeros outros. Em sociedades diversas, os frutos da colaboração e da fertilização cruzada entre indivíduos de diferentes origens étnicas, culturais, nacionais e geográficas — para não mencionar diferentes grupos etários, disciplinas acadêmicas e tipos de personalidade — vão desde novos tipos de culinária, moda, literatura, arte e filosofia até avanços na ciência, medicina e tecnologia.

Muitas vezes, porém, a diversidade também foi origem de imensas disputas, provocando conflitos violentos. Enquanto alguns americanos de ascendência africana e europeia colaboraram e geraram novas fusões musicais, em junho de 1943 uma briga entre jovens brancos e afro-americanos em um parque de Detroit se espalhou em tumultos por toda a cidade. Durantes três dias, milhares de jovens americanos entraram em conflito em meio às barricadas, até que o presidente Roosevelt despachou seis mil soldados para colocar Detroit sob toque de recolher. Trinta e quatro pessoas foram mortas, sendo 25 delas negras, e mais de quatrocentas ficaram feridas naquele confronto social. Nesse mesmo ano, a cidade de Nova York foi tomada por uma turbulência depois que um policial atirou em um soldado afro-americano, Robert Bandy, e Los Angeles foi palco de rebeliões nas ruas após ataques racistas de americanos descendentes de europeus contra imigrantes mexicanos.

Os conflitos étnicos e raciais têm sido um tema recorrente na história dos Estados Unidos desde sua gênese. Confrontos violentos entre imigrantes de diferentes países de origem, entre novos imigrantes e populações assentadas, e entre diferentes grupos religiosos, como protestantes e católicos, têm sido uma característica constante e devastadora do experimento americano, assim como de muitas outras sociedades ao redor do mundo.

A exemplo da história dos Estados Unidos, a diversidade social pode gerar forças opostas, com consequências conflitantes para o desenvolvimento. Por um lado, pode estimular a polinização cultural cruzada, aumentar a criatividade e inspirar a abertura para novas ideias, elementos que promovem o progresso tecnológico. Por outro lado, porém, a diversidade tem o potencial de diminuir os níveis de confiança, provocar conflitos e dificultar ou corroer o tipo de coesão social necessária para o investimento adequado em bens públicos, como educação e saúde. Portanto, um aumento na diversidade social pode exercer efeitos opostos também na prosperidade econômica — aumentando a criatividade e ao mesmo tempo reduzindo a coesão.

De fato, existem muitas evidências desses efeitos econômicos conflitantes. Por exemplo, a imigração costuma ter um impacto positivo na produtividade e nos salários,[3] empresas com maior diversidade étnica em sua equipe gerencial tendem a ser mais inovadoras e lucrativas,[4] e a diversidade na escola melhora uma série de efeitos socioeconômicos dos alunos.[5] A segmentação étnica, por outro lado, está correlacionada com instabilidade política, conflito social, aumento da economia informal, investimento insuficiente em educação e infraestrutura e também menor cooperação necessária para evitar danos ambientais. As sociedades multiculturais que conseguem reduzir ou evitar esses resultados são aquelas que empregam esforços e recursos significativos na promoção da tolerância e da coexistência.[6] Em particular, os entraves ao crescimento registrados na região mais etnicamente diversa e segmentada da Terra — a África Subsaariana — foram em parte atribuídos ao efeito adverso de sua diversidade étnica na coesão social, manifestado pela intensidade dos conflitos étnicos e pela oferta insuficiente de educação, serviços de saúde e infraestrutura.[7]

Uma vez que a diversidade pode tanto estimular quanto prejudicar a produtividade, na ausência de medidas que reduzam os efeitos adversos da alta diversidade social sobre a coesão, níveis relativamente baixos ou altos de diversidade podem diminuir a prosperidade econômica, enquanto um nível intermediário de diversidade pode incentivá-la. Especificamente, enquanto o impacto benéfico do aumento da diversidade na inovação diminuir (conforme a sociedade se torna cada vez mais diversa), e desde que os efeitos benéficos do aumento da homogeneidade na coesão social diminuam (conforme a sociedade se torna cada vez mais homogênea), um nível intermediário de diversidade será propício para o desenvolvimento econômico.

Para explorar o impacto que essas forças conflitantes tiveram na jornada da humanidade, primeiro precisaremos descobrir as causas da variação da diversidade humana em todo o planeta, voltando às suas origens mais antigas: o êxodo do *Homo sapiens*, saindo da África dezenas de milhares de anos atrás.

Origens da diversidade humana

Desde o surgimento do *Homo sapiens* na África, há trezentos mil anos, a diversidade facilitou a adaptação dos humanos aos diversos ambientes em todo o continente africano. Durante a maior parte desse período, a adaptação bem-sucedida gerou caçadores e coletores cada vez melhores, o que, por sua vez, permitiu um aumento na oferta de alimentos e um crescimento significativo no tamanho da população humana. Por fim, chegou o momento em que o espaço vital e os recursos naturais disponíveis para cada pessoa diminuíram e, em algum ponto, entre sessenta e noventa mil anos atrás, o *Homo sapiens* embarcou em um êxodo em grande escala para fora do continente africano, em busca de novos territórios férteis. Pela natureza em série desse processo migratório, ele ficou inerentemente associado à redução da diversidade de populações que se estabeleceram a maiores distâncias migratórias da África: quanto para mais longe da África os humanos se deslocavam, menor era o grau de diversidade cultural, linguística, comportamental e física em suas sociedades.

Esse fenômeno reflete o *efeito fundador em série*.[8] Imagine uma ilha que abriga cinco raças principais de papagaios — azul, amarelo, preto, verde e vermelho —, todos igualmente bem adaptados à sobrevivência na ilha. Quando a ilha é atingida por um tufão, alguns papagaios são levados para uma outra ilha, deserta e distante. É improvável que esse pequeno subgrupo contenha papagaios de todas as cinco raças originais. Portanto, os papagaios podem ser predominantemente vermelhos, amarelos e azuis, por exemplo, e seus filhotes — que em breve encherão a nova ilha — herdarão suas cores. A colônia que se desenvolverá na nova ilha será, portanto, menos diversificada do que a população original. Se um bando muito pequeno de papagaios migrar da segunda ilha para uma terceira, é provável que esse grupo seja ainda menos diverso que os de cada uma das colônias anteriores. Desse modo, enquanto os papagaios migrarem de cada ilha parental mais rápido do que o ritmo das possíveis mutações no lugar, quanto mais longe migrarem (sequencialmente) da ilha original, menos diversificada será sua população.

A migração humana para fora da África seguiu um padrão parecido. Um grupo inicial deixou a África e se estabeleceu em regiões férteis próximas, carregando apenas um subconjunto da diversidade que existia em sua população africana parental. Uma vez que o grupo migratório inicial cresceu a ponto de seu novo ambiente não suportar mais nenhuma expansão adicional, um subgrupo menos diverso partiu em busca de outro território virgem, estabelecendo-se em habitats mais distantes. Durante essa dispersão humana para fora da

África e o povoamento dos continentes, o processo se repetiu: à medida que as populações cresciam, outros subgrupos contendo apenas parte da diversidade de sua colônia parental saíram novamente em busca de novas áreas. Embora alguns grupos tenham mudado de rumo, como ficará evidente, o impulso desses padrões migratórios foi tal que aqueles que deixaram a África e chegaram ao Sudoeste Asiático eram menos diversos do que a população humana original na África, e seus descendentes que continuaram migrando para o Leste da Ásia Central, e, por fim, para a Oceania e para as Américas, ou para o Noroeste da Europa, tornaram-se aos poucos ainda menos diversos do que aqueles que ficaram para trás.

Essa expansão de humanos anatomicamente modernos partindo do berço da humanidade na África imprimiu uma marca profunda e permanente na variação do grau de diversidade — cultural, linguística, comportamental e física — entre as populações de todo o mundo (Fig. 19).[9]

Esse declínio no nível geral de diversidade populacional de acordo com a distância migratória da África se reflete parcialmente na redução da variação genética entre os grupos étnicos nativos com maior distância migratória em relação à África. Com base em uma medida comparável desse tipo de diversidade para 267 populações distintas, a maioria das quais pode estar associada a grupos étnicos nativos específicos e sua terra natal geográfica,[10] fica evidente que os grupos étnicos nativos mais diversos são aqueles mais próximos da África Oriental, enquanto os menos diversos são as comunidades nativas da América Central e do Sul, cuja distância migratória terrestre da África é a mais longa (Fig. 20). Essa correlação negativa entre diversidade e distância migratória da África Oriental é um padrão observado não apenas entre os continentes, mas também *dentro de cada continente.*

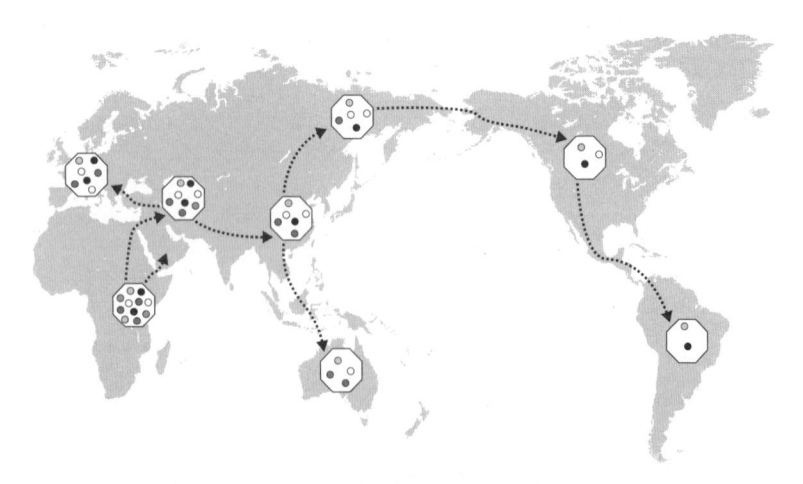

**Figura 19. O impacto da migração a partir da África
na diversidade humana**

As setas tracejadas representam caminhos de migração aproximados;
e os pequenos círculos, variantes de um traço social hipotético. Com cada
evento de migração, a população que parte carrega consigo apenas um
subconjunto da diversidade de sua colônia parental.

Evidências mais amplas para os níveis decrescentes de diversidade entre os grupos nativos a uma maior distância migratória da África vêm dos campos da antropologia física e cognitiva. Estudos de características particulares da forma do corpo — por exemplo, a estrutura óssea pertencente a atributos dentários particulares, traços pélvicos e a forma do canal do parto —, bem como distinções culturais, como as diferenças entre as unidades fundamentais da fala (fonemas) em diferentes línguas, também confirmam a existência de um efeito fundador em série originário da África Oriental. Mais uma vez, quanto maior a distância migratória da África Oriental, menor a diversidade dessas características físicas e culturais.[11]

É claro que uma exploração adequada do impacto do nível geral de diversidade populacional em todas as suas formas multifacetadas sobre a prosperidade econômica das nações exigiria uma medida muito mais abrangente do que a apresentada por geneticistas e antropólogos. Além disso, ela precisaria ser independente do grau de desenvolvimento econômico da população, para permitir a avaliação do efeito causal da diversidade sobre a riqueza das nações. Como seria essa medida?

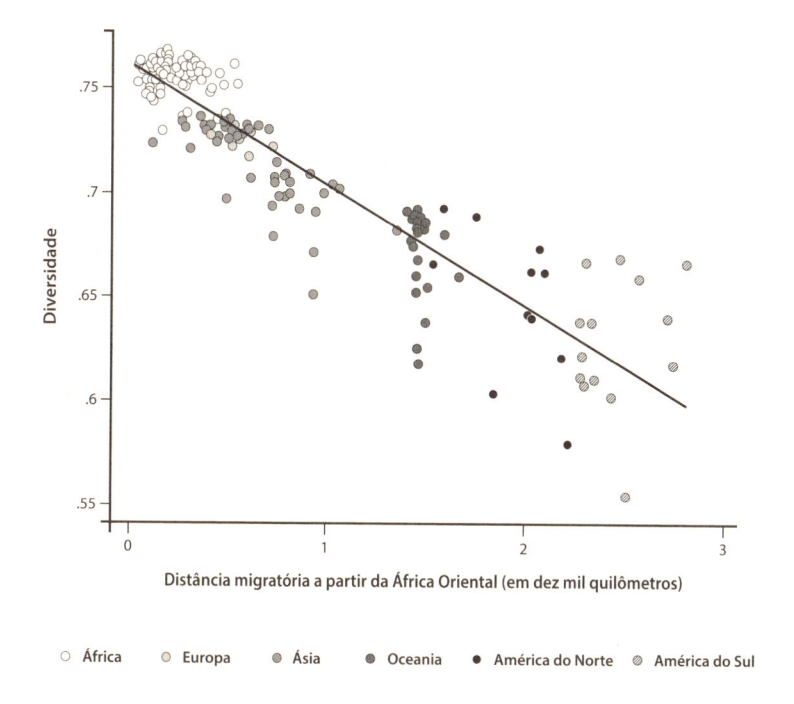

Figura 20. Distância migratória da África Oriental e diversidade entre grupos étnicos geograficamente nativos[12]

Medindo a diversidade

As medidas convencionais de diversidade populacional tendem a capturar apenas a representação proporcional dos grupos étnicos ou linguísticos em uma população.[13] Essas medidas sofrem, portanto, de duas grandes deficiências. Uma é que alguns grupos étnicos e linguísticos estão mais intimamente relacionados do que outros. Afinal, uma sociedade composta de uma proporção igual de dinamarqueses e suecos pode não ser tão diversa quanto uma sociedade composta de frações iguais de dinamarqueses e japoneses. A outra é que os grupos étnicos e linguísticos não são internamente homogêneos. Uma nação toda composta de japoneses não seria necessariamente tão diversa quanto uma nação toda composta de dinamarqueses. Na verdade, a diversidade *dentro* de um grupo étnico é, tipicamente, de uma ordem de magnitude maior do que a diversidade *entre* diferentes grupos.[14]

Logo, uma medida abrangente da diversidade geral de uma população nacional deve capturar pelo menos dois aspectos adicionais da diversidade. Primeiro, a diversidade *dentro* de cada grupo étnico ou subnacional, como entre a população irlandesa ou escocesa nos Estados Unidos. E, segundo, o grau de diversidade *entre* qualquer par de grupos étnicos ou subnacionais, capturando, por exemplo, a relativa proximidade cultural das populações irlandesas e escocesas dos Estados Unidos em comparação com suas populações irlandesa e mexicana.

Tendo em vista a estreita correlação negativa entre a distância migratória da África Oriental e a diversidade em traços observáveis, essas distâncias migratórias podem ser usadas como uma simulação para o nível histórico de diversidade em cada localização geográfica no planeta Terra. Portanto, podemos elaborar um índice de diversidade global projetado para cada população nacional hoje, com base na distância migratória da África de suas populações ancestrais, levando em conta (i) o tamanho relativo de cada subgrupo ancestral dentro do país; (ii) a diversidade de cada um desses subgrupos conforme prevista pela distância que seus ancestrais viajaram ao longo de sua migração da África Oriental; e (iii) o grau de diversidade de pares entre cada um desses subgrupos, conforme previsto pelas distâncias migratórias entre as terras de origem geográfica das populações ancestrais de cada par.

Essa medida estatística projetada para a diversidade tem duas vantagens principais. Em primeiro lugar, a distância migratória pré-histórica da África Oriental é claramente independente dos níveis atuais de prosperidade econômica e, portanto, a medida permite estimar o efeito *causal* da diversidade nos padrões de vida. Em segundo lugar, conforme destacado anteriormente, cada vez mais evidências dos campos da antropologia física e cognitiva sugerem que a distância migratória da África teve um efeito importante na diversidade em uma série de traços que são expressos em aspectos físicos e comportamentais. Portanto, é encorajador que o tipo de diversidade projetado por nossa medida possa afetar os resultados sociais. Além disso, se o índice mede a diversidade de forma imprecisa (aleatória) — por causa de uma falha em contabilizar adequadamente a migração interna dentro de cada um dos continentes, por exemplo —, a teoria estatística sugere que isso tenderia a nos levar a rejeitar, em vez de confirmar, o impacto hipotético da diversidade na prosperidade econômica. Em outras palavras, se estamos errando, estamos errando por cautela.

Por fim, é importante esclarecer que a nossa medida de diversidade diz respeito a uma característica da *sociedade*. Ela mede a amplitude da variedade de traços humanos dentro de uma sociedade, a despeito de quais sejam esses traços ou como eles podem diferir entre as sociedades. Logo, não significa e não pode ser usada para sugerir que alguns traços são mais propícios do que outros para o sucesso econômico. Em vez disso, a medida captura o impacto potencial da *diversidade* de traços humanos, dentro de uma sociedade, para a prosperidade econômica. De fato, levando em conta a possibilidade de confusão trazida por fatores geográficos e históricos, parece que a distância migratória da África, por si só, não tem impacto no nível médio de características como altura e peso em todo o mundo. Ela afeta sobretudo o grau de desvio dos indivíduos da população em relação a esse nível médio.

Munidos desse poderoso indicador da diversidade geral de cada população, podemos finalmente investigar se o êxodo a partir da África que ocorreu há dezenas de milhares de anos e seu impacto na diversidade humana podem ter um efeito tão duradouro nos padrões de vida atuais em todo o mundo.

Diversidade e prosperidade

As condições de vida ao longo da história foram em muito influenciadas pelos níveis de diversidade e, portanto, pela migração do *Homo sapiens* para fora da África.[15] Desde o berço da humanidade na África Oriental, as distâncias migratórias das populações *ancestrais* de cada país, ou de seu grupo étnico, geraram uma influência duradoura representada por um gráfico "em forma de corcova" nos resultados do desenvolvimento, refletindo, basicamente, uma compensação entre os efeitos benéficos e prejudiciais da diversidade na produtividade para o nível social.

Esse efeito "em forma de corcova" da diversidade na produtividade econômica, seja ele capturado por níveis anteriores de densidade populacional ou taxas de urbanização, ou até pelos níveis atuais de renda *per capita* ou intensidade da luz noturna (com base em imagens de satélite), é ao mesmo tempo evidente e consistente entre países (Fig. 21) e grupos étnicos (Fig. 22). Além disso, esses padrões gráficos permanecem qualitativamente inalterados ao longo dos doze mil anos desde a Revolução Neolítica. Assim, na ausência de políticas que reduzam o custo da diversidade em nações heterogêneas e aumentem o nível de diversidade em nações homogêneas, níveis intermediários de diversidade têm sido os mais propícios à prosperidade econômica.

Tal efeito do gráfico em forma de corcova é *exclusivo* ao impacto da distância migratória ancestral a partir da África. Outras distâncias, não relacionadas ao êxodo do *Homo sapiens* da África e à diversidade humana, não geram padrões semelhantes. Por exemplo, a distância aérea da África Oriental, em oposição à distância migratória, não está correlacionada com a prosperidade econômica, o que torna a teoria mais confiável, uma vez que os humanos pré-históricos migraram da África a pé, e não de avião. Além disso, as distâncias migratórias das "origens placebo" — outros pontos focais no planeta Terra dos quais o *Homo sapiens* claramente não partiu, como Londres, Tóquio ou Cidade do México — não têm nenhum efeito sobre a prosperidade econômica. Essa relação também não é impulsionada pela proximidade geográfica com as principais fronteiras tecnológicas de um passado distante, como o Crescente Fértil.

Evidências de diferentes origens confirmam o mecanismo proposto por trás desse interessante resultado: ou seja, que a diversidade social exerceu, de fato, efeitos conflitantes sobre o bem-estar econômico. Por um lado, ao ampliar o espectro de valores, crenças e preferências individuais nas interações sociais, os resultados sugerem que a diversidade diminuiu a confiança interpessoal, reduziu a coesão social, aumentou a incidência de conflitos civis e introduziu ineficiências na prestação de serviços públicos, afetando de maneira negativa o desempenho econômico.[16]

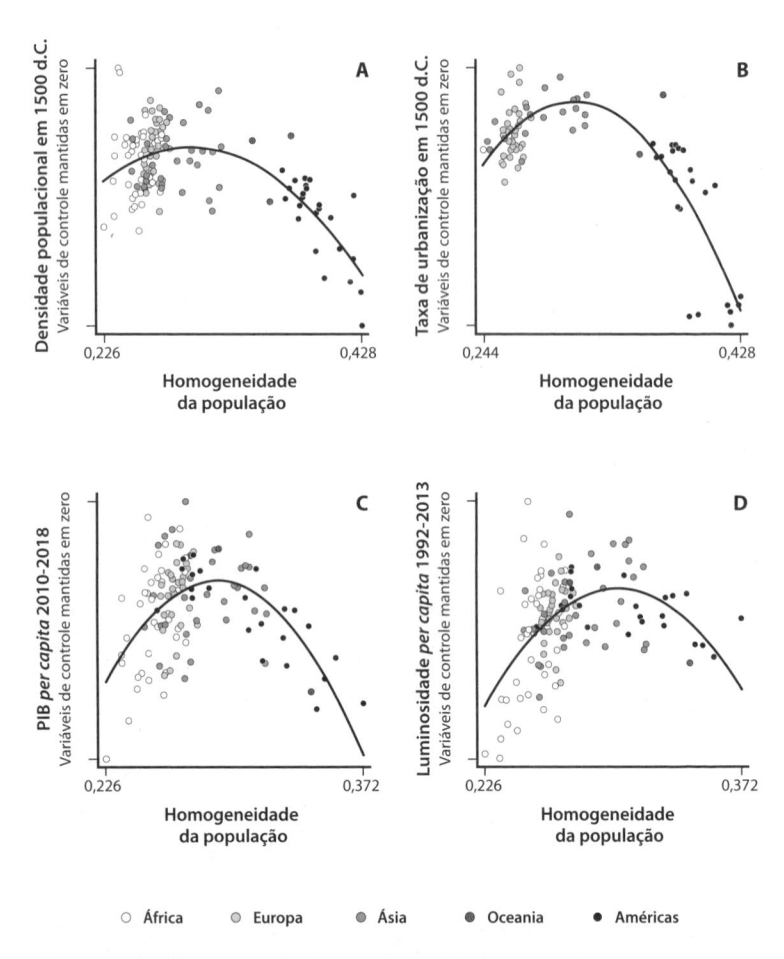

○ África   ◉ Europa   ● Ásia   ● Oceania   ● Américas

Figura 21. O impacto da diversidade humana no desenvolvimento econômico entre os países: passado e presente[17]

Os gráficos de cima retratam o impacto da homogeneidade populacional prevista sobre o desenvolvimento econômico em 1500 d.C., conforme refletido pela densidade populacional (gráfico A) ou pela taxa de urbanização (gráfico B). Os de baixo retratam o impacto da homogeneidade ajustada à ancestralidade prevista sobre o desenvolvimento econômico na era contemporânea, conforme refletido pela renda *per capita* durante o período entre 2010 e 2018 (gráfico C) ou pela luminosidade *per capita* durante o período entre 1992 e 2013 (gráfico D).

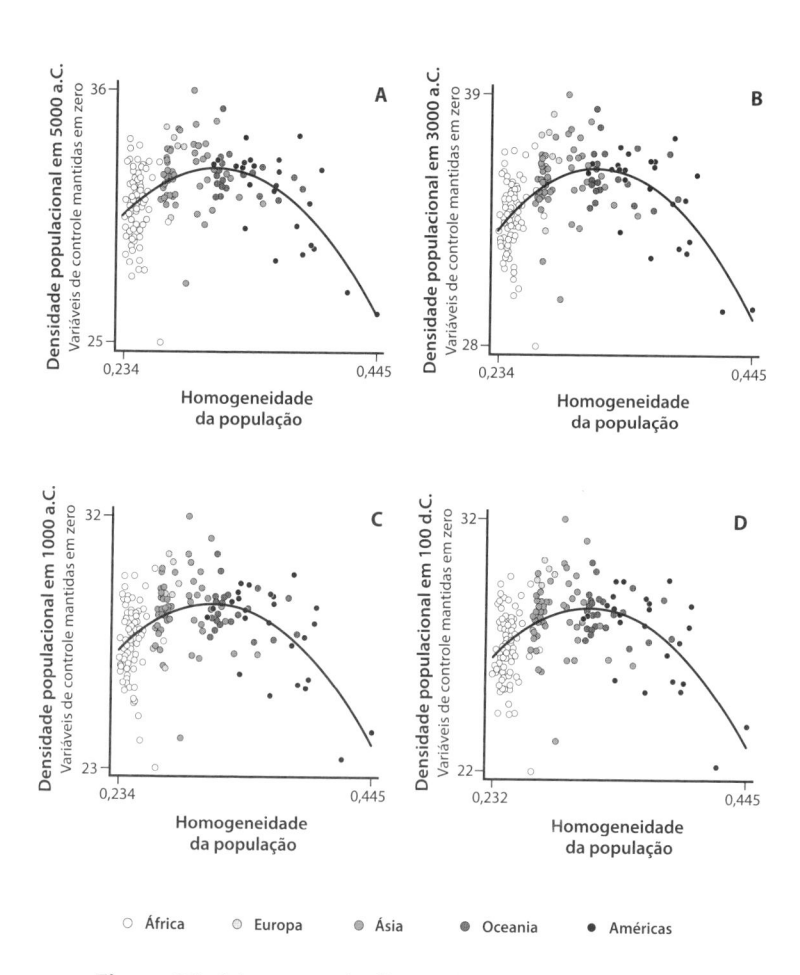

Figura 22. O impacto da diversidade humana sobre o desenvolvimento econômico entre diferentes grupos étnicos[18]

Esses gráficos retratam o impacto da homogeneidade *observada* da população de grupos étnicos geograficamente nativos, projetados pela distância migratória em relação à África, no desenvolvimento econômico histórico a longo prazo, conforme refletido pela densidade populacional em 5000 a.C. (gráfico A), 3000 a.C. (gráfico B), 1000 a.C. (gráfico C) e 100 d.C. (gráfico D).

Por outro lado, a maior diversidade social incentivou o desenvolvimento econômico ao ampliar o espectro de traços individuais, como habilidades e abordagens para a resolução de problemas, fomentando a especialização, estimulando a fertilização cruzada de ideias em atividades inovadoras e facilitando a adaptação mais rápida a ambientes tecnológicos em mudança.[19]

Além disso, o "nível ideal" em que a diversidade é a mais propícia para a prosperidade econômica aumentou nos últimos séculos. Esse padrão é consistente com a hipótese de que a diversidade é cada vez mais benéfica nos ambientes tecnológicos em rápida mudança, que têm sido característicos dos estágios avançados de desenvolvimento.[20] Essa crescente importância da diversidade no processo de desenvolvimento traz uma nova luz às causas da inversão de expectativas ocorrida entre China e Europa. No ano de 1500 d.C., o nível de diversidade mais propício ao desenvolvimento era o existente entre nações como Japão, Coreia e China. Evidentemente, sua relativa homogeneidade servia mais para fomentar a coesão social do que para sufocar a inovação, e era ideal no período pré-1500, quando o progresso tecnológico era mais lento e os benefícios da diversidade, portanto, mais limitados. De fato, a China prosperou muito na era pré-industrial. Mas, conforme o progresso tecnológico se acelerou nos cinco séculos seguintes, a relativa homogeneidade da China parece ter atrasado sua transição para a era moderna de crescimento econômico, transferindo o domínio econômico para as sociedades mais diversas da Europa e, posteriormente, da América do Norte. O nível de diversidade mais vantajoso para o desenvolvimento econômico na era moderna hoje está mais próximo do atual nível de diversidade nos Estados Unidos.[21]

Obviamente, a diversidade humana é apenas um dos fatores que afetaram o sucesso econômico, e a proximidade desse "nível ideal" da diversidade populacional não garante a prosperidade. No entanto, levando em conta as características geográficas, institucionais e culturais, a diversidade mantém um efeito considerável no desenvolvimento econômico de países, regiões e grupos étnicos no presente, assim como no passado.[22] O significado desses efeitos é particularmente extraordinário, dadas as eras que se passaram desde que o *Homo sapiens* saiu da África — e isso pode ser quantificado. Cerca de um quarto da variação inexplicável na prosperidade entre as nações, refletida na renda média *per capita* entre 2010–2018, pode ser atribuída à diversidade social. Em comparação, usando os mesmos métodos, as características geoclimáticas respondem por cerca de dois quintos da variação; as doenças ambientais, por aproximadamente um sétimo; os fatores etnoculturais, por um quinto; e as instituições políticas, por cerca de um décimo.[23]

No entanto, apesar de a diversidade humana ser um determinante tão poderoso da prosperidade, o destino das nações não está gravado em pedra. Muito pelo contrário: entendendo a natureza desse poder, podemos criar políticas apropriadas para promover os benefícios da diversidade, enquanto reduzimos seus efeitos adversos. Se a Bolívia — que tem uma das populações menos diversas — promovesse a diversidade cultural, sua renda *per capita* poderia aumentar em até cinco vezes. Por outro lado, se a Etiópia — um dos países mais diversos do mundo — adotasse políticas para aumentar a coesão social e a tolerância à diferença, poderia dobrar sua renda *per capita* atual.[24]

De maneira mais geral, muito poderia ser alcançado por meio de políticas educacionais voltadas para o melhor uso dos níveis de diversidade já existentes, com sociedades altamente heterogêneas buscando promover a tolerância e o respeito à diferença, e as altamente homogêneas incentivando a abertura a novas ideias, o ceticismo e a vontade de desafiar o *status quo*. Na verdade, quaisquer medidas que conseguissem aumentar o pluralismo, a tolerância e o respeito pela diferença elevariam ainda mais o nível de diversidade que beneficia a produtividade nacional. E, dada a probabilidade de que o progresso tecnológico se intensifique nas próximas décadas, só devem crescer as vantagens da diversidade nas sociedades que são capazes de promover a coesão social e reduzir seus custos.

As garras do passado

O impacto da diversidade humana no desenvolvimento econômico pode ser o exemplo mais evidente de como as diferenças modernas na riqueza das nações estão fundamentadas em fatores complexos, originados no passado antigo. Na verdade, leitores em bolsões urbanos do mundo desenvolvido, com grandes populações migrantes, podem achar surpreendente que a distribuição da diversidade humana tenha persistido por tanto tempo em grandes áreas do planeta. As diferenças institucionais e culturais entre os países diminuíram na era moderna, pois as nações em desenvolvimento passaram a adotar as instituições políticas e econômicas vantajosas dos países desenvolvidos, e os indivíduos buscaram emular normas culturais benéficas. Da mesma forma, alguns efeitos adversos da geografia, como a prevalência de doenças ou a falta de acesso ao mar, foram reduzidos pelo progresso tecnológico. E mesmo assim, em algumas regiões, a diversidade humana na era moderna mudou em um ritmo muito mais lento, em grande parte devido ao apego inerente dos indivíduos às suas terras natais e suas culturas nativas, bem como à presença de barreiras legais à migração internacional.

Assim, na ausência de incentivos adequados — educacionais, institucionais ou culturais —, sociedades altamente diversificadas provavelmente vão ter dificuldades para alcançar os níveis de confiança e coesão social necessários para a prosperidade econômica, enquanto as mais homogêneas não vão se beneficiar o suficiente com a polinização intelectual cruzada, da qual dependem os progressos tecnológico e comercial. Portanto, a diferença de renda entre as nações pode perdurar, apesar da convergência de traços institucionais e culturais entre elas. Essa é a força das garras do passado.

Desde que os primeiros bandos de *Homo sapiens* saíram da África há milênios, as características sociais e os ambientes naturais específicos nos quais eles se estabeleceram eram diferentes, e os efeitos dessas diferenças persistiram no decorrer do tempo. Alguns foram abençoados desde o início, com níveis de diversidade humana e atributos geográficos propícios ao desenvolvimento econômico, enquanto outros enfrentaram condições iniciais menos favoráveis, que têm prejudicado seu processo de crescimento desde então. Tais condições iniciais favoráveis contribuíram para o progresso tecnológico e levaram à adoção de características institucionais e culturais que promovem o crescimento — instituições políticas inclusivas, capital social e mentalidade orientada para o futuro —, estimulando ainda mais o progresso tecnológico e o ritmo de transição, da estagnação ao crescimento. Legados desfavoráveis, pelo contrário, forçaram trajetórias mais lentas, intensificadas pela adoção de instituições e características culturais que dificultavam o crescimento.

Embora, ao longo de nossa história, instituições e culturas tenham sido muito influenciadas por características geográficas e pela diversidade humana, também permaneceram suscetíveis a flutuações históricas abruptas, que por vezes influenciam os destinos das nações. Como no caso da Coreia do Norte e da Coreia do Sul, os padrões de vida podem diferir muito, mesmo entre países que compartilham a geografia e a diversidade populacional. Nesses casos menos frequentes, culturas e instituições podem ser as principais forças por trás das disparidades observadas entre algumas nações.

No entanto, o longo arco da história humana mostra que as características geográficas e a diversidade populacional, formadas em parte durante a migração do *Homo sapiens* a partir da África há dezenas de milhares de anos, são os fatores predominantes mais profundos por trás das desigualdades globais, enquanto as adaptações culturais e institucionais muitas vezes definiram a velocidade com que o desenvolvimento progredia nas sociedades pelo mundo. Em algumas regiões, a geografia e a diversidade que favorecem o crescimento levaram à rápida adaptação de traços culturais e institucionais no entorno, bem como à aceleração do progresso tecnológico. Séculos mais tarde, esse processo desencadeou uma explosão de demanda por capital humano, uma queda repentina nas taxas de natalidade e, portanto, uma transição mais precoce para a era moderna de crescimento. Em outros lugares, essa interação colocou as sociedades em uma jornada mais lenta, atrasando sua fuga das garras do monstro malthusiano. Assim surgiram as extremas desigualdades do mundo moderno.

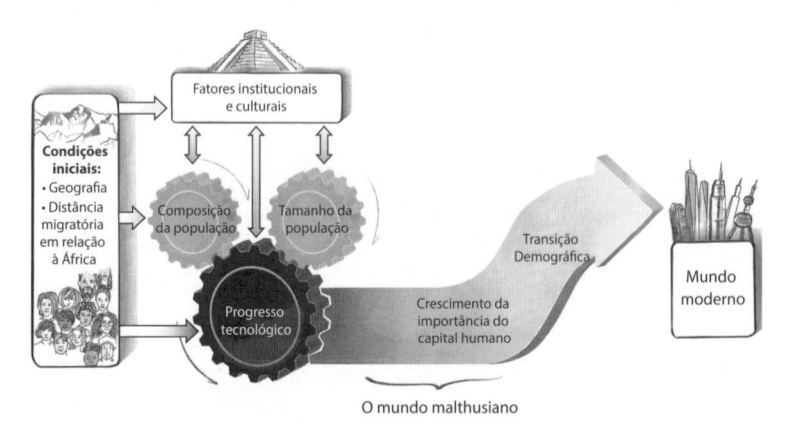

As bases fundamentais do desenvolvimento comparado

Coda: desvendando o Mistério da Desigualdade

Nos anos seguintes à Segunda Guerra Mundial, várias instalações parecidas com bases aéreas militares foram construídas na pequena ilha de Tanna, no oceano Pacífico. Esses locais tinham aviões, pistas de pouso e torres de vigia, além de quartéis-generais e cantinas — mas nenhum deles era real. As aeronaves eram feitas de troncos ocos de árvores, as pistas de pouso eram insuficientes para permitir pousos e decolagens, as torres de vigia de junco abrigavam dispositivos de monitoramento esculpidos em madeira, e as únicas fontes de luz vinham de tochas acesas. Embora nenhum avião tenha pousado nessas imitações de aeródromos, alguns habitantes da ilha imitavam os controladores de tráfego aéreo, enquanto outros realizavam desfiles militares, carregando paus em vez de rifles.

A guerra impressionara profundamente os povos nativos de Tanna e de outras ilhas da Melanésia no Pacífico. Eles testemunharam o poder das potências industriais do Japão e dos Estados Unidos, com aviões que zuniam pelos céus acima de suas casas, navios que disparavam uns contra os outros no oceano ao seu redor e tropas que estabeleceram bases em suas ilhas. Um fenômeno que impressionou os habitantes de maneira duradoura foi o grande volume de cargas que esses estranhos traziam consigo: engradados de comida enlatada, remédios, roupas e uma variedade de equipamentos que os moradores de Tanna raramente haviam visto. Quando a guerra chegou ao fim e as tropas regressaram para casa, a fonte de toda aquela abundância secou, e os ilhéus, não familiarizados com o moderno processo fabril, e procurando confirmar de onde vinha aquela riqueza, reproduziram algumas das características e práticas que a acompanhavam, esperando que as cargas — percebidas como riqueza física e espiritual, igualdade e autonomia política — pudessem retornar para abençoar suas ilhas novamente.[1]

Muitas vezes, as recomendações políticas do Ocidente para o desenvolvimento das nações mais pobres não são tão diferentes dos "rituais de renovação" adotados pelos habitantes de Tanna. Elas englobam uma imitação superficial de instituições que se correlacionam com a prosperidade econômica nos países desenvolvidos, sem a devida consideração das condições subjacentes que lhes permitem gerar riqueza — circunstâncias que podem não existir nos países mais pobres. Em particular, o senso comum aponta que a pobreza no mundo em desenvolvimento é, de forma predominante, resultado de políticas econômicas e governamentais inadequadas e, portanto, pode ser erradicada por meio da aplicação de um conjunto universal de reformas estruturais. Tal pressuposto é baseado em um equívoco fundamental, uma vez que ignora o impacto determinante de fatores profundos e fundamentais no êxito de tais políticas. Em vez disso, uma estratégia eficaz lidaria com esses fatores primários, pois são eles que invariavelmente dificultam o processo de crescimento e que muitas vezes diferem radicalmente entre um país e outro.

Um notório exemplo dessa abordagem equivocada é o Consenso de Washington — um conjunto de recomendações de políticas para países em desenvolvimento, cujo foco são a liberalização do comércio, privatização de empresas estatais, maiores proteções para direitos de propriedade, desregulamentação, ampliação da base tributária e redução das taxas de impostos. Apesar dos intensos esforços do Banco Mundial e do Fundo Monetário Internacional para implementar reformas inspiradas no Consenso de Washington na década de 1990, elas tiveram pouco sucesso na produção dos resultados desejados.[2] Privatização da indústria, liberalização do comércio e garantia dos direitos de propriedade podem ser políticas que ajudam no crescimento para países que já desenvolveram os pré-requisitos sociais e culturais para o crescimento econômico, mas, em ambientes onde esses fundamentos estão ausentes, onde a coesão social é frágil e a corrupção é bastante arraigada, tais reformas universais geralmente trazem poucos resultados.

Nenhuma reforma, por mais eficiente que seja, vai transformar nações empobrecidas em economias avançadas da noite para o dia, porque grande parte do abismo entre as economias desenvolvidas e as em desenvolvimento está enraizado em processos que duram milênios. Características institucionais, culturais, geográficas e sociais que emergiram no passado distante impulsionaram as civilizações por suas diferentes rotas históricas e resultaram nas disparidades de riqueza entre nações. É incontestável que culturas e instituições que levam à prosperidade econômica podem ser adotadas e formadas gradualmente. As barreiras erguidas por aspectos da geografia e da diversidade podem ser reduzidas. Mas tais intervenções que ignoram características particulares que surgiram ao longo da jornada de cada país provavelmente não reduzirão a desigualdade e podem provocar frustrações e turbulências, além de prolongar a estagnação.

Na superfície, acima das raízes da desigualdade, estão os efeitos assimétricos da globalização e da colonização. Esses processos intensificaram o ritmo de industrialização e desenvolvimento nas nações da Europa Ocidental, ao mesmo tempo que atrasaram a fuga das sociedades menos desenvolvidas de sua armadilha da pobreza. A persistência de instituições coloniais extrativistas em algumas regiões do mundo, destinadas a perpetuar as desigualdades econômicas e políticas existentes, exacerbou ainda mais essa disparidade de riqueza entre as nações.

No entanto, tais forças de dominação, exploração e comércio assimétrico durante a era colonial estavam baseadas em um desenvolvimento desigual que existia antes da era colonial. Diferenças regionais preexistentes nas instituições políticas e econômicas, bem como nas normas culturais predominantes, tiveram uma influência dominante no ritmo de desenvolvimento e no momento da transição da estagnação para o crescimento.

As reformas institucionais em momentos cruciais da história humana, bem como o surgimento de características culturais distintas, por vezes colocaram as sociedades em trajetórias de crescimento divergentes ao longo do tempo. No entanto, eventos aleatórios — mesmo sendo lembranças dramáticas e importantes em nossa memória — têm desempenhado um papel transitório e bastante limitado na progressão da humanidade como um todo, e é muito improvável que esses sejam os fatores dominantes por trás da diferença de prosperidade econômica entre países e regiões nos últimos séculos. Não é por acaso que as primeiras grandes civilizações surgiram em terras férteis ao redor de grandes rios, como o Eufrates, Tigre, Nilo, Yangtze e Ganges. Nenhum acontecimento histórico, institucional e cultural aleatório poderia ter desencadeado a formação de grandes cidades antigas longe de fontes de água, ou a criação de tecnologias agrícolas revolucionárias no coração das florestas congeladas da Sibéria, ou no meio do deserto do Saara.

Nas camadas internas, fatores mais profundos, enraizados na geografia e no passado distante, muitas vezes fundamentaram o surgimento de características culturais e instituições políticas promotoras do crescimento em algumas regiões do mundo, e atrapalharam o crescimento em outras. Em lugares como a América Central, a adequação da terra para grandes plantações favoreceu o surgimento e a persistência de instituições políticas extrativistas, caracterizadas pela exploração, escravidão e desigualdade. Em outros, como a África Subsaariana, as doenças ambientais contribuíram para diminuir a produtividade agrícola e laboral, atrasando a adoção de tecnologias agrícolas mais avançadas, o que diminuiu a densidade populacional, a centralização política e a prosperidade de longo prazo. Em regiões mais afortunadas, por outro lado, as características favoráveis de clima e solo desencadearam a evolução de traços culturais propícios ao desenvolvimento — maior inclinação para a cooperação, confiança, igualdade de gênero e uma mentalidade mais orientada para o futuro.

Uma análise do impacto duradouro das características geográficas nos levou doze mil anos de volta no tempo, até o alvorecer da Revolução Agrícola. Durante esse período, a biodiversidade, a disponibilidade de espécies domesticáveis de plantas e animais, assim como a orientação dos continentes, estimularam uma transição de tribos de caçadores-coletores para comunidades agrícolas sedentárias mais cedo em alguns lugares e mais tarde em outros. De fato, as regiões da Eurásia onde a Revolução Neolítica ocorreu antes desfrutaram de uma vantagem tecnológica que persistiu durante toda a era pré-industrial. É importante ressaltar, no entanto, que as forças benéficas associadas a essa transição precoce para a agricultura se dissiparam na era industrial e, em última análise, tiveram um papel limitado na formação da grande desigualdade em todo o mundo atualmente. As sociedades que fizeram a transição para a agricultura mais cedo não se tornaram as nações mais prósperas do presente, pois sua especialização agrícola acabou por dificultar o processo de urbanização e limitar seu avanço tecnológico.

Por fim, a busca por algumas das raízes mais profundas da prosperidade moderna nos levou de volta para onde tudo começou: os passos iniciais da espécie humana saindo da África, dezenas de milhares de anos atrás. O grau de diversidade dentro de cada sociedade, determinado em parte pelo curso desse êxodo, teve um efeito duradouro na prosperidade econômica ao longo de toda a trajetória da história humana — com maior vantagem para aqueles que desfrutaram do nível ideal da fertilização cruzada, que fomentava a inovação e a coesão social.

Nas últimas décadas, a rápida difusão do desenvolvimento entre os países mais pobres promoveu a adoção de características culturais e institucionais voltadas ao crescimento em todas as regiões do mundo, contribuindo para a expansão das nações em desenvolvimento. O transporte moderno e as tecnologias médicas e de informação diminuíram os efeitos adversos da geografia no desenvolvimento econômico, e a intensificação do progresso tecnológico aumentou ainda mais os benefícios potenciais da diversidade para a prosperidade. Se essas tendências fossem combinadas com políticas que permitissem que sociedades com alta diversidade alcançassem maior coesão social e que as mais homogêneas se beneficiassem da polinização intelectual cruzada, então poderíamos começar a atacar as desigualdades de riqueza contemporâneas por suas próprias raízes.

Hoje podemos encontrar um aeroporto de verdade na ilha de Tanna. Além disso, há escolas primárias disponíveis para a maioria das crianças, os habitantes possuem celulares, e o fluxo de turistas, atraídos pelo vulcão do monte Yasur e pela cultura tradicional, traz receitas vitais para a economia local.

Embora a renda *per capita* na nação de Vanuatu, à qual a ilha pertence, ainda seja muito modesta, ela mais que dobrou nas últimas duas décadas.

Apesar da longa sombra da história, o destino das nações não está gravado em pedra. Conforme as grandes engrenagens que controlam a jornada da humanidade continuam a girar, medidas capazes de aprimorar a orientação para o futuro, a educação e a inovação, juntamente com a igualdade de gênero, o pluralismo e o respeito pela diferença, são a chave para a prosperidade universal.

Epílogo

Não tenho conhecimento sobre o destino do esquilo que corria pela minha janela na Brown University quando comecei a escrever este livro. Gostaria de acreditar que ele sobreviveu ao rigoroso inverno da Nova Inglaterra e teve sucesso dentro dos parâmetros de sua espécie. No entanto, estou certo de que, caso reaparecesse para outra espiada, a visão do estranho indivíduo dedicando suas energias ao rascunho final deste livro, em vez de procurar comida e caçar presas, ainda lhe seria incompreensível. Certamente seria difícil imaginar uma vida não governada apenas pela busca por sobrevivência e reprodução. E mesmo assim, para nossa espécie, tal existência está se tornando uma memória cada vez mais distante.

Este livro explorou as extraordinárias forças que permitiram à humanidade passar da estagnação ao crescimento, e depois à desigualdade, um caminho que os esquilos — ou qualquer outra espécie habitante do planeta Terra — jamais podem seguir. Reconhecendo que as tentativas de descrever todo o curso da história da espécie humana muito provavelmente seriam ofuscadas por detalhes fascinantes, capazes de obscurecer a visão do todo, me esforcei para focar nas forças fundamentais que impulsionaram a humanidade ao longo de sua jornada.

Desde o desenvolvimento da primeira ferramenta de lapidação de pedra, o progresso tecnológico promoveu o crescimento e a adaptação da população humana ao seu ambiente, que está em constante transformação. Por sua vez, tais mudanças geraram mais progresso tecnológico ao longo do tempo e do espaço — em todas as épocas, em todas as regiões e em todas as civilizações. No entanto, um aspecto central de todas as sociedades permaneceu praticamente inalterado: os padrões de vida. Os avanços tecnológicos não conseguiram gerar melhorias de longo prazo no bem-estar material da população. Como todas as outras espécies, a humanidade caiu na armadilha da pobreza. O progresso tecnológico invariavelmente gerou uma população maior, exigindo que a recompensa pelo progresso tivesse que ser dividida entre um número crescente de indivíduos. As inovações levaram à prosperidade econômica por algumas gerações, mas, por fim, o crescimento populacional trazia as condições de vida de volta aos níveis de subsistência.

Por milênios, as rodas da mudança — a interação de reforço mútuo entre o progresso tecnológico e o tamanho e a composição da população humana — giraram em um ritmo cada vez mais intenso até que, por fim, um ponto de inflexão foi alcançado, desencadeando o rápido progresso tecnológico da Revolução Industrial. A crescente demanda por trabalhadores instruídos, capazes de atuar nesse ambiente tecnológico em rápida mudança, combinada com uma redução na diferença salarial entre homens e mulheres, deu aos pais um incentivo maior para investir na educação de seus filhos, em vez de dar à luz mais bebês, o que, por sua vez, desencadeou uma queda da fecundidade. A Transição Demográfica quebrou a armadilha da pobreza malthusiana, os padrões de vida melhoraram sem ser rapidamente contrabalançados por um *boom* populacional, o que deu início a um crescimento de longo prazo para a prosperidade humana.

Junto a esse progresso tecnológico espetacular e à imensa melhoria nos padrões de vida, a espécie humana passou por grandes catástrofes: os efeitos devastadores da pandemia de

gripe espanhola, a Grande Depressão, o extremismo político e as atrocidades da Primeira e da Segunda Guerras Mundiais. Apesar de essas calamidades terem causado destruição
para inúmeros indivíduos, os padrões de vida da humanidade
como um todo, vistos por uma lente mais ampla, rapidamente se recuperaram de cada uma dessas tragédias. No curto
prazo, o processo de crescimento tem sido bastante vulnerá-
vel a grandes oscilações, como testemunhamos recentemente
durante a pandemia da Covid-19. Mas a história nos mostra
que, por mais devastadores e terríveis que sejam, esses eventos tiveram um impacto de longo prazo limitado no grande
arco do desenvolvimento humano. A marcha implacável da
humanidade, até agora, tem sido imparável.

Mesmo assim, enquanto bilhões de pessoas foram liber-
tadas da vulnerabilidade à fome, a doenças e à volatilidade
climática, um novo perigo paira no horizonte: o impacto alarmante da degradação ambiental causada pelo homem e das mudanças climáticas, originadas durante a Revolução Industrial.
Será que, em algumas décadas, o aquecimento global será
visto como o evento histórico que tirou a humanidade dos
trilhos de sua marcha implacável? Curiosamente, o impacto
paralelo que a industrialização teve na inovação, na formação de capital humano e no declínio da fecundidade pode
ser a chave para a redução de seus efeitos adversos sobre as
mudanças climáticas e o potencial equilíbrio entre crescimento econômico e preservação ambiental. O rápido declínio do
crescimento populacional, o aumento da formação de capital
humano e a capacidade de inovação que tomou conta do globo no século passado trazem motivos para otimismo em relação à capacidade da nossa espécie de evitar as consequências
mais devastadoras do aquecimento global.

Desde o início do século XIX, as condições de vida deram um salto inigualável em todos os parâmetros concebíveis,

como mostra a rápida expansão do acesso à educação, à infraestrutura de saúde e às tecnologias, forças que transformaram de modo radical a vida de bilhões de pessoas pelo planeta. Nossa fuga da época de estagnação, porém, ocorreu em momentos diferentes em todo o mundo. Os países da Europa Ocidental e regiões da América do Norte vivenciaram o incrível salto nas condições de vida logo após a Revolução Industrial, enquanto na maioria das regiões da Ásia, África e América Latina a transição não ocorreu até a segunda metade do século XX — o que causou grandes disparidades de riqueza e bem-estar. Mas também há motivos para otimismo nesse caso. É certo que as diferenças regionais em instituições, cultura, geografia e diversidade não vão desaparecer por inteiro, pois sabemos como tais fatores podem ser duradouros. Entretanto, com o tempo as difusões cultural e tecnológica, bem como as políticas relacionadas à diversidade, podem preencher algumas dessas lacunas e reduzir o impacto desses fatores fundamentais. Não deve demorar muito para que as forças malthusianas desapareçam de nossa memória coletiva e a humanidade como um todo embarque em uma nova fase em sua jornada.

Destacar o incrível progresso dos últimos dois séculos não deve diminuir o significado da miséria e da injustiça que continuam a assolar grande parte da humanidade, nem a urgência da nossa responsabilidade em enfrentá-las. Em vez disso, minha esperança é que uma compreensão das origens dessa desigualdade nos torne capazes de desenvolver melhores formas de aliviar a pobreza e também contribua para a prosperidade da humanidade como um todo. Reconhecer nossas raízes nos permitirá participar do planejamento de nossos futuros. A percepção otimista de que as grandes engrenagens da história humana continuaram girando em ritmo acelerado nas últimas décadas, contribuindo para a difusão global da prosperidade econômica, deveria aumentar nosso apetite para aproveitar o que está ao nosso alcance.

Desde que os humanos passaram a ser capazes de refletir, os pensadores têm se perguntado a respeito da ascensão e queda das nações e acerca das origens da riqueza e da desigualdade. Agora, graças a perspectivas de longo prazo, fruto de décadas de investigação, junto a uma estrutura teórica unificada para análise empírica, temos as ferramentas para entender a jornada da humanidade em sua totalidade, bem como resolver seus mistérios centrais. Minha esperança é que nossa compreensão sobre as origens da riqueza e da desigualdade global nos guie no desenvolvimento de políticas que facilitem a prosperidade em todo o mundo, e que permitam aos leitores vislumbrar — e lutar por — um futuro ainda mais generoso que está por vir, conforme a espécie humana continua sua jornada por territórios desconhecidos.

Agradecimentos

Este livro é dedicado ao esforço intelectual concebido e desenvolvido pelo autor ao longo de três décadas.

A pesquisa por trás das várias camadas do livro se beneficiou dos estudos do autor em colaboração com Quamrul Ashraf, Gregory Casey, Raphaël Franck, Marc Klemp, Stelios Michalopoulos, Omer Moav, Andrew Mountford, Ömer Özak, Harl Ryder, Assaf Sarid, Viacheslav Savitskiy, Daniel Tsiddon, Dietrich Vollrath, David Weil e Joseph Zeira, bem como das proveitosas discussões ao longo dos anos com pesquisadores de todo o mundo, em particular, Daron Acemoglu, Alberto Alesina, Sascha Becker, Roland Bénabou, Alberto Bisin, Matteo Cervellati, Carl-Johan Dalgaard, David de la Croix, Klaus Desmet, Matthias Doepke, Steven Durlauf, James Fenske, Moshe Hazan, Andreas Irmen, Ross Levine, Joel Mokyr, Nathan Nunn, Louis Putterman, Jim Robinson, Uwe Sunde, Enrico Spolaore, Holger Strulik, Joachim Voth, Romain Wacziarg e Fabrizio Zilibotti.

Os segmentos do livro e a base de sua delimitação teórica foram o tema das palestras Doctor Honoris Causa Lecture (Université Catholique de Louvain, 2021), Doctor Honoris Causa Lecture (Universidade de Economia de Poznań, 2019), Copernican Lecture (Toruń, 2019), The Ricardo Lecture (Dinamarca, 2019), da Bogen Lecture (Universidade Hebraica, 2019), das Zeuthen Lectures (Copenhagen, 2016), da Berglas

Lecture (Universidade de Tel Aviv, 2015), da Maddison Lecture (Groningen, 2012), da Kuznets Lecture (Yale University, 2009), da Klein Lecture (Osaka, 2008), das Opening Lectures da Associação Econômica Alemã (Augsburg, 2016) e da Associação Econômica de Israel (Jerusalém, 2003), bem como das falas nos encontros da European Public Choice Society (Jerusalém, 2019), NBER, Macroeconomia pelo Tempo e Espaço (Filadélfia, 2018), da Associação para Estudo da Religião, Economia e Cultura (Copenhagen, 2016), na "Long Shadow of History" (Munique, 2014), do 9º IZA Encontro Anual de Migração (Bonn, 2012), no BETA-Workshop em História Econômica (Estrasburgo, 2012), na 4ª Conferência Internacional sobre Migração e Desenvolvimento (Harvard University, 2011), na Associação Econômica Coreana (Seul, 2008), no Early Economic Developments (Copenhagen, 2006), no Encontro Anual DEGIT (Roma, 2000; Viena, 2001; Cidade do México, 2005) e nas Conferências Anuais T2M (Paris, 2000).

Além disso, os fundamentos teóricos do livro foram o foco da série de palestras do autor em Kiel (2015), St. Gallen (2012–2015), na Summer Schools of Economic Growth (Warwick, 2011–2013; Nápoles, 2012; Jerusalém, 2008), Universidade Bar-Ilan (2012), Universidade Ben-Gurion (2012), Luxemburgo (2012), Porto (2012), na Science Po (2012), no Programa de Doutorado Dinamarquês (Copenhagen, 2008), no Programa Internacional de Treinamento do Fundo Monetário (2006 e 2008), no Workshop de Verão do Centro de Pesquisa em Política Econômica (Florença, 2007), Zurique (2003) e no Programa Holandês de Doutorado Conjunto (2000).

Aproveitei minha colaboração com Ori Katz na redação de uma versão anterior deste livro, lançada em hebraico em março de 2020 e maravilhosamente traduzida para o inglês por Eylon Levy. Nos últimos dois anos, a estrutura, o escopo, o estilo e o conteúdo dessa versão anterior foram totalmente transformados e ampliados. Esse processo tirou muito proveito da leitura cuidadosa e dos comentários perspicazes de Guillaume Blanc, Gregory Casey, Amaury Dehoux, Raphaël Franck, Martin Fiszbein, Mariko Klasing, Marc Klemp, Julia Lynn, Maria Medellin Esguerra, Petros Milionis, Diego Ramos Toro, Balazs Zelity, Ally Zhu e, sobretudo, Erica Durante.

Sou grato à minha agente literária, Jennifer Joel, cujos comentários inestimáveis e a ampla edição contribuíram muito para a qualidade do livro e para seu maior apelo. Sou grato a Will Hammond (da Penguin Random House, Vintage) e a John Parsley (da Penguin Random House, Dutton), que modificaram ainda mais o escopo e o apelo do livro. Em particular, a minuciosa edição de Will Hammond e seus grandes e divertidos debates sobre muitos dos assuntos e metodologias de pesquisa utilizadas tiveram um tremendo impacto na qualidade do original, bem como na apresentação dos aspectos mais técnicos da teoria e das metodologias empíricas utilizadas.

Referências

ABRAM, Nerilie J.; MCGREGOR, Helen V.; TIERNEY, Jessica E.; EVANS, Michael N.; MCKAY, Nicholas P. e KAUFMAN, Darrell S. "Early onset of industrial-era warming across the oceans and continents". *Nature* 536, n. 7617, 2016, pp. 411–418.

ABRAMOVITZ, Moses e DAVID, Paul A. *American macroeconomic growth in the era of knowledge-based progress: The long-run perspective*, v. 93, 1999.

ACEMOGLU, Daron; CANTONI, Davide; JOHNSON, Simon e ROBINSON, James A. "The Consequences of Radical Reform: The French Revolution". *American Economic Review* 101, n. 7, 2011, pp. 3286–3307.

ACEMOGLU, Daron; JOHNSON, Simon e ROBINSON, James A. "Reversal of Fortune: Geography and institutions in the making of the modern world income distribution". *The Quarterly Journal of Economics* 117, n. 4, 2002, pp. 1231–1294.

ACEMOGLU, Daron; JOHNSON, Simon e ROBINSON, James A. "The Colonial Origins of Comparative Development: An empirical investigation". *American Economic Review* 91, n. 5, 2001, pp. 1369–1401.

ACEMOGLU, Daron e ROBINSON, James A. "Why did the West extend the franchise? Democracy, inequality, and growth in historical perspective". *The Quarterly Journal of Economics* 115, n. 4, 2000, pp. 1167–1199.

ACEMOGLU, Daron e ROBINSON, James A. *Por que as nações fracassam: as origens do poder, da prosperidade e da pobreza*. Rio de Janeiro: Intrínseca, 2022.

ACSÁDI, György; NEMESKÉRI, János e BALÁS, Kornél. *History of human life span and mortality*. Budapeste: Akadémiai Kiadó, 1970.

AGHION, Philippe e HOWITT, Peter. "A Model of Growth Through Creative Destruction", *Econometrica* 60, n. 2, 1992, pp. 323–351.

AIDT, Toke S. e FRANCK, Raphaël. "Democratization under the Threat of Revolution: Evidence from the Great Reform Act of 1832". *Econometrica* 83, n. 2, 2015, pp. 505–547.

AIELLO, Leslie C. e WHEELER, Peter. "The expensive-tissue hypothesis: the brain and the digestive system in human and primate evolution". *Current Anthropology* 36, n. 2, 1995, pp. 199–221.

ALESINA, Alberto; DEVLEESCHAUWER, Arnaud; EASTERLY, William; KURLAT, Sergio e WACZIARG, Romain. "Fractionalization". *Journal of Economic Growth* 8, n. 2, 2003, pp. 155–94.

ALESINA, Alberto e GIULIANO, Paola. "Culture and Institutions". *Journal of Economic Literature* 53, n. 4, 2015, pp. 898–944.

ALESINA, Alberto e GIULIANO, Paola. "The Power of the Family". *Journal of Economic Growth* 15, n. 2, 2010, pp. 93–125.

ALESINA, Alberto; GIULIANO, Paola e NUNN, Nathan. "On the Origins of Gender Roles: Women and the plough". *The Quarterly Journal of Economics* 128, n. 2, 2013, pp. 469–530.

ALESINA, Alberto e FUCHS-SCHÜNDELN, Nicola. "Goodbye Lenin (or not?): The Effect of Communism on People's Preferences". *American Economic Review* 97, n. 4, 2007, pp. 1507–1528.

ALLEN, Robert C. "Progress and Poverty in Early Modern Europe". *The Economic History Review* 56, n. 3, 2003, pp. 403–443.

ALLEN, Robert C. "Agriculture and the Origins of the State in Ancient Egypt". *Explorations in Economic History* 34, n. 2, 1997, pp. 135–154.

ALSAN, Marcella. "The effect of the tsetse fly on African development". *American Economic Review* 105, n. 1, 2015, pp. 382–410.

ANDERSEN, Thomas Barnebeck; BENTZEN, Jeanet; DALGAARD, Carl-Johan e SHARP, Paul. "Pre-reformation roots of the Protestant Ethic". *The Economic Journal* 127, n. 604, 2017, pp. 1756–1793.

ANDERSEN, Thomas Barnebeck; DALGAARD, Carl-Johan e SELAYA, Pablo. "Climate and the Emergence of Global Income Differences". *The Review of Economic Studies* 83, n. 4, 2016, pp. 1334–1363.

ANDREWS, Kehinde. *The New Age of Empire: How Racism and Colonialism Still Rule the World*. Londres: Penguin UK, 2021.

ANG, James B. "Agricultural legacy and individualistic culture". *Journal of Economic Growth* 24, n. 4, 2019, pp. 397–425.

ANGEL, J. Lawrence. "The Bases of Paleodemography". *American Journal of Physical Anthropology* 30, n. 3, 1969, pp. 427-437.

ANGRIST, Joshua D. e PISCHKE, Jörn-Steffen. *Mostly Harmless Econometrics*. Princeton: Princeton University Press, 2008.

AQUINO, São Tomás. *Summa Theologica*. Brighton: Authentic Media Inc., 2012.

ARBATLI, Cemal Eren; ASHRAF, Quamrul H.; GALOR, Oded e KLEMP, Marc. "Diversity and Conflict", *Econometrica* 88, n. 2, 2020, pp. 727–797.

ARIAS, Elizabeth. "United States Life Tables, 2012", 2016.

ARROW, Kenneth J. "Gifts and Exchanges". *Philosophy & Public Affairs*, 1972, pp. 343–362.

ASHRAF, Quamrul e GALOR, Oded. "Genetic diversity and the origins of cultural fragmentation". *American Economic Review* 103, n. 3, 2013, pp. 528–533.

ASHRAF, Quamrul e GALOR, Oded. "The 'Out of Africa' hypothesis, human genetic diversity, and comparative economic development". *American Economic Review* 103, n. 1, 2013, pp. 1–46.

ASHRAF, Quamrul e GALOR, Oded. "Dynamics and stagnation in the Malthusian Epoch". *American Economic Review* 101, n. 5, 2011, pp. 2003–2041.

ASHRAF, Quamrul; GALOR, Oded e KLEMP, Marc. "Population Diversity and Differential Paths of Long-Run Development since the Neolithic Revolution", 2020.

ASHRAF, Quamrul; GALOR, Oded e KLEMP, Marc. "Ancient Origins of the Wealth of Nations". *Handbook of Historical Economics*, Elsevier, 2021.

ASHRAF, Quamrul; GALOR, Oded e ÖZAK, Ömer. "Isolation and development", *Journal of the European Economic Association* 8, n. 2–3, 2010, pp. 401–412.

ASHRAF, Quamrul e MICHALOPOULOS, Stelios. "Climatic fluctuations and the diffusion of agriculture". *Review of Economics and Statistics* 97, n. 3, 2015, pp. 589–609.

ATACK, Jeremy; BATEMAN, Fred; HAINES, Michael e MARGO, Robert A. "Did railroads induce or follow economic growth? Urbanization and population growth in the American Midwest, 1850-1860". *Social Science History* 34, n. 2, 2010, pp. 171–197.

ATKINSON, Quentin D. "Phonemic diversity supports a serial founder effect model of language expansion from Africa". *Science* 332, n. 6027, 2011, pp. 346–349.

BAE, Christopher J.; DOUKA, Katerina e PETRAGLIA, Michael D., "On the origin of modern humans: Asian perspectives". *Science* 358, n. 6368, 2017.

BAIROCH, Paul. "International industrialization levels from 1750 to 1980". *Journal of European Economic History* 11, n. 2, 1982, pp. 269–333.

BAIROCH, Paul. "Geographical structure and trade balance of European foreign trade from 1800 to 1970". *Journal of European Economic History* 3, n. 3, 1974, pp. 557–608.

BANFIELD, Edward C. *The Moral Basis of a Backward Society*. Free Press, 1967.

BAR-YOSEF, Ofer. "The Natufian culture in the Levant, threshold to the origins of agriculture". *Evolutionary Anthropology: Issues, News, and Reviews* 6, n. 5, 1998, pp. 159–177.

BAR-YOSEF, Ofer e VALLA, François R. *Natufian foragers in the Levant: Terminal Pleistocene social changes in Western Asia*, v. 19, Berghahn Books, 2013.

BARLOW, Nora (ed.). *The Autobiography of Charles Darwin 1809-1882*. Londres: Collins, 1958.

BARRO, Robert J. "Determinants of Democracy". *Journal of Political Economy* 107, n. S6, 1999, pp. S158–183.

BARRO, Robert J. "Democracy and growth". *Journal of Economic Growth* 1, n. 1, 1996, pp. 1-27.

BASU, Aparna. *The Growth of Education and Political Development in India, 1898-1920*. Oxford: Oxford University Press, 1974.

BASU, Kaushik. "Child labor: cause, consequence, and cure, with remarks on international labor standards". *Journal of Economic Literature* 37(3), 1999, pp. 1083–1119.

BAUDIN, Thomas; DE LA CROIX, David e GOBBI, Paula E. "Fertility and Childlessness in the United States". *American Economic Review* 105, n. 6, 2015, pp. 1852–1882.

BAZZI, Samuel; FISZBEIN, Martin e GEBRESILASSE, Mesay. "Frontier culture: The roots and persistence of "rugged individualism" in the United States". *Econometrica* 88, n. 6, 2020, pp. 2329–2368.

BECERRA-VALDIVIA, Lorena e HIGHAM, Thomas. "The timing and effect of the earliest human arrivals in North America". *Nature* 584, n. 7819, 2020, pp. 93–97.

BECKER, Gary S. e TOMES, Nigel. "Child Endowments and the Quantity and Quality of Children". *Journal of Political Economy* 84, n. 4, parte 2, 1976, pp. S143–162.

BECKER, Sascha O.; FETZER, Thiemo e NOVY, Dennis. "Who Voted for Brexit? A Comprehensive District-Level Analysis". *Economic Policy* 32, n. 92, 2017, pp. 601–650.

BECKER, Sascha O.; BOECKH, Katrin; HAINZ, Christa e WOESSMANN, Ludger. "The Empire is Dead, Long Live the Empire! Long-Run Persistence of Trust and Corruption in the Bureaucracy". *The Economic Journal* 126, n. 590, 2016, pp. 40–74.

BECKER, Sascha O.; CINNIRELLA, Francesco e WOESSMANN, Ludger. "The Trade-Off Between Fertility and Education: Evidence from Before the Demographic Transition". *Journal of Economic Growth* 15, n. 3, 2010, pp. 177–204.

BECKER, Sascha O. e WOESSMANN, Ludger. "Was Weber Wrong? A Human Capital Theory of Protestant Economic History". *The Quarterly Journal of Economics* 124, n. 2, 2009, pp. 531–596.

BELLWOOD, Peter; FOX, James J. e TYRON, Darrell. *The Austronesians: historical and comparative perspectives*. Camberra: ANU Press, 2006.

BENHABIB, Jess e SPIEGEL, Mark M. "Human Capital and Technology Diffusion". *Handbook of Economic Growth* 1, 2005, pp. 935–966.

BENNETT, Matthew R. *et al.* "Evidence of humans in North America during the Last Glacial Maximum". *Science* 373, n. 6562, 2021, pp. 1528–1531.

BENTZEN, Jeanet Sinding; KAARSEN, Nicolai e WINGENDER, Asger Moll. "Irrigation and autocracy". *Journal of the European Economic Association* 15, n. 1, 2017, pp. 1–53.

BETTI, Lia e MANICA, Andrea. "Human variation in the shape of the birth canal is significant and geographically structured". *Proceedings of the Royal Society* B 285, n. 1889, 2018, 20181807.

BETTI, Lia; CRAMON-TAUBADEL, Noreen von; MANICA, Andrea e LYCETT, Stephen J. "Global geometric morphometric analyses of the human pelvis reveal substantial neutral population history effects, even across sexes". *PloS One* 8, n. 2, 2013: e55909.

BETTI, Lia; BALLOUX, François; AMOS, William; HANIHARA, Tsunehiko e MANICA, Andrea. "Distance from Africa, not climate, explains within-population phenotypic diversity in humans". *Proceedings of the Royal Society B: Biological Sciences* 276, n. 1658, 2009, pp. 809–814.

BIGNON, Vincent e GARCÍA-PEÑALOSA, Cecilia. "Protectionism and the education-fertility trade-off in late 19th century France", 2016.

BISIN, Alberto e VERDIER, Thierry. "The economics of cultural transmission e the dynamics of preferences". *Journal of Economic Theory* 97, n. 2, 2001, pp. 298–319.

BISIN, Alberto e VERDIER, Thierry. "'Beyond the melting pot': cultural transmission, marriage, and the evolution of ethnic and religious traits". *The Quarterly Journal of Economics* 115, n. 3, 2000, pp. 955–988.

BLACKMORE, Susan. "Evolution and Memes: The Human Brain as a Selective Imitation Device". *Cybernetics & Systems* 32, n. 1–2, 2001, pp. 225–255.

BLAYO, Yves. "Mortality in France from 1740 to 1829". *Population* 30, 1975, pp. 123–143.

BLEAKLEY, Hoyt. "Malaria eradication in the Americas: A retrospective analysis of childhood exposure". *American Economic Journal: Applied Economics* 2, n. 2, 2010, pp. 1–45.

BLEAKLEY, Hoyt. "Disease and Development: Evidence from hookworm eradication in the American South". *The Quarterly Journal of Economics* 122, n. 1, 2007, pp. 73–117.

BLEAKLEY, Hoyt e LANGE, Fabian. "Chronic Disease Burden and the Interaction of Education, Fertility, and Growth". *Review of Economics and Statistics* 91, n. 1, 2009, pp. 52–65.

BLEASDALE, Madeleine; RICHTER, Kristine K.; JANZEN, Anneke *et al.* "Ancient proteins provide evidence of dairy consumption in eastern Africa". *Nature Communication* 12, 632, 2021.

BOCKSTETTE, Valerie; CHANDA, Areendam e PUTTERMAN, Louis. "States and markets: The advantage of an early start". *Journal of Economic Growth* 7, n° 4 (2002), pp. 347–369.

BOLT, Jutta; INKLAAR, Robert; DE JONG, Herman e VAN ZANDEN, Jan Luiten. "Rebasing 'Maddison': new income comparisons and the shape of long-run economic development", Maddison Project Database, 2018.

BOLT, Jutta e VAN ZANDEN, Jan Luiten. "The Maddison Project: collaborative research on historical national accounts". *The Economic History Review* 67, n° 3 (2014), pp. 627–651, Maddison Project Database, 2013.

BOSERUP, Ester. *Woman's Role in Economic Development*. Nova York: St. Martin's Press, 1970.

BOSERUP, Ester. *The Conditions of Agricultural Growth: The economics of agrarian change under population pressure*. Londres: Aldine Publishing, 1965.

BOSTOEN, Koen. *The Bantu Expansion*. Oxford: Oxford University Press, 2018.

BOYD, Robert; RICHERSON, Peter J. e HENRICH, Joseph. "The cultural niche: Why social learning is essential for human adaptation". *Proceedings of the National Academy of Sciences* 108, n. Supplement 2, 2011, pp. 10918–10925.

BOTTICINI, Maristella e ECKSTEIN, Zvi. *The Chosen Few: How Education Shaped Jewish History*, vol. 42, Princeton University Press, 2014, pp. 70–1492.

BROWN, John C. e GUINNANE, Timothy W. "Fertility Transition in a Rural, Catholic Population: Bavaria, 1880–1910". *Population Studies* 56, n. 1, 2002, pp. 35–49.

BUGGLE, Johannes C. e DURANTE, Ruben. "Climate Risk, Cooperation and the CoEvolution of Culture and Institutions". *The Economic Journal* 131, n. 637, 2021, pp. 1947–1987.

BURINGH, Eltjo e VAN ZANDEN, Jan Luiten. "Charting the 'Rise of the West': Manuscripts and Printed Books in Europe, a long-term Perspective from the Sixth through Eighteenth Centuries". *The Journal of Economic History* 69, n. 2, 2009, pp. 409–445.

BURNETTE, Joyce. "An Investigation of the Female-Male Wage Gap During the Industrial Revolution in Britain". *The Economic History Review* 50, n. 2, 1997, pp. 257–281.

BYBEE, Joan L. e DAHL, Östen. *The Creation of Tense and Aspect Systems in the Languages of the World*. Amsterdã: John Benjamins, 1989.

CARNEIRO, Robert L. "The Chiefdom: precursor of the state". *The Transition to Statehood in the New World*, 1981, pp. 37–79.

CASEY, Gregory e GALOR, Oded. "Is faster economic growth compatible with reductions in carbon emissions? The role of diminished population growth". *Environmental Research Letters* 12, n. 1, 2017, 014003.

CERVELLATI, Matteo e SUNDE, Uwe. "Human capital formation, life expectancy, and the process of development". *American Economic Review* 95, n. 5, 2005, pp. 1653–1672.

CHANDLER, Tertius. *Four Thousand Years of Urban Growth: An Historical Census*. Nova York: Mellen, 1987.

CHARNOV, Eric L. e ERNEST, S. K. Morgan. "The offspring-size/clutch-size trade-off in mammals". *The American Naturalist* 167, n. 4, 2006, pp. 578–582.

CHAUDHURI, Kurti N. "Foreign trade and balance of payments (1757–1947)". *The Cambridge Economic History of India* 2, 1983, pp. 804–877.

CHEN, M. Keith "The Effect of Language on Economic Behavior: Evidence from Savings Rates, Health Behaviors, and Retirement Assets". *American Economic Review* 103, n. 2, 2013, pp. 690–731.

CHEN, Shuo e KUNG, James Kai-sing. "Of Maize and Men: The Effect of a New World Crop on Population and Economic Growth in China". *Journal of Economic Growth* 21, n. 1, 2016, pp. 71–99.

CHESNAIS, Jean-Claude. *The Demographic Transition: Stages, Patterns and Economic Implications*. Oxford: Oxford University Press, 1992.

CINNIRELLA, Francesco e STREB, Jochen. "The Role of Human Capital and Innovation in Prussian Economic Development". *Journal of Economic Growth* 22, n. 2, 2017, pp. 193–227.

CIPOLLA, Carlo M. *Literacy and Development in the West*, v. 1027. Londres: Penguin, 1969.

CLARK, Gregory. "Microbes and Markets: Was the Black Death an Economic Revolution?". *The Journal of Economic History* 82, n. 2, 2016, pp. 139–165.

CLARK, Gregory. *A Farewell to Alms: A Brief Economic History of the World*, v. 25. Princeton: Princeton University Press, 2008.

CLARK, Gregory e JACKS, David. "Coal and the Industrial Revolution, 1700–1869". *European Review of Economic History* 11, n. 1, 2007, pp. 39–72.

CLARK, Gregory. "The Long March of History: Farm Wages, Population, and Economic Growth, England 1209–1869". *The Economic History Review* 60, n. 1, 2007, pp. 97–135.

CLARKSON, Chris; JACOBS, Zenobia; MARWICK, Ben; FULLAGAR, Richard; WALLIS, Lynley; SMITH, Mike; ROBERTS, Richard G. *et al.* "Human occupation of northern Australia by 65,000 years ago". *Nature* 547, n. 7663, 2017, pp. 306–310.

CLUTTON-BROCK, Tim H. e HARVEY, Paul H. "Primates, Brains and Ecology", *Journal of Zoology* 190, n. 3, 1980, pp. 309–323.

COHEN, Mark Nathan. *Health and the Rise of Civilization*. Yale: Yale University Press, 1989.

COMIN, Diego; EASTERLY, William e GONG, Erick. "Was the Wealth of Nations Determined in 1000 BC?". *American Economic Journal: Macroeconomics* 2, n. 3, 2010, pp. 65–97.

COOK, C. Justin e FLETCHER, Jason M. "High-School Genetic Diversity and Later-Life Student Outcomes: Micro-Level Evidence from the Wisconsin Longitudinal Study". *Journal of Economic Growth* 23, n. 3, 2018, pp. 307–39.

COOK, C. Justin. "The Role of Lactase Persistence in Precolonial Development". *Journal of Economic Growth* 19, n. 4, 2014, pp. 369–406.

COSANDEY, David. *Le Secret de l'Occident*. Paris: Champs-Flammarion, 2007.

CRAFTS, Nicholas F. R. "Duration of Marriage, Fertility and Women's Employment Opportunities in England and Wales in 1911". *Population Studies* 43, n. 2, 1989, pp. 325–335.

CRAFTS, Nicholas F. R. e HARLEY, C. Knick. "Output Growth and the British Industrial Revolution: A Restatement of the Crafts-Harley view". *The Economic History Review* 45, n. 4, 1992, pp. 703–730.

CRAFTS, Nicholas F. R. e THOMAS, Mark. "Comparative advantage in UK manufacturing trade, 1910–1935". *The Economic Journal* 96, n. 383, 1986, pp. 629–645.

CUBBERLEY, Ellwood Patterson. *The History of Education: Educational Practice and Progress Considered as a Phase of the Development and Spread of Western Civilization*. Boston: Houghton Mifflin Company, 1920.

DAHL, Östen e VELUPILLAI, Viveka. "The Future Tense". *The World Atlas of Language Structures Online*, editado por Matthew Dryer e Martin Haspelmath. Munique: Max Planck Institute for Evolutionary Anthropology, 2011.

DALGAARD, Carl Johan; KNUDSEN, Anne Sofie e SELAYA, Pablo. "The bounty of the sea and long-run development". *Journal of Economic Growth* 25, n. 3, 2020, pp. 259–295.

DALGAARD, Carl-Johan; MADSEN, Jakob B. e STRULIK, Holger. "Physiological Constraints and the Transition to Growth: Implications for Comparative Development". *Journal of Economic Growth* 26, n. 3, 2021, pp. 241–289.

DALGAARD, Carl-Johan e STRULIK, Holger. "The Physiological Foundations of the Wealth of Nations". *Journal of Economic Growth* 20, n. 1, 2015, pp. 37–73.

DARLINGTON, Philip J. "Group Selection, Altruism, Reinforcement, and Throwing in Human Evolution". *Proceedings of the National Academy of Sciences* 72, n. 9, 1975, pp. 3748–3752.

DAWKINS, Richard. *O gene egoísta*. São Paulo: Cia. das Letras, 2007.

DE LA CROIX, David; SCHNEIDER, Eric B. e WEISDORF, Jacob. "Childlessness, celibacy and net fertility in pre-industrial England: the middle-class evolutionary advantage". *Journal of Economic Growth* 24, n. 3, 2019, pp. 223–256.

DE LA CROIX, David; DOEPKE, Matthias e MOKYR, Joel. "Clans, guilds, and markets: Apprenticeship institutions and growth in the preindustrial economy". *The Quarterly Journal of Economics* 133, n. 1, 2018, pp. 1–70.

DE PLEIJT, Alexandra; NUVOLARI, Alessandro e WEISDORF, Jacob. "Human capital formation during the first industrial revolution: Evidence from the use of steam engines". *Journal of the European Economic Association* 18, n. 2, 2020, pp. 829–889.

DE PLEIJT, Alexandra e VAN ZANDEN, Jan Luiten. "Two worlds of female labour: gender wage inequality in western Europe, 1300–1800". *The Economic History Review*, 2018.

DELIS, Manthos D.; GAGANIS, Chrysovalantis; HASAN, Iftekhar e PASIOURAS, Fotios. "The effect of board directors from countries with different genetic diversity levels on corporate performance". *Management Science* 63, n. 1, 2017, pp. 231–249.

DELL, Melissa. "The Persistent Effects of Peru's Mining *Mita*", *Econometrica* 78, n. 6, 2010, pp. 1863–1903.

DEPETRIS-CHAUVIN, Emilio e ÖZAK, Ömer. "The origins of the division of labor in pre-modern times". *Journal of Economic Growth*, 2021.

DESMET, Klaus; ORTUÑO-ORTÍN, Ignacio e WACZIARG, Romain. "Culture, ethnicity, and diversity". *American Economic Review* 107, n. 9, 2017, pp. 2479–2513.

DIAMOND, Jared. *Colapso: como as sociedades escolhem o fracasso ou o sucesso*. Rio de Janeiro: Record, 2020.

DIAMOND, Jared M. "Taiwan's gift to the world". *Nature* 403, n. 6771, 2000, pp. 709–710.

DIAMOND, Jared. *Armas, germes e aço: os destinos das sociedades humanas*. Rio de Janeiro: Record, 2017.

DICKENS, Charles. *Oliver Twist*. São Paulo: Hedra, 2011.

DITTMAR, Jeremiah E. "Information Technology and Economic Change: The Impact of the Printing Press". *The Quarterly Journal of Economics* 126, n. 3, 2011, pp. 1133–1172.

DOEPKE, Matthias e ZILIBOTTI, Fabrizio. "Occupational choice and the spirit of capitalism". *The Quarterly Journal of Economics* 123, n. 2, 2008, pp. 747–793.

DOEPKE, Matthias e ZILIBOTTI, Fabrizio. "The Macroeconomics of Child Labor Regulation". *American Economic Review* 95, n. 5, 2005, pp. 1492–1524.

DUNBAR, Robin I. M. "The Social Brain Hypothesis". *Evolutionary Anthropology: Issues, News, and Reviews* 6, n. 5, 1998, pp. 178–190.

DURLAUF, Steven N.; JOHNSON, Paul A. e TEMPLE, Jonathan R. W. "Growth Econometrics", *Handbook of Economic Growth* 1, 2005, pp. 555–677.

DURLAUF, Steven N. e QUAH, Danny T. "The New Empirics of Economic Growth". *Handbook of Macroeconomics* 1, 1999, pp. 235–308.

EASTERLY, William. *The Elusive Quest for Growth: Economists' Adventures and Misadventures in the Tropics*. Cambridge: MIT Press, 2001.

EASTERLY, William e LEVINE, Ross. "The European Origins of Economic Development". *Journal of Economic Growth* 21, n. 3, 2016, pp. 225–257.

EASTERLY, William e LEVINE, Ross. "Africa's Growth Tragedy: Policies and Ethnic Divisions". *The Quarterly Journal of Economics* 112, n. 4, 1997, pp. 1203–1250.

ENGERMAN, Stanley e SOKOLOFF, Kenneth. "Factor Endowments, Institutions, and Differential Paths of Growth Among New World Economies: A View from Economic Historians of the United States". *How Latin America Fell Behind: Essays on the Economic Histories of Brazil and Mexico, 1800–1914*, editado por Stephen Haber, pp. 260–304. Stanford: Stanford University Press, 1997.

ESTEVADEORDAL, Antoni; FRANTZ, Brian e TAYLOR, Alan M. "The rise and fall of world trade, 1870–1939". *The Quarterly Journal of Economics* 118, n. 2, 2003, pp. 359–407.

FANON, Frantz. *Black Skin, White Masks*. Nova York: Grove Press, 2008.

FANON, Frantz. *The Wretched of the Earth*. Nova York: Grove/Atlantic, Inc., 2007.

FELDMAN, Michal; FERNÁNDEZ-DOMÍNGUEZ, Eva; REYNOLDS, Luke; BAIRD, Douglas; PEARSON, Jessica; HERSHKOVITZ, Israel; MAY, Hila *et al.* "Late Pleistocene human genome suggests a local origin for the first farmers of central Anatolia". *Nature Communications* 10, n. 1, 2019, pp. 1–10.

FELDMAN, Naomi E. e DER BEEK, Karine Van. "Skill Choice and Skill Complementarity in Eighteenth Century England". *Explorations in Economic History* 59, 2016, pp. 94–113.

FENSKE, James. "Ecology, Trade, and States in Pre-Colonial Africa". *Journal of the European Economic Association* 12, n. 3, 2014, pp. 612–640.

FERNIHOUGH, A. "Human Capital and the Quantity-Quality Trade-Off During the Demographic Transition". *Journal of Economic Growth* 22, n. 1, 2017, pp. 35–65.

FEWLASS, Helen; TALAMO, Sahra; WACKER, Lukas; KROMER, Bernd; TUNA, Thibaut; FAGAULT, Yoann; BARD, Edouard *et al.* "A 14 C chronology for the Middle to Upper Paleolithic transition at Bacho Kiro Cave, Bulgaria". *Nature Ecology & Evolution*, 2020, pp. 1–8.

FINDLAY, Ronald e O'ROURKE, Kevin H. *Commodity Market Integration, 1500–2000*. Chicago: University of Chicago Press, 2007.

FISCHER, David Hackett. *Albion's Seed: Four British Folkways in America.* Oxford: Oxford University Press, 1989.

FLORA, Peter; KRAUS, Franz e PFENNING, Winfried. *State, Economy, and Society in Western Europe 1815–1975: The growth of industrial societies and capitalist economies*, v. 2. St. James Press, 1983.

FRANCK, Raphaël e GALOR, Oded. "Flowers of Evil or Evil of Flowers? Industrialization and Long-Run Development". *Journal of Monetary Economics*, 2021.

FRANCK, Raphaël e GALOR, Oded. "Technology-skill Complementarity in Early Phases of Industrialization". *The Economic Journal*, 2022.

FRANCK, Raphaël e RAINER, Ilia. "Does the leader's ethnicity matter? Ethnic favoritism, education, and health in sub-Saharan Africa". *American Political Science Review* 106, n. 2, 2012, pp. 294–325.

FU, Qiaomei; MITTNIK, Alissa; JOHNSON, Philip L. F.; BOS, Kirsten; LARI, Martina; BOLLONGINO, Ruth; SUN, Chengkai *et al.* "A revised timescale for human evolution based on ancient mitochondrial genomes". *Current Biology* 23, n. 7, 2013, pp. 553–559.

FUKUYAMA, Francis. *The End of History and The Last Man*. Nova York: Simon and Schuster, 2006.

GALLUP, John Luke; SACHS, Jeffrey D. e MELLINGER, Andrew D. "Geography and economic development". *International Regional Science Review* 22, n. 2, 1999, pp.179–232.

GALOR, Oded. "The Demographic Transition: causes and consequences". *Cliometrica* 6, n. 1, 2012, pp. 1–28.

GALOR, Oded. *Unified Growth Theory*. Princeton: Princeton University Press, 2011.

GALOR, Oded. *Discrete Dynamical Systems*. Nova York: Springer, 2010.

GALOR, Oded. "The Lawrence R. Klein lecture — Comparative economic development: Insights from unified growth theory". *International Economic Review* 51, n. 1, 2010, pp. 1–44.

GALOR, Oded. "From Stagnation to Growth: Unified Growth Theory". *Handbook of Economic Growth* 1, 2005, pp. 171–293.

GALOR, Oded. "Convergence? Inferences from theoretical models". *The Economic Journal* 106, n. 437, 1996, pp. 1056–1069.

GALOR, Oded. "A two-sector overlapping-generations model: A global characterization of the dynamical system". *Econometrica* 60, n. 6, 1992, pp. 1351–1386.

GALOR, Oded e KLEMP, Marc. "Human Genealogy Reveals a Selective Advantage to Moderate Fecundity". *Nature Ecology & Evolution* 3, n. 5, 2019, pp. 853–857.

GALOR, Oded e KLEMP, Marc. "Roots of Autocracy", Working paper n. w23301, National Bureau of Economic Research, 2018.

GALOR, Oded e MOUNTFORD, Andrew. "Trading Population for Productivity: Theory and evidence". *The Review of Economic Studies* 75, n. 4, 2008, pp. 1143–1179.

GALOR, Oded e MOUNTFORD, Andrew. "Trade and the great divergence: the family connection". *American Economic Review* 96, n. 2, 2006: 299–303.

GALOR, Oded e MOAV, Omer. "The neolithic origins of contemporary variations in life expectancy", SSRN 1012650, 2007.

GALOR, Oded e MOAV, Omer. "Das Human-Kapital: A theory of the demise of the class structure". *The Review of Economic Studies* 73, n. 1, 2006, pp. 85–117.

GALOR, Oded e MOAV, Omer. "Natural selection and the evolution of life expectancy", 2005.

GALOR, Oded e MOAV, Omer. "From Physical to Human Capital Accumulation: Inequality and the Process of Development". *The Review of Economic Studies* 71, n. 4, 2004, pp. 1001–1026.

GALOR, Oded e MOAV, Omer. "Natural Selection and the Origin of Economic Growth". *The Quarterly Journal of Economics* 117, n. 4, 2002, pp. 1133–1191.

GALOR, Oded e MOAV, Omer. "Ability-biased technological transition, wage inequality, and economic growth". *The Quarterly Journal of Economics* 115, n. 2, 2000, pp. 469–497.

GALOR, Oded; MOAV, Omer e VOLLRATH, Dietrich. "Inequality in Landownership, the Emergence of Human-Capital Promoting Institutions, and the Great Divergence". *The Review of Economic Studies* 76, n. 1, 2009, pp. 143–179.

GALOR, Oded e MICHALOPOULOS, Stelios. "Evolution and the Growth Process: Natural selection of entrepreneurial traits". *Journal of Economic Theory* 147, n. 2, 2012, pp. 759–780.

GALOR, Oded e ÖZAK, Ömer. "The Agricultural Origins of Time Preference". *American Economic Review* 106, n. 10, 2016, pp. 3064–3103.

GALOR, Oded; ÖZAK, Ömer e SARID, Assaf. "Geographical Roots of the Coevolution of Cultural and Linguistic Traits", SSRN 3284239, 2018.

GALOR, Oded; ÖZAK, Ömer e SARID, Assaf. "Linguistic Traits and Human Capital Formation". *AEA Papers and Proceedings*, v. 110, 2020, pp. 309–313.

GALOR, Oded e RYDER, Harl E. "Existence, uniqueness, and stability of equilibrium in an overlapping-generations model with productive capital". *Journal of Economic Theory* 49, n. 2, 1989, pp. 360–375.

GALOR, Oded e SAVITSKIY, Viacheslav. "Climatic Roots of Loss Aversion", Working Papers 2018-1, Brown University, Department of Economics, 2018.

GALOR, Oded e TSIDDON, Daniel. "Technological progress, mobility, and economic growth". *American Economic Review*, 1997, pp. 363–382.

GALOR, Oded e TSIDDON, Daniel. "The distribution of human capital and economic growth". *Journal of Economic Growth* 2, n. 1, 1997, pp. 93–124.

GALOR, Oded e WEIL, David N. "Population, Technology, and Growth: From Malthusian Stagnation to the Demographic Transition and Beyond". *American Economic Review* 90, n. 4, 2000, pp. 806–828.

GALOR, Oded e WEIL, David N. "The Gender Gap, Fertility, and Growth". *American Economic Review* 86, n. 3, 1996, pp. 374–387.

GALOR, Oded e ZEIRA, Joseph. "Income Distribution and Macroeconomics". *The Review of Economic Studies* 60, n. 1, 1993, pp. 35–52.

GATES, Bill. *How to Avoid a Climate Disaster: The Solutions We Have and the Breakthroughs We Need*. Nova York: Knopf, 2021.

GIAVAZZI, Francesco; PETKOV, Ivan e SCHIANTARELLI, Fabio. "Culture: Persistence and Evolution". *Journal of Economic Growth* 24, n. 2, 2019, pp. 117–154.

GIBBONS, Ann. "How farming shaped Europeans' immunity". *Science* 373, n. 6560, 2021, p. 1186.

GLAESER, Edward L.; LA PORTA, Rafael; LOPEZ-DE-SILANES, Florencio e SHLEIFER, Andrei. "Do Institutions Cause Growth?", *Journal of Economic Growth* 9, n. 3, 2004, pp. 271–303.

GLAESER, Edward L. e SHLEIFER, Andrei. "Legal origins". *The Quarterly Journal of Economics* 117, n. 4, 2002, pp. 1193–1229.

GOLDIN, Claudia. "America's graduation from high school: The evolution and spread of secondary schooling in the twentieth century". *The Journal of Economic History* 58, n. 2, 1998, pp. 345–374.

GOLDIN, Claudia. "Understanding the gender gap: An economic history of American women", n. gold 90–1, National Bureau of Economic Research, 1990.

GOLDIN, Claudia. "Women's Employment and Technological Change: A Historical Perspective". *Computer Chips and Paper Clips: Technology and Women's Employment* 2, 1987, pp. 185–222.

GOLDIN, Claudia e KATZ, Lawrence F. "The legacy of US educational leadership: Notes on distribution and economic growth in the 20th century". *American Economic Review* 91, n. 2, 2001, pp. 18–23.

GONZÁLEZ-FORERO, Mauricio e GARDNER, Andy. "Inference of ecological and social drivers of human brain-size evolution". *Nature* 557, n. 7706, 2018, pp. 554–557.

GONZÁLEZ-FORTES, Gloria; JONES, Eppie R.; LIGHTFOOT, Emma; BONSALL, Clive; LAZAR, Catalin; GRANDAL-D'ANGLADE, Aurora; GARRALDA, María Dolores *et al.* "Paleogenomic evidence for multi-generational mixing between Neolithic farmers and Mesolithic hunter-gatherers in the lower Danube basin". *Current Biology* 27, n. 12, 2017, pp. 1801–1810.

GOODY, Jack. *Technology, Tradition and the State in Africa*. Oxford: Oxford University Press, 1971. Londres: Reprint, Routledge, 2018.

GORDON, Robert J. *The Rise and Fall of American Growth: The US standard of living since the civil war*, v. 70, Princeton University Press, 2017.

GORODNICHENKO, Yuriy e ROLAND, Gerard. "Culture, Institutions, and the Wealth of Nations". *Review of Economics and Statistics* 99, n. 3, 2017, pp. 402–416.

GRANDE, James e STEVENSON, John. *The Opinions of William Cobbett*. Londres: Routledge, 2017.

GREEN, Andy. *Education and State Formation: The Rise of Education Systems in England, France, and the USA*. Nova York: St. Martin's Press, 1990, p. 295.

GREENWOOD, Jeremy; SESHADRI, Ananth e YORUKOGLU, Mehmet. "Engines of liberation". *The Review of Economic Studies* 72, n. 1, 2005, pp. 109–133.

GREIF, Avner. "Contract enforceability and economic institutions in early trade: The Maghribi Traders' Coalition". *American Economic Review*, 1993, pp. 525–548.

GROSMAN, Leore. "The Natufian chronological scheme — New insights and their implications". *Natufian Foragers in the Levant: Terminal Pleistocene social changes in Western Asia*, Archaeological Series 19, 2013, pp. 622–637.

GROSSMAN, Gene M. e HELPMAN, Elhanan. *Innovation and Growth in the Global Economy*. Cambridge: MIT Press, 1991.

GUINNANE, Timothy W. "The Historical Fertility Transition: A Guide for Economists". *Journal of Economic Literature* 49, n. 3, 2011, pp. 589–614.

GUISO, Luigi; SAPIENZA, Paola e ZINGALES, Luigi. "Does Culture Affect Economic Outcomes?". *Journal of Economic Perspectives* 20, n. 2, 2006, pp. 23–48.

GUISO, Luigi; SAPIENZA, Paola e ZINGALES, Luigi. "The Role of Social Capital in Financial Development". *American Economic Review* 94, n. 3, 2004, pp. 526–556.

GURVEN, Michael e KAPLAN, Hillard. "Longevity Among Hunter-Gatherers: A Cross- Cultural Examination". *Population and Development Review* 33, n. 2, 2007, pp. 321–365.

HAIDT, Jonathan. *A mente moralista: Por que pessoas boas são segregadas por política e religião*. Rio de Janeiro: Alta Books, 2020.

HAJNAL, John. "European marriage patterns in perspective", in D. V. Glass e D. E. C. Eversley (eds). *Population in History*. Londres: Arnold, 1965.

HANIHARA, Tsunehiko. "Morphological variation of major human populations based on nonmetric dental traits". *American Journal of Physical Anthropology* 136, n. 2, 2008, pp. 169–182.

HANIOĞLU, M. Şükrü. *A Brief History of the Late Ottoman Empire*. Princeton: Princeton University Press, 2010.

HARARI, Yuval Noah. *Sapiens: Uma breve história da humanidade*. São Paulo: Cia. das Letras, 2020.

HARPENDING, Henry e ROGERS, Alan. "Genetic perspectives on human origins and differentiation". *Annual Review of Genomics and Human Genetics* 1, n. 1, 2000, pp. 361–385.

HARPER, John L.; LOVELL, P. H. e MOORE, K. G. "The shapes and sizes of seeds". *Annual Review of Ecology and Systematics* 1, n. 1, 1970, pp. 327–356.

HARVATI, Katerina; RÖDING, Carolin; BOSMAN, Abel M.; KARAKOSTIS, Fotios A.; GRÜN, Rainer; STRINGER, Chris; KARKANAS, Panagiotis *et al.* "Apidima Cave fossils provide earliest evidence of *Homo sapiens* in Eurasia". *Nature* 571, n. 7766, 2019, pp. 500–504.

HASSAN, Fekri A. "Demographic archaeology". *Advances in Archaeological Method and Theory*. Cambridge: Academic Press, 1981, pp. 225–279.

HAUSMANN, Ricardo; RODRIK, Dani e VELASCO, Andrés. "Growth Diagnostics". *The Washington Consensus Reconsidered: Towards a New Global Governance*, 2008, pp. 324–355.

HAUSMANN, Ricardo; PRITCHETT, Lant e RODRIK, Dani. "Growth Accelerations", *Journal of Economic Growth* 10, n. 4, 2005, pp. 303–329.

HAZAN, Moshe e BERDUGO, Binyamin. "Child Labour, fertility, and Economic Growth". *The Economic Journal* 112, n. 482, 2002, pp. 810–828.

HAZAN, Moshe; WEISS, David e ZOABI, Hosny. "Women's Liberation, Household Revolution", 2021.

HECKMAN, J. J. e WALKER, J. R. "The Relationship Between Wages and Income and the Timing and Spacing of Births: Evidence from Swedish Longitudinal Data". *Econometrica*, 1990, pp. 1411–1441.

HENRICH, Joseph. *The Secret of Our Success: How Culture is Driving Human Evolution, Domesticating our Species, and Making us Smarter*. Princeton: Princeton University Press, 2017.

HERRMANN, Esther; CALL, Josep; HERNÁNDEZ-LLOREDA, María Victoria; HARE, Brian e TOMASELLO, Michael. "Humans have Evolved Specialized Skills of Social Cognition: The Cultural Intelligence Hypothesis". *Science* 317, n. 5843, 2007, pp. 1360–1366.

HERSHKOVITZ, Israel; WEBER, Gerhard W.; QUAM, Rolf; DUVAL, Mathieu; GRÜN, Rainer; KINSLEY, Leslie e AYALON, Avner *et al.* "The earliest modern humans outside Africa", *Science* 359, n. 6374, 2018, pp. 456–459.

HILL, Christopher. *O século das revoluções: 1603–1714*. São Paulo: Unesp, 2012.

HO, Ping-ti. *Studies on the Population of China, 1368–1953*. Cambridge: Harvard University Press, 2013.

HOBBES, Thomas. *Leviatã ou matéria, forma e poder de uma república eclesiástica e civil*. São Paulo: Martins Fontes, 2019.

HOFFMAN, Philip T. *Why Did Europe Conquer the World?*, vol. 54. Princeton: Princeton University Press, 2017.

HOFSTEDE, Geert; HOFSTEDE, Gert Jan e MINKOV, Michael. *Cultures and Organizations: Software of the mind*, vol. 2. Nova York: McGraw Hill, 2005.

HOPKINS, Keith. "On the Probable Age Structure of the Roman Population". *Population Studies* 20, n. 2, 1966, pp. 245–264.

HUBLIN, Jean-Jacques; SIRAKOV, Nikolay; ALDEIAS, Vera; BAILEY, Shara; BARD, Edouard; DELVIGNE, Vincent; ENDAROVA, Elena *et al.* "Initial Upper Palaeolithic *Homo sapiens* from Bacho Kiro Cave, Bulgaria". *Nature*, 2020, pp. 1–4.

HUME, David. *Ensaios morais, políticos e literários*. Rio de Janeiro: Topbooks, 2004.

HUNT, Terry L. e LIPO, Carl P. "Late Colonization of Easter Island". *Science* 311, n. 5767, 2006, pp. 1603–1606.

JACKSON, Tim. *Prosperity Without Growth: Foundations for the economy of tomorrow*. Londres: Taylor & Francis, 2016.

JACOBS, Jane. *The Death and Life of Great American Cities*. Nova York: Vintage, 2016.

JEDWAB, Remi; JOHNSON, Noel D. e KOYAMA, Mark. "Pandemics, Places, and Populations: Evidence from the Black Death". *CEPR Discussion Papers* DP13523, 2019.

JELINEK, Arthur J. "The Tabun cave and Paleolithic man in the Levant". *Science* 216, n. 4553, 1982, pp. 1369–1375.

JONES, Charles I. "R & D-based models of economic growth". *Journal of Political Economy* 103, n. 4, 1995, pp. 759–784.

JONES, Eric. *The European Miracle: Environments, Economies and Geopolitics in the History of Europe and Asia*. Cambridge: Cambridge University Press, 2003.

JOSSERAND, Mathilde; MEEUSSEN, Emma; MAJID, Asifa e DEDIU, Dan. "Environment and culture shape both the colour lexicon and the genetics of colour perception". *Scientific Reports* 11, n. 1, 2021, pp. 1–11.

KANNISTO, Väinö; TURPEINEN, Oiva e NIEMINEN, Mauri. "Finnish Life Tables since 1751". *Demographic Research* 1, 1999.

KANT, Immanuel. *Answering the Question: What is Enlightenment?*, 1784.

KATZ, Ori. "Railroads, Economic Development, and the Demographic Transition in the United States". University Library of Munich (2018).

KENDI, Ibram X. *Stamped from the Beginning: The definitive history of racist ideas in America*. Nova York: Nation Books, 2016.

KETTLEWELL, H. Bernard D. "Selection Experiments on Industrial Melanism in the Lepidoptera". *Heredity* 9, n. 3, 1955, pp. 323–42.

KEYNES, J. M. "A Tract on Monetary Reform". *The Collected Writings of John Maynard Keynes*. Londres: Macmillan Press, 1971.

KLASING, Mariko J. e MILIONIS, Petros. "The International Epidemiological Transition and the Education Gender Gap". *Journal of Economic Growth* 25, n. 1, 2020, pp. 1–50.

KLEMP, Marc P. "Prices, Wages and Fertility in Pre-Industrial England". *Cliometrica* 6, n. 1, 2012, pp. 63–77.

KLEMP, Marc e WEISDORF, Jacob L. "Fecundity, Fertility and the Formation of Human Capital". *The Economic Journal* 129, n. 618, 2019, pp. 925–960.

KLINE, Michelle A. e BOYD, Robert. "Population Size Predicts Technological Complexity in Oceania". *Proceedings of the Royal Society B: Biological Sciences* 277, n. 1693, 2010, pp. 2559–2564.

KREMER, Michael. "Population growth and technological change: One million BC to 1990". *The Quarterly Journal of Economics* 108, n. 3, 1993, pp. 681–716.

KRUPNIK, Igor e MÜLLER-WILLE, Ludger. "Franz Boas and Inuktitut terminology for ice and snow: From the emergence of the field to the 'Great Eskimo Vocabulary Hoax'". *SIKU: Knowing our ice*, Springer, Dordrecht, 2010, pp. 377–400.

KUHN, Thomas S. *The Copernican Revolution: Planetary Astronomy in the Development of Western Thought*, vol. 16. Cambridge: Harvard University Press, 1957.

KUZNETS, Simon. "Quantitative Aspects of the Economic Growth of Nations: X. Level and Structure of Foreign Trade: Long-Term Trends". *Economic Development and Cultural Change* 15, n. 2, parte 2, 1967, pp. 1–140.

LA PORTA, Rafael; LOPEZ-DE-SILANES, Florencio; SHLEIFER, Andrei e VISHNY, Robert W. "Legal Determinants of External Finance". *The Journal of Finance* 52, n. 3, 1997, pp. 1131–1150.

LAGERLÖF, Nils-Petter. "Gender Equality and Long-run Growth". *Journal of Economic Growth* 8, n. 4, 2003, pp. 403–426.

LAGERLÖF, Nils-Petter. "The Galor-Weil model revisited: A quantitative exercise". *Review of Economic Dynamics* 9, n. 1, 2006, pp. 116–142.

LANG, Graeme. "State Systems and the Origins of Modern Science: A Comparison of Europe and China". *East-West Dialog* 2, 1997, pp. 16–30.

LAZARIDIS, Iosif; PATTERSON, Nick; MITTNIK, Alissa; RENAUD, Gabriel; MALLICK, Swapan; KIRSANOW, Karola; SUDMANT, Peter H. *et al.* "Ancient human genomes suggest three ancestral populations for present-day Europeans". *Nature* 513, n. 7518, 2014, pp. 409–413.

LEE, Neil. "Migrant and Ethnic Diversity, Cities and Innovation: Firm Effects or City Effects?". *Journal of Economic Geography* 15, n. 4, 2015, pp. 769–796.

LIPSET, Seymour Martin. "Some social requisites of democracy: Economic development and political legitimacy". *American Political Science Review* 53, n. 1, 1959, pp. 69–105.

LITINA, Anastasia. "Natural land productivity, cooperation and comparative development". *Journal of Economic Growth* 21, n. 4, 2016, pp. 351–408.

LÓPEZ, Saioa; VAN DORP, Lucy e HELLENTHAL, Garrett. "Human dispersal out of Africa: A lasting debate". *Evolutionary Bioinformatics* 11, 2015: EBO-S33489.

LUCAS, Adrienne M. "The impact of malaria eradication on fertility". *Economic Development and Cultural Change* 61, n. 3, 2013, pp. 607–631.

LUCAS, Adrienne M. "Malaria eradication and educational attainment: evidence from Paraguay and Sri Lanka". *American Economic Journal: Applied Economics* 2, n. 2, 2010, pp. 46–71.

LUPYAN, Gary e DALE, Rick. "Language Structure is Partly Determined by Social Structure". *PLoS One* 5, n. 1, 2010.

LUCAS, Robert E. *Lectures on Economic Growth*. Cambridge: Harvard University Press, 2002.

LUCAS JR., Robert E. "On the Mechanics of Economic Development". *Journal of Monetary Economics* 22, n. 1, 1988, pp. 3–42.

MACARTHUR, Robert H. e WILSON, Edward O. *The Theory of Island Biogeography*, vol. 1. Princeton: Princeton University Press, 1970.

MADSEN, Jakob B.; ISLAM, Md. Rabiul e TANG, Xueli. "Was the post-1870 Fertility Transition a Key Contributor to Growth in the West in the Twentieth Century?". *Journal of Economic Growth* 25, n. 4, 2020, pp. 431–454.

MADSEN, Jakob e STRULIK, Holger. "Testing Unified Growth Theory: Technological Progress and the Child Quantity-Quality Trade-off", 2020.

MADSEN, Jakob B.; ROBERTSON, Peter E. e YE, Longfeng. "Malthus Was Right: Explaining a Millennium of Stagnation". *European Economic Review* 118, 2019, pp. 51–68.

MAGGA, Ole Henrik. "Diversity in Saami terminology for reindeer, snow, and ice". *International Social Science Journal* 58, n. 187, 2006, pp. 25–34.

MALONEY, William e CAICEDO, Felipe Valencia. "Engineering Growth: Innovative Capacity and Development in the Americas", n. 6339, CESifo Group Munich, 2017.

MANICA, Andrea; AMOS, William; BALLOUX, François e HANIHARA, Tsunehiko. "The Effect of Ancient Population Bottlenecks on Human Phenotypic Variation". *Nature* 448, n. 7151, 2007, pp. 346–348.

MURTIN, Fabrice e WACZIARG, Romain. "The democratic transition". *Journal of Economic Growth* 19, n. 2, 2014, pp. 141–181.

MATHIESON, Iain; LAZARIDIS, Iosif; ROHLAND, Nadin; MALLICK, Swapan; PATTERSON, Nick; ROODENBERG, Songül Alpaslan; HARNEY, Eadaoin *et al.* "Genome-Wide Patterns of Selection in 230 Ancient Eurasians". *Nature* 528, n. 7583, 2015, pp. 499–503.

MATRANGA, Andrea. "The Ant and the Grasshopper: Seasonality and the Invention of Agriculture", 2017.

MATTHEWS, Robert Charles Oliver; FEINSTEIN, Charles Hilliard e ODLING-SMEE, John C. *British Economic Growth 1856-1973: The post-war period in historical perspective*. Oxford: Oxford University Press, 1982.

MAYSHAR, Joram; MOAV, Omer e NEEMAN, Zvika. "Geography, Transparency, and Institutions". *American Political Science Review* 111, n. 3, 2017, pp. 622–636.

MAYSHAR, Joram; MOAV, Omer e PASCALI, Luigi. "Cereals, Appropriability and Hierarchy". *Journal of Political Economy*, 2022.

MCCLOSKEY, Deirdre Nansen. "The Industrial Revolution: A Survey". *The Economic History of Britain Since 1700*, vol. 1, editado por Roderick C. Floud e D. N. McCloskey. Cambridge: Cambridge University Press, 1981, pp. 103–127.

MCEVEDY, Colin e JONES, Richard. *Atlas of World Population History*. Penguin, 1978.

MCNEILL, W. H. "The Introduction of the Potato into Ireland". *The Journal of Modern History* 21, n. 3, 1949, pp. 218–222.

MEISENZAHL, Ralf R. e MOKYR, Joel. "The Rate and Direction of Invention in the British Industrial Revolution: Incentives and Institutions". *The Rate and Direction of Inventive Activity Revisited*. Chicago: University of Chicago Press, 2011, pp. 443–479.

MELLARS, Paul. "Why did modern human populations disperse from Africa ca. 60,000 years ago? A new model". *Proceedings of the National Academy of Sciences* 103, n. 25, 2006, pp. 9381–9386.

MICHALOPOULOS, Stelios e PAPAIOANNOU, Elias. "Pre-colonial Ethnic Institutions and Contemporary African Development". *Econometrica* 81, n. 1, 2013, pp. 113–152.

MILLER, Geoffrey. *The Mating Mind: How sexual choice shaped the evolution of human nature*. Washington, D.C.: Anchor, 2011.

MISCHEL, Walter; AYDUK, Ozlem; BERMAN, Marc G.; CASEY, B. J.; GOTLIB, Ian H.; JONIDES, John; KROSS, Ethan *et al.* "'Willpower' Over the Life Span: Decomposing Self-Regulation". *Social Cognitive and Affective Neuroscience* 6, n. 2, 2011, pp. 252–256.

MITCH, David. *The Rise of Popular Literacy in Victorian England: The influence of private choice and public policy*. Filadélfia: University of Pennsylvania Press, 1992.

MODELSKI, George. *World Cities: –3000 to 2000*. Faros 2000, 2003.

MOKYR, Joel. "The intellectual origins of modern economic growth". *The Journal of Economic History* 65, n. 2, 2005, pp. 285–351.

MOKYR, Joel. *A Culture of Growth: The origins of the modern economy*. Princeton: Princeton University Press, 2016.

MOKYR, Joel. "The New Economic History and the Industrial Revolution". J. Mokyr (ed.), *The British Industrial Revolution: An Economic Perspective*. Boulder: Westview Press, 1999, pp. 1–127.

MOKYR, Joel. *The Lever of Riches: Technological creativity and economic progress*. Oxford: Oxford University Press, 1992.

MØLLER, Niels Framroze e SHARP, Paul. "Malthus in cointegration space: evidence of a post-Malthusian pre-industrial England". *Journal of Economic Growth* 19, n. 1, 2014, pp. 105–140.

MORELLI, Giovanna; SONG, Yajun; MAZZONI, Camila J.; EPPINGER, Mark; ROUMAGNAC, Philippe; WAGNER, David M.; FELDKAMP,

Mirjam *et al.* "Yersinia pestis genome sequencing identifies patterns of global phylogenetic diversity". *Nature Genetics* 42, n. 12, 2010, pp. 1140–1143.

MORENO-MAYAR, J. Víctor; POTTER, Ben A.; VINNER, Lasse; STEINRÜCKEN, Matthias; RASMUSSEN, Simon; TERHORST, Jonathan; KAMM, John A. *et al.* "Terminal Pleistocene Alaskan genome reveals first founding population of Native Americans". *Nature* 553, n. 7687, 2018, pp. 203–207.

MORRIS, Ian. *Social Development.* Palo Alto: Stanford University, 2010.

MORRIS, Ian. *Why the West Rules — For Now: The Patterns of History and What They Reveal About The Future.* Londres: Profile, 2010.

MURDOCK, George Peter. "Ethnographic atlas: a summary". *Ethnology* 6, n. 2, 1967, pp. 109–236.

MURPHY, T. E. "Old Habits Die Hard (Sometimes)". *Journal of Economic Growth* 20, n. 2, 2015, pp. 177–222.

NARDINELLI, Clark. "Child Labor and the Factory Acts". *The Journal of Economic History* 40, n. 4, 1980, pp. 739–755.

NEEL, James V. "Diabetes Mellitus: a "Thrifty" Genotype Rendered Detrimental by "Progress"?". *American Journal of Human Genetics* 14, n. 4, 1962, p. 353.

NELSON, Richard R. e PHELPS, Edmund S. "Investment in Humans, Technological Diffusion, and Economic Growth". *American Economic Review* 56, n. ½, 1966, pp. 69–75.

NORTH, Douglass C. e THOMAS, Robert Paul. "The First Economic Revolution". *The Economic History Review* 30, n. 2, 1977, pp. 229–241.

NORTH, Douglass. *Instituições, Mudança Institucional e Desempenho Econômico.* São Paulo: Três Estrelas, 2018.

NUNN, Nathan. "The long-term effects of Africa's slave trades". *The Quarterly Journal of Economics* 123, n. 1, 2008, pp. 139–176.

NUNN, Nathan e PUGA, Diego. "Ruggedness: The Blessing of Bad Geography in Africa". *Review of Economics and Statistics* 94, n. 1, 2012, pp. 20–36.

NUNN, Nathan e WANTCHEKON, Leonard. "The Slave Trade and the Origins of Mistrust in Africa". *American Economic Review* 101, n. 7, 2011, pp. 3221–3252.

NUNZIATA, Luca e ROCCO, Lorenzo. "The Protestant ethic and entrepreneurship: Evidence from religious minorities in the former Holy Roman Empire". *European Journal of Political Economy* 51, 2018, pp. 27–43.

NUNZIATA, Luca e ROCCO, Lorenzo. "A tale of minorities: evidence on religious ethics and entrepreneurship". *Journal of Economic Growth* 21, n. 2, 2016, pp. 189–224.

OCDE (2017), Expectativa de vida no nascimento (indicador).

OFEK, Haim. *Second Nature: Economic Origins of Human Evolution.* Cambridge: Cambridge University Press, 2001.

Ó'GRÁDA, Cormac. *The Great Irish Famine*, n° 7. Cambridge: Cambridge University Press, 1995.

Ó'GRÁDA, Cormac. "The population of Ireland 1700–1900: a survey". *Annales de démographie historique*, Société de Demographie Historique, 1979, pp. 281–299.

OLSSON, Ola e HIBBS JR., Douglas A. "Biogeography and long-run economic development". *European Economic Review* 49, n. 4, 2005, pp. 909–938.

O'ROURKE, Kevin H. e WILLIAMSON, Jeffrey G. *Globalization and History: The evolution of a nineteenth-century Atlantic economy*. MIT Press, 1999.

OTTAVIANO, Gianmarco I. P. e PERI, Giovanni. "The Economic Value of Cultural Diversity: Evidence from US Cities". *Journal of Economic Geography* 6, n. 1, 2006, pp. 9–44.

PALMER, Robert. "Church of the Sonic Guitar". *Present Tense: Rock & Roll and Culture*, editado por Anthony DeCurtis. Durham: Duke University Press, 1992, pp. 13–38.

PAPAIOANNOU, Elias e SIOUROUNIS, Gregorios. "Democratisation and growth". *The Economic Journal* 118, n. 532, 2008, pp. 1520–1551.

PARKER, Andrew R. "On the Origin of Optics". *Optics & Laser Technology* 43, n. 2, 2011, pp. 323–329.

PASCALI, Luigi. "The Wind of Change: Maritime Technology, Trade, and Economic Development". *American Economic Review* 107, n. 9, 2017, pp. 2821–2854.

PEMBERTON, Trevor J.; DEGIORGIO, Michael e ROSENBERG, Noah A. "Population Structure in a Comprehensive Genomic Data Set on Human Microsatellite Variation". *G3: Genes, Genomes, Genetics* 3, n. 5, 2013, pp. 891–907.

PERSSON, Torsten, e TABELLINI, Guido. "Democracy and development: The devil in the details". *American Economic Review* 96, n. 2, 2006, pp. 319–324.

PERSSON, Torsten, e TABELLINI, Guido. *Political Economics: Explaining economic policy*. Cambridge: MIT Press, 2002.

PIKETTY, Thomas. *O capital no século XXI*. Rio de Janeiro: Intrínseca, 2014.

PINKER, Steven. "Language as an Adaptation to the Cognitive Niche". *Studies in the Evolution of Language* 3, 2003, pp. 16–37.

PINKER, Steven. *O novo Iluminismo: Em defesa da razão, da ciência e do humanismo*. São Paulo: Cia. das Letras, 2018.

POMERANZ, Kenneth. *The Great Divergence: China, Europe, and the Making of the Modern World Economy*, v. 28. Princeton: Princeton University Press, 2009.

POPPER, Karl. *A sociedade aberta e seus inimigos*. São Paulo: Edusp, 1987.

POZNIK, G. David; HENN, Brenna M.; YEE, Muh-Ching; SLIWERSKA, Elzbieta; EUSKIRCHEN, Ghia M.; LIN, Alice A.; SNYDER, Michael *et al.* "Sequencing Y Chromosomes Resolves Discrepancy in Time to Common Ancestor of Males Versus Females". *Science* 341, n. 6145, 2013, pp. 562–565.

PRUGNOLLE, Franck; MANICA, Andrea e BALLOUX, François. "Geography predicts neutral genetic diversity of human populations". *Current Biology* 15, n. 5, 2005, R159–60.

PUTNAM, Robert D.; LEONARDI, Robert e NANETTI, Raffaella Y. *Making Democracy Work: Civic traditions in modern Italy*. Princeton: Princeton University Press, 1994.

PUTTERMAN, Louis e WEIL, David N. "Post-1500 Population Flows and the Long-Run Determinants of Economic Growth and Inequality". *The Quarterly Journal of Economics* 125, n. 4, 2010, pp. 1627–1682.

PUTTERMAN, Louis. "Agriculture, Diffusion and Development: Ripple Effects of the Neolithic Revolution". *Economica* 75, n. 300, 2008, pp. 729–748.

QUATAERT, Donald. *The Ottoman Empire, 1700–1922*. Cambridge: Cambridge University Press, 2005.

RAMACHANDRAN, Sohini; DESHPANDE, Omkar; ROSEMAN, Charles C.; ROSENBERG, Noah A.; FELDMAN, Marcus W. e CAVALLI-SFORZA, L. Luca. "Support from the relationship of genetic and geographic distance in human populations for a serial founder effect originating in Africa". *Proceedings of the National Academy of Sciences* 102, n. 44, 2005, pp. 15942–15947.

RAMOS-TORO, Diego. "Social Cohesion and Carbon Emissions", 2017.

RICHERSON, Peter J.; BOYD, Robert e HENRICH, Joseph. "Gene-Culture Coevolution in the Age of Genomics". *Proceedings of the National Academy of Sciences* 107, Supplement 2, 2010, pp. 8985–8992.

RIDLEY, Matt. "The Rational Optimist: How Prosperity Evolves". *Brock Education: A Journal of Educational Research and Practice* 21, n. 2, 2012.

ROBERTS, Seán e WINTERS, James. "Social Structure and Language Structure: The New Nomothetic Approach". *Psychology of Language and Communication* 16, n. 2, 2012, pp. 89–112.

RODRIK, Dani. "Goodbye Washington Consensus, Hello Washington Confusion? A Review of the World Bank's Economic Growth in the 1990s: Learning from a Decade of Reform". *Journal of Economic Literature* 44, n. 4, 2006, pp. 973–987.

ROEBROEKS, Wil e VILLA, Paola. "On the earliest evidence for habitual use of fire in Europe". *Proceedings of the National Academy of Sciences* 108, n. 13, 2011, pp. 5209–5214.

ROMER, Paul M. "Endogenous Technological Change". *Journal of Political Economy* 98, n. 5, Part 2, 1990, S71–102.

ROSENBERG, N. e TRAJTENBERG, M. "A General-Purpose Technology at Work: The Corliss Steam Engine in the Late-Nineteenth-Century United States". *The Journal of Economic History* 64, n. 1, 2004, pp. 61–99.

ROSER, Max; RITCHIE, Hannah e ORTIZ-OSPINA, Esteban. "Life Expectancy", Our World in Data, 2019.

ROSER, Max; RITCHIE, Hannah e ORTIZ-OSPINA, Esteban. "World Population Growth", Our World in Data, 2019.

RUBIN, Jared. *Rulers, Religion, and Riches: Why the West Got Rich and the Middle East Did Not*. Cambridge: Cambridge University Press, 2017.

SACHS, Jeffrey D. "Government, geography, and growth: The true drivers of economic development". *Foreign Affairs* 91, n. 5, 2012, pp. 142–150.

SACHS, Jeffrey e MALANEY, Pia. "The Economic and Social Burden of Malaria", *Nature* 415, n. 6872, 2002, pp. 680–685.

SCHULTZ, T. P. "Changing World Prices, Women's Wages, and the Fertility Transition: Sweden, 1860–1910". *Journal of Political Economy* 93, n. 6, 1985, pp. 1126–1154.

SCOTT, James C. *Against the Grain: A Deep History of the Earliest States*. New Haven: Yale University Press, 2017.

SÉGUREL, Laure e BON, Céline. "On the evolution of lactase persistence in humans", *Annual Review of Genomics and Human Genetics* 18, 2017.

SHIMELMITZ, Ron; GROMAN-YAROSLAVSKI, Iris; WEINSTEIN-EVRON, Mina e ROSENBERG, Danny. "A Middle Pleistocene abrading tool from Tabun Cave, Israel: A search for the roots of abrading technology in human evolution". *Journal of Human Evolution* 150, 2020, 102909.

SHIUE, Carol H. "Human Capital and Fertility in Chinese Clans Before Modern Growth", *Journal of Economic Growth* 22, n. 4, 2017, pp. 351–396.

SHODA, Yuichi; MISCHEL, Walter e PEAKE, Philip K. "Predicting Adolescent Cognitive and Self-Regulatory Competencies from Preschool Delay of Gratification: Identifying Diagnostic Conditions". *Developmental Psychology* 26, n. 6, 1990, p. 978.

SIMON, Julian Lincoln. *The Economics of Population Growth*. Princeton University Press, 1977.

SKOGLUND, Pontus; MALMSTRÖM, Helena; OMRAK, Ayça; RAGHAVAN, Maanasa; VALDIOSERA, Cristina; GÜNTHER, Torsten; HALL, Per *et al.* "Genomic diversity and admixture differs for Stone-Age Scandinavian foragers and farmers". *Science* 344, n. 6185, 2014, pp. 747–750.

SNIR, Ainit; NADEL, Dani; GROMAN-YAROSLAVSKI, Iris; MELAMED, Yoel; STERNBERG, Marcelo; BAR-YOSEF, Ofer e WEISS, Ehud. "The Origin of Cultivation and Proto-Weeds, Long before Neolithic Farming". *PLoS One* 10, n. 7, 2015.

SNYDER, Timothy. *Black Earth: The Holocaust as History and Warning*. Nova York: Tim Duggan Books, 2015.

SOKOLOFF, Kenneth L. e ENGERMAN, Stanley L. "Institutions, Factor Endowments, and Paths of Development in the New world". *Journal of Economic Perspectives* 14, n. 3, 2000, pp. 217–232.

SPOLAORE, Enrico e WACZIARG, Romain. "How Deep are the Roots of Economic Development?". *Journal of Economic Literature* 51, n. 2, 2013, pp. 325–369.

SPOLAORE, Enrico e WACZIARG, Romain. "The Diffusion of Development". *The Quarterly Journal of Economics* 124, n. 2, 2009, pp. 469–529.

SQUICCIARINI, Mara P. e VOIGTLÄNDER, Nico. "Human Capital and Industrialization: Evidence from the Age of Enlightenment". *The Quarterly Journal of Economics* 130, n. 4, 2015, pp. 1825–1883.

STAHLBERG, Dagmar; BRAUN, Friederike; IRMEN, Lisa e SCZESNY, Sabine. "Representation of the Sexes in Language". *Social Communication* (2007), pp. 163–187.

STEINBAUER, Friedrich. *Melanesian Cargo Cults: New salvation movements in the South Pacific*. Brisbane: University of Queensland Press, 1979.

STEWARD, Julian Haynes. *Theory of Culture Change: The methodology of multilinear evolution*. Champaign: University of Illinois Press, 1972.

TALHELM, Thomas; ZHANG, Xiao; OISHI, Shige; SHIMIN, Chen; DUAN, Dechao; LAN, Xiaoli e KITAYAMA, Shinobu. "Large-scale psychological differences within China explained by rice versus wheat agriculture". *Science* 344, n°. 6184, 2014, pp. 603–608.

TAYLOR, Walter W. "Storage and the Neolithic Revolution". *Estudios Dedicados al Professor Dr. Luis Pericot*, editado por Edwardo Ropillo, Universidad de Barcelona, Instituto de Arqueología y Prehistoria, 1973, pp. 193–1977.

TESTART, Alain; FORBIS, Richard G.; HAYDEN, Brian; INGOLD, Tim; PERLMAN, Stephen M.; POKOTYLO, David L.; ROWLEY-CONWY, Peter e STUART, David E. "The Significance of Food Storage among Hunter-Gatherers: Residence Patterns, Population Densities, and Social Inequalities". *Current Anthropology* 23, n. 5, 1982, pp. 523–537.

TVERSKY, Amos e KAHNEMAN, Daniel. "Loss Aversion in Riskless Choice: A Reference-Dependent Model". *The Quarterly Journal of Economics* 106, n. 4, 1991, pp. 1039–1061.

UNITED Nations, World Population Prospects, 2017.

UNITED Nations, Human Development Report, 2018.

UNITED States Bureau of the Census, and United States, Congress House. *Historical Statistics of the United States, Colonial Times to 1970*, n. 93, US Department of Commerce, Bureau of the Census, 1975. (Departamento de Comércio dos Estados Unidos, Escritório do Censo, 1975.)

VALLIN, Jacques e MESLÉ, France. *French Mortality Tables for XIXe and XXe Centuries and Projections for the Twenty First Century*, Données statistiques, n. 4, French Institute for Demographic Studies, 2001.

VAQUERO, J. M. e Gallego, M. C. "Two Early Observations of Aurora at Low Latitudes". *Annales Geophysicae* 19, n. 7, 2001, pp. 809–811.

VOGL, Tom S. "Differential fertility, human capital, and development". *The Review of Economic Studies* 83, n. 1, 2016, pp. 365–401.

VOIGTLÄNDER, Nico e VOTH, Hans-Joachim. "How the West 'Invented' Fertility Restriction". *American Economic Review* 103, n. 6, 2013, pp. 2227–2264.

VOIGTLÄNDER, Nico e VOTH, Hans-Joachim. "Why England? Demographic Factors, Structural Change and Physical Capital Accumulation During the Industrial Revolution". *Journal of Economic Growth* 11, n. 4, 2006, pp. 319–361.

VON CRAMON-TAUBADEL, Noreen, e LYCETT, Stephen J. "Brief Communication: Human Cranial Variation Fits Iterative Founder Effect Model with African Origin". *American Journal of Physical Anthropology* 136, n. 1, 2008, pp. 108–113.

WALKER, Robert S.; GURVEN, Michael; BURGER, Oskar e HAMILTON, Marcus J. "The trade-off between number and size of offspring in humans and other primates". *Proceedings of the Royal Society B: Biological Sciences* 275, n. 1636, 2008, pp. 827–834.

WALLSTEN, Scott. "Ringing in the 20th Century: The Effects of State Monopolies, Private Ownership, and Operating Licenses On Telecommunications in Europe, 1892–1914". SSRN, 2001.

WATERS, Michael R. "Late Pleistocene exploration and settlement of the Americas by modern humans". *Science* 365, n. 6449, 2019.

WANAMAKER, M. H. "Industrialization and Fertility in the Nineteenth Century: Evidence from South Carolina". *The Journal of Economic History* 72, n. 1, 2012, pp. 168–196.

WEISDORF, Jacob L. "From Foraging to Farming: Explaining the Neolithic Revolution". *Journal of Economic Surveys* 19, n. 4, 2005, pp. 561–586.

WEISS, Ehud; KISLEV, Mordechai E.; SIMCHONI, Orit; NADEL, Dani e TSCHAUNER, Hartmut. "Plant-Food Preparation Area on an Upper Paleolithic Brush Hut floor at Ohalo II, Israel". *Journal of Archaeological Science* 35, n. 8, 2008, pp. 2400–2414.

WESLEY, John. "Sermon 50: The Use of Money". *The Sermons of John Wesley*, editado por Thomas Jackson, 1872.

WEST, Barbara A. *Encyclopedia of the Peoples of Asia and Oceania*. Nova York: Infobase Publishing, 2010.

WESTAWAY, Kira E.; LOUYS, J.; DUE AWE, R.; MORWOOD, Michael J.; PRI-
DE, Gilbert J.; ZHAO, J-X.; AUBERT, Maxime *et al*. "An Early Modern Human Presence in Sumatra 73,000–63,000 years ago". *Nature* 548, n. 7667,
2017, pp. 322–325.

WHITE, Leslie A. *The Evolution of Culture: The development of civilization to
the fall of Rome*. Nova York: McGraw-Hill, 1959.

WIESENFELD, Stephen L. "Sickle-cell Trait in Human Biological and Cultural
Evolution: Development of Agriculture Causing Increased Malaria Is Bound
to Gene-pool Changes Causing Malaria Reduction". *Science* 157, n. 3793,
1967, pp. 1134–1140.

WITTFOGEL, K. A. *The Hydraulic Civilizations*. Chicago: University of Chicago Press, 1956.

WOODHAM-SMITH, Cecil. *The Great Hunger: Ireland 1845–9*. Londres: Penguin, 1962.

WORLD Bank, World Development Indicators (WDI), 2017.

WORLD Health Organization. *Life Expectancy Data by WHO Region*, 2016.

WORSLEY, Peter. "The trumpet shall sound: a study of 'cargo' cults in Mela-
nesia", 1957.

WRANGHAM, Richard e CONKLIN-BRITTAIN, NancyLou. "Cooking as a
biological trait". *Comparative Biochemistry and Physiology Part A: Mole-
cular & Integrative Physiology* 136, n. 1, 2003, pp. 35–46.

WRIGLEY, Edward Anthony; DAVIES, Ros S.; OEPPEN, James E. e SCHO-
FIELD, Roger S. *English Population History from Family Reconstitution
1580–1837*. Cambridge: Cambridge University Press, 1997.

WRIGLEY, Edward Anthony e SCHOFIELD, Roger. *The Population History of
England 1541–1871*. Cambridge: Cambridge University Press, 1981.

Notas

Mistérios da jornada humana

1 Hobbes (1651). • 2 Fontes de dados: banco de dados do projeto Maddison (2010, 2013, 2018); Bolt e van Zanden (2014); Bolt *et al.* (2018); Roser *et al.* (2019): https://ourworldindata.org/life-expectancy. • 3 Fontes de dados: Bolt e van Zanden (2014); Bolt *et al.* (2018). • 4 Galor (2011). • 5 Alguns desses grandes eventos foram explorados por Diamond (1997) e Harari (2014). • 6 Acemoglu e Robinson (2012); Alesina e Giuliano (2015). • 7 Fontes de dados: Bolt *et al.* (2018). Colônias ocidentais: Austrália, Canadá, Nova Zelândia e Estados Unidos. • 8 Popper (1945). • 9 Pinker (2018).

Capítulo 1: Primeiros passos

1 Jelinek (1982). • 2 Roebroeks e Villa (2011); Shimelmitz *et al.* (2021). • 3 Parker (2011). • 4 Clutton-Brock *et al.* (1980); González-Forero e Gardner (2018). • 5 Dunbar (1998); Ofek (2001). • 6 Herrmann *et al.* (2007); Henrich (2017). • 7 Miller (2011). • 8 Aiello e Wheeler (1995); Wranham (2003). • 9 Darlington (1975). • 10 Mellars (2006). • 11 Hershkovitz *et al.* (2018); Harvati *et al.* (2019). • 12 Bae *et al.* (2017). • 13 Poznik *et al.* (2013). • 14 Fu *et al.* (2013). • 15 López *et al.* (2015). • 16 Westaway *et al.* (2017). • 17 Clarkson *et al.* (2017). • 18 Hublin *et al.* (2020); Fewlass *et al.* (2020). • 19 Moreno-Mayar *et al.* (2018); Walters (2019); Becerra-Valdivia e Higham (2020); Bennett *et al.* (2021). • 20 Bar-Yosef (1998); Bar-Yosef e Valla (2013); Grossman (2013). • 21 Diamond (1997). • 22 *Ibid.* • 23 Haidt (2012). • 24 Modelski (2003); Morris (2010). • 25 Chandler (1987); Morris (2010); Modelski (2003); Vaquero e Gallego (2001). • 26 Ségurel e Bon (2017); Bleasdale *et al.* (2021). • 27 Ségurel e Bon (2017). • 28 Wiesenfeld (1967); Gibbons (2011).

Capítulo 2: Perdidos na estagnação

1 Diamond (1997); Comin, Easterly e Gong (2010); Ashraf e Galor (2011). • 2 Ashraf e Galor (2011); Dalgaard e Strulik (2015); Madsen *et al.* (2019).

• 3 Cohen (1989). • 4 Ashraf e Galor (2011). • 5 Hunt e Lipo (2006). • 6 West (2010). • 7 Diamond (2005). • 8 Weisdorf (2005); Ashraf e Michalopoulos (2015); Matranga (2019). • 9 Diamond (1997). • 10 Morelli *et al.* (2010). • 11 Jedwab *et al.* (2019). • 12 Foto © José Luiz Bernades Ribeiro / CC BY-SA 4.0 / Fonte: Wikimedia Commons. • 13 McNeill (1949); Fukayama (2006). • 14 Ó'Grada (1979). • 15 Woodham-Smith (1962). • 16 Fontes de dados: Clark (2007); Clark (2016); Wrigley *et al.* (1997). • 17 Chen e Kung (2016). • 18 Ho (2013). • 19 Angrist e Pischke (2008). • 20 *Ibid.* • 21 Clark (2008). • 22 Angel (1969). • 23 Acsádi et al. (1970); Hassan (1981); Galor e Moav (2005). • 24 Hopkins (1966). • 25 Wrigley e Schofield (1981). • 26 Blayo (1975). • 27 Base de Dados de Mortalidade Humana, Universidade da Califórnia, Berkeley (EUA), e Instituto Max Planck para Pesquisa Demográfica (Alemanha). • 28 Kannisto *et al.* (1999). • 29 Fonte de dados: Bolt *et al.* (2018).

Capítulo 3: A tempestade abaixo da superfície

1 Copérnico, citado em Kuhn (1957). • 2 Galor (2011). • 3 *Ibid.*; Galor e Weil (2000); Galor e Moav (2002); Galor e Mountford (2008). • 4 Simon (1977); Kremer (1993). • 5 Fontes de dados: Hyde (base de dados de História do Meio Ambiente Global); Roser *et al.* (2019): https://ourworldindata.org/world-population-growth. • 6 Kline e Boyd (2010). • 7 Richerson *et al.* (2011). • 8 Galor e Weil (2000); Lagerlöf (2006); • 9 Galor e Moav (2002). • 10 Barlow (1958). • 11 Kettlewell (1955). •12 Mathieson *et al.* (2015). • 13 Bisin e Verdier (2000, 2001); Doepke e Zilibotti (2008); Galor e Michalopoulos (2012). • 14 MacArthur e Wilson (1970). • 15 Harper *et al.* (1970); Charnov e Morgan (2006); Walker *et al.* (2008). • 16 Galor e Klemp (2019). • 17 De la Croix *et al.* (2019).

Capítulo 4: A todo vapor

1 Dickens (1868). • 2 McCloskey (1981). • 3 Crafts e Harley (1992). • 4 Rosenberg e Trajtenberg (2004). • 5 Pascali (2017). • 6 New York Herald (1879). • 7 Allen (2003). • 8 Mokyr (1992). • 9 Dittmar (2011). • 10 Buringh e van Zanden (2009). • 11 Dittmar (2011). • 12 Fonte de dados: https://ourworldindata.org/literacy. • 13 Mitch (1992). • 14 Flora *et al.* (1983). • 15 Cipolla (1969). • 16 Green (1990). • 17 Flora *et al.* (1983). • 18 Cubberley (1920); Green (1990). • 19 Abramovitz e David (1999); Goldin e Katz (2001). • 20 Goldin (1988). • 21 Franck e Galor (2022). • 22 De Pleijt *et al.* (2020). • 23 Katz (2018). • 24 Atack *et al.* (2010). • 25 Nelson e Phelps (1966). • 26 Meisenzahl e Mokyr (2011). • 27 Feldman e van der Beek (2016); De la Croix *et al.* (2018). • 28 Nelson e Phelps (1966). • 29 Cinnirella e Streb (2017). • 30 Squicciarini e Voigtländer (2015). • 31 Maloney e Valencia Caicedo (2017). • 32 Benhabib e Spiegel (2005). • 33 Acemoglu e Robinson (2000); Aidt e Franck (2015). • 34 Galor e Moav (2006). • 35 Galor e Tsiddon (1997); Galor e Moav (2000). • 36 Green (1990). • 37 *Ibid.* • 38 Galor e Moav (2006). • 39 Galor *et al.*

(2009). • 40 *Ibid.* • 41 Basu (1999). • 42 Foto de Lewis Hine. Fonte: Biblioteca do Congresso. Wikimedia Commons. • 43 Hazan e Berdugo (2002); Doepke e Zilibotti (2005). • 44 Nardinelli (1980). • 45 Fonte de dados: https://ourworldindata.org/child-labor. • 46 Doepke e Zilibotti (2005). • 47 Pinker (2018).

Capítulo 5: Metamorfose

1 Fonte de dados: https://ourworldindata.org/fertility-rate. • 2 Jones e Tertlit (2009). • 3 Galor (2005); Cervellati e Sunde (2005); Voigtlander e Voth (2006). • 4 Fonte de dados: Chesnais (1992). • 5 Grande e Stevenson (2017). • 6 Hanjal (1965); Guinnane (2011); Voigtlander e Voth (2013). • 7 Potts e Campbell (2002). • 8 Collier (2010). • 9 Galor e Weil (2000); Becker e Tomes (1976). • 10 Botticini e Eckstein (2014). • 11 Galor (2012); Vogl (2016). • 12 Becker *et al.* (2010). • 13 Bleakley e Lange (2009). • 14 Fernihough (2017); Murphy (2015); Andersen *et al.* (2016); Vogl (2016). • 15 Klemp e Weisdorf (2019). • 16 Shiue (2017). • 17 Goldin (1990). • 18 Cipolla (1969). • 19 Schultz (1985). • 20 Greenwood *et al.* (2005); Hazan *et al.* (2021). • 21 Wrigley e Schofield (1989); Burnette (1997). • 22 Goldin (1990). • 23 Goldin (1987). • 24 Galor e Weil (1996), Lagerlof (2003); De la Croix *et al.* (2015). • 25 Crafts (1989). • 26 Brown e Guinnane (2002). • 27 Wanamaker (2012). • 28 Schultz (1985); Heckman e Walker (1990).

Capítulo 6: A terra prometida

1 Gordon (2017). • 2 Fontes de dados: Wrigley e Schofield (1981); Arias (2016); Blayo (1975); Vallin e Meslé (2001); Nações Unidas (2017); Kannisto *et al.* (1999); OCDE (2017); Banco de Dados de Mortalidade Humana, Universidade da Califórnia, Berkeley (EUA) e Instituto Max Planck para Pesquisa Demográfica (Alemanha); Organização Mundial da Saúde (2016). • 3 Bleakley (2010); Lucas (2010). • 4 Fonte de dados: Estados Unidos, Departamento do Censo, e Estados Unidos. • 5 Wallsten (2001). • 6 Fontes de dados: banco de dados do projeto Maddison (2020); Bolt e van Zandan (2020). • 7 Fonte de dados: World Economic Outlook, 2018, FMI. • 8 Fonte de dados: Office for National Statistics (ONS), Reino Unido. • 9 Fonte de dados: Bureau of Labor Statistics. • 10 Fonte de dados: World Economic Outlook, FMI (2018). • 11 Franck e Galor (2020). • 12 Becker *et al.* (2017). • 13 Franck e Galor (2020). • 14 Fonte de dados: WDI, Banco Mundial. • 15 *Ibid.* • 16 Keynes (1971). • 17 Abram *et al.* (2016). • 18 Jackson (2016). • 19 Casey e Galor (2017). • 20 Gates (2021).

Capítulo 7: Esplendor e miséria

1 Fontes de dados: WDI, Banco Mundial (2017); Nações Unidas (2018). • 2 PIB *per capita* ajustado pelo poder de compra. Fontes de dados: https://www.cdc.gov;

https://www.census.gov. • 3 *Ibid*. • 4 Fonte de dados: WDI, Banco Mundial (2017). • 5 Romer (1990); Aghion e Howitt (1992); Grossman e Helpman (1991); Jones (1995); Lucas (1988, 2002). • 6 Fontes de dados: Bolt *et al.* (2018); Durlauf e Quah (1999); Duraluf *et al.* (2005). • 7 Easterly (2001); Hausmann *et al.* (2005). • 8 Estavadeordal *et al.* (2002). • 9 Findlay e O'Rourke (2001). • 10 Crafts e Thomas (1986); O'Rourke e Williamson (1999); Pomeranz (2000); Andrews (2021). • 11 Mokyr (1989). • 12 Kuznets (1967). • 13 Galor e Mountford (2008). • 14 *Ibid*.; Bignon e García-Peñalosa (2016). • 15 Bairoch (1982). • 16 Chaudhuri (1983). • 17 Bairoch (1974, 1982). • 18 Matthews *et al.* (1982). • 19 Basu (1974). • 20 Morris (2010).

Capítulo 8: As impressões digitais das instituições

1 Produzido pela NASA. Fonte: Wikimedia Commons. • 2 Fonte de dados: base de dados do Projeto Maddison (2020); *The World Factbook* (2020). • 3 North (1990). • 4 Greif (1993). • 5 Acemoglu e Robinson (2012). • 6 Hill (1966). • 7 Acemoglu e Robinson (2012). • 8 *Ibid*. • 9 Mokyr (1992). • 10 Klemm (1964). • 11 Mokyr (1992). • 12 Murtin e Wacziarg (2004). • 13 Barro (1996); Persson e Tabellini (2006); Papaioannou e Siourounis (2008). • 14 Lipset (1959); Barro (1999); Fukayama (2006). • 15 Dell (2010). • 16 Acemoglu et al. (2011). • 17 McEvedy e Jones (1978). •18 Sokoloff e Engerman (2000). • 19 La Porta *et al.* (1997); Glaeser e Shleifer (2002). • 20 Galor *et al.* (2009). • 21 Engerman e Sokoloff (1997). • 22 Acemoglu *et al.* (2002). • 23 Acemoglu *et al.* (2001). • 24 Sachs (2012). • 25 Easterly e Levine (2016). • 26 Glaeser *et al.* (2004). • 27 Putterman e Weil (2010). • 28 Michalopoulos e Papaioannou (2013). • 29 Acemoglu e Robinson (2012). • 30 Fenske (2014); Galor e Klemp (2019). • 31 Fonte de dados: WDI, Banco Mundial.

Capítulo 9: O fator cultural

1 Marcos 9:24; Timóteo 6:10; Aquino (1920); Mateus 5:5. • 2 Wesley (1872). • 3 Becker e Woessmann (2009); Andersen *et al.* (2017). • 4 Becker e Woessmann (2009). • 5 Nunziata e Rocco (2016, 2018). • 6 Guiso *et al.* (2006); Bazzi *et al.* (2020). • 7 Botticini e Eckstein (2014). • 8 Blackmore (2001). • 9 Dawkins (1976). • 10 Henrich (2017). • 11 White (1959); Steward (1972). • 12 Fanon (2007, 2008); Andrews (2021). • 13 Kant (1784). • 14 Mokyr (2016). • 15 Neel (1962). • 16 Banfield (1967). • 17 Alesina e Giuliano (2010). • 18 Arrow (1972). • 19 Putnam *et al.* (1994). • 20 Guiso *et al.* (2004). A confiança é medida pela resposta a uma pergunta em uma pesquisa realizada pela European Social Survey nos anos de 2002 a 2011: "Você diria que a maioria das pessoas são confiáveis, ou que nunca é demais tomar cuidado ao lidar com as pessoas?" • 21 Becker *et al.* (2016). • 22 Nunn e Wantchekon (2011). • 23 Giavazzi *et al.* (2019). • 24 Gorodnichenko e Roland (2017). • 25 Fischer (1989).

Capítulo 10: A sombra da geografia

1 Goody (2018). • 2 Murdock (1967). • 3 Alsan (2015). • 4 Sachs (2002). • 5 Lucas (2010, 2013). • 6 Dalgaard *et al.* (2020). • 7 Ashraf e Galor. (2013) • 8 Diamond (1997). • 9 Jones (2003). • 10 Hume (1825). • 11 Cosgel *et al.* (2012); Rubin (2017). • 12 Hanioglu (2010). • 13 Quaert (2005). • 14 Mokyr (2016). • 15 Wittfogel (1956). • 16 Lang (1997). • 17 Cosandey (2007). • 18 Hoffman (2017). • 19 Ashraf *et al.* (2010); Ashraf e Galor (2011). • 20 Engerman e Sokoloff (1997). • 21 Acemoglu *et al.* (2002). • 22 *Ibid.* • 23 Galor e Mountford (2006, 2008). • 24 Kendi (2015). • 25 Nunn (2008). • 26 Nunn e Puga (2012). • 27 Hofstede *et al.* (2005). • 28 Galor e Ozak (2016). • 29 *Ibid.*; Fonte de dados para "orientação a longo prazo entre diferentes países": https://hi.hofstede-insights.com/national-culture. • 30 Galor e Ozak (2016). • 31 *Ibid.* • 32 *Ibid.* • 33 Talhelm *et al.* (2014). • 34 Ang (2019). • 35 Alesina *et al.* (2013). • 36 *Ibid.* • 37 Tversky e Kahneman (1991). • 38 Galor e Savitskiy (2018). • 39 *Ibid.* • 40 *Ibid.* • 41 Magga (2006); Krupnik e Müller-Wille (2010). • 42 Josserand *et al.* (2021). • 43 Pinker (2003). • 44 Roberts e Winters (2012); Lupyan e Dale (2010). • 45 Richerson *et al.* (2010). • 46 Galor *et al.* (2018). • 47 Stahlberg *et al.* (2007); Galor *et al.* (2020). • 48 Fenske (2014). • 49 Galor *et al.* (2018). • 50 Bybee e Dahl (1989); Dahl e Velupillai (2011). • 51 Chen (2013); Galor (2016); Galor *et al.* (2019).

Capítulo 11: O legado da Revolução Agrícola

1 Weiss *et al.* (2008); Snir *et al.* (2015). • 2 Diamond (1997). • 3 North e Thomas (1977). • 4 Galor e Moav (2007); Gibbons (2021). • 5 Skoglund *et al.* (2014); González-Fortes *et al.* (2017). • 6 Feldman *et al.* (2019). • 7 Lazaridis *et al.* (2014). • 8 Bellwood e Fox (2006). • 9 Bostoen (2018). • 10 Murdock (1967). • 11 Carneiro (1981). • 12 Taylor (1973); Testart *et al.* (1982); Allen (1997). • 13 Mayshar *et al.* (2017). • 14 Scott (2017). • 15 Mayshar *et al.* (2019). • 16 Fonte de dados: Putterman (2008). • 17 Ashraf e Galor (2011). • 18 Ashraf e Galor (2013). • 19 Galor e Mountford (2006, 2008). • 20 Acemoglu e Robinson (2012); Mokyr (2016); Hoffmann (2017).

Capítulo 12: Saindo da África

1 Palmer (1992). • 2 Ridley (2012). • 3 Ottaviano e Peri (2006); Lee (2015). • 4 Delis *et al.* (2017). • 5 Cook e Fletcher (2018). • 6 Alesina *et al.* (2003); Ramos-Toro (2017). • 7 Easterly e Levine (1997). • 8 Harpending e Rogers (2000); Ramachandran *et al.* (2005); Prugnolle *et al.* (2005); Manica *et al.* (2007); Von Cramon-Taubadel e Lycett (2008); Hanihara (2008); Betti *et al.* (2009); Atkinson (2011); Betti *et al.* (2013); Betti e Manica (2018). • 9 *Ibid.* • 10 Pemberton *et al.* (2013). • 11 Harpending e Rogers (2000); Ramachandran *et al.* (2005); Prugnolle *et al.* (2005); Manica *et al.* (2007); Von Cramon-Taubadel e

Lycett (2008); Hanihara (2008); Betti *et al.* (2009); Atkinson (2011); Betti *et al.* (2013); Betti e Manica (2018). • 12 Fonte de dados: Pemberton *et al.* (2013). Fonte do gráfico: Ashraf, Galor e Klemp (2021). • 13 Alesina *et al.* (2003). • 14 Pemberton (2013); Desmet *et al.* (2017). • 15 Ashraf e Galor (2013). • 16 Arbatli *et al.* (2020); Ashraf *et al.* (2021). • 17 Ashraf *et al.* (2021). A relação do gráfico em forma de corcova observada entre a diversidade populacional e a densidade populacional no ano de 1500 (Gráfico 23(a)) não reflete uma possível subestimação da diversidade das sociedades ameríndias pré-coloniais, todas colocadas à direita da corcova. O impacto da diversidade na produtividade em geral, e na densidade populacional em 1500, em particular, é estabelecido com base nas variações da diversidade *dentro* de cada continente e, portanto, uma subestimação de *toda* a população americana, como pode ter ocorrido, não teria influência sobre o padrão representado. O método estatístico usado é tal que, mesmo que a população nativa de cada grupo étnico nas Américas fosse, digamos, cem vezes maior, o impacto da diversidade, conforme ilustrado na Figura 23(a), ainda permaneceria intacto. • 18 *Ibid.* • 19 Cook e Fletcher (2018); Depetris-Chauvin e Özak (2021); Ashraf *et al.* (2021). • 20 Manica *et al.* (2007); von Cramon-Taubadel *et al.* (2008). • 21 Ashraf e Galor (2013). • 22 Ashraf *et al.* (2021). • 23 *Ibid.* • 24 Ashraf e Galor (2013).

Coda: Desvendando o Mistério da Desigualdade

1 Worsley (1967); Steinbauer (1979). • 2 Rodrik (2006); Hausmann *et al.* (2008).

Índice remissivo

As referências de página em *itálico* indicam imagens

aborto, 107

aço, 34, 76, 78, 243

África

agricultura na, 34, 215, 223

casamento no, 106-108

colonialismo na, 186, 187, 224

comércio de escravos na, 209-210, 224

comércio na, 164-165

confiança na, 209-210

diversidade na, 259-274

emigração da, 155

industrialização na, 284

instituições na, 190, 224

malária na, 215

moscas tsé-tsé, 215

padrões de vida na, 18

pobreza na, 138

rebanhos na, 223

renda *per capita* nos, 130

Revolução Neolítica na, 240, 243, 245, 246

surgimento do Homo sapiens na, 16, 31-33, 47, 146, 145, 152, 29-274, 262, 263

taxas de fecundidade na, 137

Afro-americanos, 159, 188-189, 255-257

Afrobarometer (rede de pesquisa), 209-210

agricultura

clima e, 25, 28, 33, 34, 39, 187, 216-217, 222-223, 231-233, 242

cooperação e, 203

doenças e, 20, 215

educação e, 97, 101-104, 134, 168

hipótese hidráulica, 220

inovações na, 77, 81, 216

instituições e, 247-250

irrigação, 36, 37, 147, 171, 194, 203, 220, 228

orientação para o futuro e, 224-228, 253

papéis de gênero e, 228-230

pecuária, 214-215

produtividade do trabalho, 159-161

rebanhos, 241

Revolução Neolítica, *ver* Revolução Neolítica

Revolução Verde, 136, 142

solo e, 19, 34, 44, 171, 187, 222, 223, 229, 237, 242, 249, 279

vantagem comparativa na, 217, 251, 280

água corrente, 76, 124

Alemanha Oriental (1949–1990), 174

Alemanha, 81, 84, 85, 94, 106, 11, 132, 134, 138, 163, 165, 167, 169, 192, 197
alfabetização, 12, 79-86, 82-83, 88-89, 90, 109, 113, 117, 137
   Império Otomano e, 220
   Judaísmo e, 199, 200
   Reforma Protestante e, 110, 197, 198, 199
álgebra, 87
alimentação, 12, 39, 42, 45, 48, 117, 124, 131
altitude, 68
América Central, *ver* Mesoamérica
América do Norte, 11, 57, 74, 79, 121
   colonialismo na, 53, 183, 184, 185, 187
   crescimento econômico na, 140
   crises malthusianas na, 47
   desenvolvimento tecnológico na, 74, 77-78
   industrialização, 60, 72, 107, 241
   instituições na, 183, 184, 185, 188, 211212
   propriedade da terra na, 97, 187-18
   Revolução Neolítica na, 240, 241, 242
   taxas de fertilidade na, 105
América do Sul
   colonialismo na, 184, 185, 187, 222-224, 244-245
   comércio na, 164-165
   densidade populacional na, 189, 192
   diversidade na, 259-263
   emigração da, 155
   geografia da, 222-223
   industrialização na, 284
   instituições na, 183, 184, 185, 188, 222-224
   padrão de vida na, 16
   pobreza na, 138
   produtividade agrícola na, 159
   propriedade da terra na, 97, 187-188
   renda *per capita* nos, 130
   Revolução Neolítica na, 240, 243, 245, 244-245
   taxas de fertilidade na, 137
América Latina, *ver* América Central; América do Sul
Amsterdã, Holanda, 56
analogia da chaleira, 58-62, 122
analogia da grama, 170-172
Anatólia, 36, 56, 245
ancilostomíase, 111
Angola, 187
antibióticos, 136
anticoncepcionais, 43
aquecimento central, 124
aquecimento global, 141-144, 151, 284
arado, 27, 103, 161, 162, 229-230, 235, 237
Argentina, 97, 187
Arkwright, Richard, 76, 90
armadilha da pobreza, 15, 40, 60, 148, 278, 283
Armas, Germes e Aço (livro de Jared Diamond), 34
arranha-céus, 76, 78
Arrow, Kenneth, 207
arroz, 35, 51, 136, 165, 225, 228
arte, 26, 33, 35, 75, 79, 147, 257
As Mil e Uma Noites (livro), 75
Ásia
   agricultura na, 224-225, 229
   casamento no, 107
   comércio na, 164-165
   industrialização na, 284
   orientação Leste-Oeste, 242
   padrões de vida na, 16
   renda *per capita* nos, 133
   Revolução Neolítica na, 240, 241
   taxas de natalidade na, 137
   Ver Oriente Médio

Atenas, 56

Austrália, 32, 65, 130, 186, 187, 190, 244

Austronésios, 246

automóveis, 77, 119, 124, 132, 136

aversão à perda, 230-234

aviões, 124, 136, 275

balanço quantidade-qualidade, 68-72, 108-112

balão de ar quente, 77

Banco Mundial, 137, 138, 277

Bandy, Robert, 257

Banfield, Edward, 207

banheiros, 124

Batalha dos Livros, A (livro de Jonathan Swift), 204

batatas, 51-52, 116-120

Bélgica, 52, 81,82, 90, 94, 167

Bell, Alexander Graham, 127

Berry, Charles 'Chuck', 256

Bessemer, Henry, 76

bicicletas, 77

biodiversidade, 20, 48, 240, 241, 249, 279

Blake, William, 73

Boas, Franz, 202

Bolívia, 159, 187, 271

Boserup, Esther, 228-229

Brasil, 127, 160, 163, 256

Brexit (2016–20), 134

Brown, Moses, 90

Budista, 80

Califado Abássida (750–1258), 213, 220

Calvinismo, 197

Camarões, 246

Canadá, 97, 127, 130, 132, 167, 169, 187

canais, 77, 220, 247

capital humano, 16, 68-72, 84-91, 108-112, 114, 126, 135-137, 274

colonialismo e, 187

ditaduras e, 176

industrialização e, 84-91, 92-93, 95, 100, 102, 103-104, 133, 134, 168, 250

investimento em, 68-72, 100, 108-112, 115-121, 150, 198, 211

maldição dos recursos e, 216

tecnologia e, 79-104, 122, 133, 134, 135-137

trabalho infantil e, 99, 100, 101, 102, 104, 150

transição demográfica e, 108-112, 137, 212, 274

capital social, 208-209, 210, 273

Card, Addie, 98

Caribe, 139, 140, 187, 188, 190, 222

Carlos Magno, Imperador dos Romanos, 220

Cartago, 37

Cartwright, Edmund, 76

casamento, 43, 106-107, 114, 120

Çatalhöyük, 36, 56

Catolicismo, 178, 196, 256

cefalópodes, 26

cérebro, 26-30, 146, 152

César, Júlio, 220

Chaplin, Charles, 129

Charles II, Rei da Inglaterra e Escócia, 178

Chicago, Illinois, 131

Chile, 97, 177, 187

China

    autoridade centralizada na, 218, 219, 220-222

    coletivismo na, 228

    crescimento na, 140

    desenvolvimento de escrita chinesa, 38

    desenvolvimento tecnológico na, 149, 213, 220

    ditadura na, 176

    diversidade e, 266-272

educação na, 81, 112
exploração naval, 253
geografia da, 217
Guerra do Ópio, Primeira (1839–
   42), 78
impressão, desenvolvimento da,
   65
mineração de carvão na, 216
Peste Negra na (c. 1331–54), 49-
   50
plantas do Novo Mundo na, 53-
   55
pobreza na, 137, 140
política de filho único (1979–
   2015), 138
pólvora, desenvolvimento da, 62,
   78
produtividade agrícola, 159
regiões industriais, 133
renda *per capita* na, 250
Revolução Neolítica na, 35, 38,
   150, 245, 250
taxas de natalidade na, 114
Chipre, 56
Choirokoitia, 56
ciclos de reforço positivo
ciclos de reforço, 30, 39, 66, 70, 89,
   148
ciência, 33, 35, 74, 81, 147, 257
Cinturão da Ferrugem, 132, 134
civilização Asteca, 186, 244
civilização Maia, 13, 47, 62, 49, 188
civilizações centralizadas, 217-222
civilizações, despertar das, 36-40,
   247-250, 279-280
classe média, 79, 183
clima, 25, 28, 33, 34, 39, 51, 187,
   216, 222-223, 231-233, 279, 242
Cobbett, William, 106
coesão social, 20, 194, 201, 211, 222,
   236, 258-259, 267, 270-273, 280
Coissãs, 246
Colapso (livro de Jared Diamond), 47
cólera, 243

Colômbia, 127, 187
Colombo, Cristóvão, 51, 62, 218, 219
colonialismo, 164-169, 170, 177,
   184, 185-192, 202, 211, 244, 277
Comenius, John Amos, 83
Comércio triangular atlântico, 165
comércio, 164-170, 175, 221, 277-278
   geografia e, 216, 221
   taxas de fecundidade e, 165-168
Comissão Sanitária Rockefeller, 111
Companhia Real Africana, 179
competição, 218-224, 237
concreto, 77
confiança, 20, 198, 207-210, 211,
   278
conflito de classes, 92, 93, 97
Confucionismo, 77
conjunturas definidoras, 252
Consenso de Washington, 276
contabilidade por partidas dobradas,
   82
Conto de Genji, O (Shikibu), 75
contracepção, 106-108, 144
cooperação, 8, 168-9, 175, 236
Copérnico, Nicolau, 59
coqueluche, 125
Coreia do Norte, 174, 176, 177,
   213, 252, 273
Coreia do Sul, 174, 176, 177, 213,
   252, 273
Coreia, 97, 112, 174, 206, 221,
   250, 270
Corinto, 56
Cortés, Hernán, 244
cozinhar, 29, 146
Crescente Fértil, 34-37, 47-48, 56,
   64, 150, 240-241, 243, 245, 248,
   250, 254, 267
crianças
   compensação quantidade-qualida-
      de, 69-72, 108-112
   educação de, 14, 68-72, 79-104,
      108-112, 115-121, 149, 157,
      211

mortalidade infantil, 12, 43, 57, 73, 110, 120, 139, 149-150, 156, 158, 159, 215

trabalho infantil, 73, 85, 98-104, 110, 115, 122, 150

Crime e Castigo (Dostoiévski), 75

crise do petróleo (1973), 139

crise financeira (2008), 140

Cristianismo, 80

Catolicismo, 179, 196, 257

Protestantismo, 80, 111, 197-198, 211, 221-222, 257

riqueza, visão sobre a, 196

Crompton, Samuel, 76

Cuba, 256

Cuitláhuac, Imperador de Tenochtitlan, 244

cultivares do Novo Mundo, 50-55, 115-118, 234

cultos à carga *(cargo cults)*, 275-276

cultura Natufiana (13.000–9.500 aC), 33

custo de oportunidade, 109, 114

Dante, 75

Darby, Abraham, 76

Darwin, Charles, 41, 66, 79

de Cervantes, Miguel, 75

de Condorcet, Nicolas, 41

Declaração de Direitos (1689), 179

declínio das gerações, 203

degradação ambiental, 17, 142-145, 284

democracia, 98, 183-184, 188, 193, 208-209

capital social e, 208-209

desenho mecânico, 87

Deserto do Saara, 34, 214, 242, 254, 278

desindustrialização, 131-135, 168, 169

Detroit, Michigan, 131-132, 257

Diamond, Jared, 34, 44, 47, 240, 242

Dickens, Charles, 73

difteria, 125

Dinamarca, 127, 287

direitos de propriedade, 113, 174-176, 177, 186, 187-188, 201, 236, 237, 242, 276

direitos humanos, 155

ditaduras, 76

diversidade, 14, 20, 32, 171-172, 194, 255-274, 267-269, 280

inovação e, 20, 255-256, 266-272

medidas de, 263-266

origens da, 259-263

prosperidade e, 257-259, 263, 265-274

dividendo demográfico, 143

Divina Comédia (Dante), 75

divisão do trabalho, 36, 229, 243

doença do sono, 215

doenças, 12, 20, 55, 116, 125-126, 243-244, 279

agricultura e, 20, 215

colonialismo e, 188-190

doença do sono, 215

imunidade a, 39, 67, 243

malária, 39, 127, 190, 215-216, 243

pandemia da gripe espanhola (1918–1920), 129, 284

Peste Negra (1346–53), 49-50, 52, 180-181, 193, 252

teoria dos germes, 125

vacinas, 125

Dom Quixote (Cervantes), 75

Dostoiévski, Fiodor, 75

Edison, Thomas, 71, 128

educação, 14, 68-72, 79-104, 108-121, 121, 144, 157, 281

agricultura e, 96, 101-104, 134, 170

capital humano, *ver* capital humano

comércio e, 166

desigualdade e, 155, 170
industrialização e, 81, 84-104, 110, 121, 133-134, 168
investimento em, 68-72, 100, 108-112, 115-121, 150, 198, 211
mulheres e, 112, 113, 137
propriedade da terra e, 97, 187-188
pública universal, 91-97
taxas de fecundidade e, 109-121, 122, 138, 150
tecnologia e, 79-104, 121, 134, 135, 135-37
trabalho infantil e, 73, 85, 98-104, 150
efeito de substituição, 109, 114
efeito fundador em série, 269-262
Egito, 34, 37, 38, 56, 107, 159, 163, 246
Einstein, Albert, 59
eletricidade, 78, 124-125, 157, 158, 174
elevador, 77
Elizabeth I, Rainha da Inglaterra, 178
empreendedorismo, 68, 90, 198, 217, 220, 236-237
Eneida (Virgílio), 75
energia nuclear, 9, 136
Engels, Friedrich, 41, 91,92
época malthusiana, 13-16, 17, 41-57, 60-62, 104, 105, 121-122, 125, 137, 183, 189, 274
armadilha da pobreza, 15, 40, 60, 148, 278, 283
composição da população, 66, 71
era do gelo econômica, 55-57
geografia e, 216, 224, 231
mudanças populacionais, 17, 47-55
traços culturais e, 68, 71, 110, 115, 116, 119, 120, 223, 231
Epopeia de Gilgamesh, 75

Era do Gelo, 16, 17, 32, 48
Era do Iluminismo (c.1637–1800), 41, 74, 83, 204-205, 217, 252
Escandinávia, 39, 221
Escócia, 179, 197, 211
escravidão, 20, 130, 188, 202, 209, 223, 237, 255, 279
escrita, 33, 35, 38, 75, 147, 217, 219, 243
esgoto (saneamento), 124, 125, 202
Espanha, 56, 180, 183-185, 186, 218, 221, 244
esquilos, 11, 282
Estado de bem-estar, 92
estado de direito, 174, 222, 243
Estados Unidos
Afro-americanos, 159, 188, 189, 255-257
ancilostomíase nos, 111
declínio industrial nos, 131-132, 133-135
diferença salarial de gênero nos, 114-115
educação nos, 94, 97, 111
expectativa de vida nos, 175
Grande Migração (1916-1970), 255
Guerra Civil (1861-5), 79
Guerra do Pacífico (1941–1945), 275
imigração para os, 155, 230, 257
industrialização nos, 76-77, 84, 87, 90, 91, 167-168
instituições nos, 183, 184, 211
mortalidade infantil nos, 158-159
orientação para o futuro, 228
padrões de vida nos, 124, 126-127, 129, 130, 141
produtividade agrícola, 159
programa Apollo (1961–1972), 75
propriedade da terra nos, 97
renda *per capita* nos, 133
taxas de fecundidade nos, 105, 114, 115

trabalho infantil, 98, 101-104
Estocolmo, Suécia, 119-120
estratégia de consumo *versus* investimento, 224-228, 253
estratégia de investimento *versus* consumo, 224-228, 253
estratégia de nutrição, 53, 67
Estreito de Bab-el-Mandeb, 32
Etiópia, 159, 271
Europa
  agricultura na, 49-53, 115-118, 224, 229, 231
  colonialismo, 164-169, 170, 177, 184, 185-192, 202, 211
  comércio na, 164-170
  competição na, 217-218, 219-220
  crescimento econômico na, 139-140
  cultivares do Novo Mundo na, 49-53, 115-118, 226-228
  desenvolvimento tecnológico na, 74, 76, 119, 252
  educação na, 81-84
  Ética Protestante na, 197-198, 211, 219
  geografia da, 219-222
  igualdade de gênero na, 113
  Iluminismo (c.1637–1800), 41, 74, 83, 204-205, 217, 252
  imigração, 155, 230
  industrialização, *ver* industrialização
  instituições, *ver* instituições
  orientação Leste-Oeste, 242
  orientações de longo prazo na, 227, 253
  padrões de vida na, 18, 57
  Peste Negra (1346–53), 49-50, 52, 180-181, 193, 252
  renda *per capita*, 130
  Revolução Neolítica na, 240, 241
  taxas de fecundidade na, 106-108, 149

Eva mitocondrial, 31
evolução convergente, 27
excedentes de alimentos, 15, 42-57, 105, 115, 116
expectativa de vida, 12-14, 55-57, 73, 110, 115, 122, 125-126, 131, 139, 149-150, 155, 158-159, 175
experimentos históricos naturais (quase-experimentos), 54-55, 88, 110
extinções, 47, 135, 142, 201, 231, 242
extremismo político, 129, 284

fabricação, 131-135
fariseus, 200
fatores fundamentais *versus* fatores imediatos, 20-21, 170-172, 237
fatores *imediatos versus* fatores fundamentais, 21, 170-172, 237
Fats Domino, 256
Fausto (Goethe), 75
febre amarela, 190
feminismo, 119-120
Fernando II, rei de Aragão, 218
feudalismo, 79, 91, 177, 180-181, 193, 207
Filipinas, 246
filme, 129
Finlândia, 57, 234
Florença, Itália, 49
fomes, 43, 53, 126, 231
  Fome Irlandesa (1845–9), 52, 118
fonógrafos, 128
Ford, Henry, 131
formação do estado, 216, 247-249
formas de tratamento, 236
fragmentação política, 217-224, 247
França
  colonialismo, 186, 187
  comércio na, 165
  educação na, 81, 86, 87, 88-89, 90, 93-94, 178
  expectativa de vida no, 56
  geografia da, 221

Guerras Napoleônicas (1803–15), 79, 176-177, 185
 guildas na, 181-182
 industrialização na, 133, 167
 padrões de vida na, 186
 Peste Negra na, 49-50
 Protestantismo no, 197
 requeima (praga), 52
 taxas de fertilidade na, 111
Fresnes-sur-Escaut, França, 88
fumar, 237
Fundo Monetário Internacional (FMI), 277, 288

Gates, William 'Bill', 144
geladeira, 124, 125
General Social Survey (pesquisa), 233
Gênova, República de (c. 1000–1797), 218
geografia, 214-238, 279
 aversão à perda e, 230-234
 competição e, 217-222
 idioma e, 234-237
 igualdade de gênero e, 228-230
 individualismo na, 227-228
 instituições e, 217, 218, 222-224, 246, 247-249
 orientação para o futuro e, 224-228, 236-237, 253
 Revolução Neolítica e, 240-241, 247-250, 253-254
geometria, 87
globalização, 77, 140, 166-169, 277
Godwin, William, 41
Goethe, Johann Wolfgang von, 75
Goldin, Claudia, 136
Grande Depressão (1929–39), 129, 141, 284
Grande Incêndio de Londres (1666), 182
Grande Migração (1916–1970), 255
Grande Pirâmide, Gizé, 38
Grécia, 31, 37, 56, 64, 75, 80, 107, 149, 194, 204, 221

gripe (influenza), 244
Groenlândia, 47, 65
Guerra Civil Americana (1861–5), 79
Guerra do Ópio, Primeira (1839–42), 78
Guerra dos Mundos, A (H.G. Wells), 129
Guerra dos Sete Anos (1756–63), 186
guerra, 55, 125, 150, 180, 186
Guerras Napoleônicas (1803–15), 79, 176-177, 185
guildas, 178, 181, 182
Gutenberg, Johannes, 64, 81, 127

Hamburgo, Alemanha, 49
Hamlet (Shakespeare), 75
Hargreaves, James, 76
Havaí, 64, 246
Hegel, Georg Wilhelm Friedrich, 20
Henrique IV, Rei da França, 178
Henrique VII, Rei da Inglaterra, 218
hierarquias sociais, 119, 207, 236, 246, 247-250
Hill, Rowland, 127
Hine, Lewis, 98
hipótese da "Saída da África" (hipótese da origem única), 15, 31-33, 45, 146, 147, 152, 258-274, 262, 263, 280
Hipótese da Modernização, 184
hipótese do gene econômico, 206
hipótese do nicho linguístico, 235
hipótese hidráulica, 220
Hobbes, Thomas, 12
Hofstede, Geert, 224
Holanda, 52, 81, 82, 94, 106, 178, 180. 197, 253
Homo erectus, 31
Homo technologicus, 146
Hong Kong, 187
Huayna Capac, Imperador Inca, 244
Hugo, Victor, 75, 79

humanismo, 204
Hume, David, 217

idioma, 234-237, 262-263
igualdade de gênero, 20, 112-116,
    121, 130, 144, 150, 279
    diferença salarial, 112-116, 121,
        150
    geografia e, 228-230
    idioma e, 234-236
Ilha de Páscoa, 47, 48, 246
Ilhas Pitcairn, 47
Iluminismo (c.1637–1800), 41, 74,
    83, 203-205, 217, 252
imigração, *ver* migração civilização
Império Acadiano (c. 2334–2154
    a.C.), 37
Império Assírio (2500–609 a.C.), 56
Império Babilônico (1895–539 a.C.),
    56
Império Bizantino (395–1453), 64
Império Habsburgo (1282–1918),
    208-209
Império Mongol (1206–1368), 49
Império Otomano (1299–1922), 11-
    12, 81, 209, 218, 219-221
Império Qing (1636–1912), 78
Império Russo (1721–1917), 92, 97
Império Song (960–1279), 213, 220
impressão, 64-65, 81-82, 127, 219-
    220, 253
Inca, 186, 244
Índia, 37, 58, 136, 138, 159, 163,
    167, 168, 169, 187, 218, 250
individualismo, 198, 212, 226-228, 236
Indonésia, 163, 187, 246
industrialização, 17, 60-64, 72, 73-
    79, 105, 106, 133, 149, 151-152,
    169, 216, 237-238, 283-284
    agricultura e, 216, 240
    ambiente e, 142, 151, 284
    clima e, 187, 243-245
    colonialismo e, 164, 165-166,
        168, 184-192, 277-278

comércio e, 164-165, 167
comércio e, 164-170
declínio da, 131-135, 169, 170
desigualdade, 16, 18-20, 59, 91-
    92, 129
diversidade e, 255-274
educação e, 155, 168-170
educação e, 81, 84-104, 109, 121,
    134-135, 136, 168-170, 250-21
geografia e, 214-238, 241-243
instituições e, 177-183
instituições e, 177-195, 207
mão de obra qualificada e, 84, 89,
    165-166
Revolução Neolítica e, 239-254,
    279-280
sistemas judiciais e, 187-188
traços culturais e, 196-213
Inglaterra, 41, 40, 52, 57, 71, 84, 85,
    87, 106, 108, 112, 114, 115, 118,
    125, 126, 134, 167, 178, 179-
    183, 193, 197, 218, 282
inovação, 15, 20, 74, 20, 255-256,
    266-272
    alfabetização e, 91
    competição e, 220, 222, 237
    cozinhar e, 29
    diversidade e, 20, 255-26, 266-272
    educação e, 67, 112, 121
    época Malthusiana, 15, 78, 79-80
    era do crescimento, 125
    excedentes alimentares e, 14
    industrialização e, 74, 76, 85, 104
    instituições e, 174, 195
    mudanças climáticas e, 144, 151
    Revolução Neolítica, 37, 147, 245
    tamanho da população e, 78, 79-
        80, 147, 245
instituições extrativistas *versus* In-
    clusivas, 175-195, 207, 222-223,
    237, 248-249, 278
instituições inclusivas *versus* extra-
    tivistas, 176-195, 207, 222-223,
    237, 248, 278

comércio e, 166
desigualdade, 159-164, 164, 250
diversidade e, 270-271
efeito renda, 109, 114
instituições e, 188, 193
orientação para o futuro e, 237
renda *per capita*, 14, 19, 44, 125,
    130, 133, 142-143, 150, 159,
    159-164
instituições, 177- 195, 207, 211, 217-
    224, 237, 242, 253
clima e, 187-189
colonialismo e, 185-192, 211
competição e, 217-222
democracia, 183-185, 207
geografia e, 216, 217, 222-224,
    237, 246, 247-249
tecnologia e, 177- 183, 213, 270
Intercâmbio Colombiano, 50-55,
    115-118, 227
Internet, 27, 124, 136, 158
Inuítes, 65, 234-235
invertebrados, 26
Irlanda, 51-53, 112, 116, 118, 179,
    211
Irmãos Lumière, 129
irrigação, 36, 37, 147, 170-171, 194,
    203, 228, 243, 247-248
Isabel I, Rainha de Castela, 218
Islã, 80
Israel, 25, 31, 239, 288
Itália, 56, 138, 165, 178, 194, 206,
    206-208, 221

James II e VII, Rei da Inglaterra e Es-
    cócia, 179, 193
Japão, 78, 79, 97, 138, 163, 169,
    176, 250, 23, 270, 275
Jericó, 13, 36, 38, 240
Jerusalém, 11, 12, 200
João II, rei de Portugal, 218
Joseph-Marie, 182
Joshua ben Gamla, 199
Judah ha-Nasi, 200

Kahneman, Daniel, 230
Kant, Immanuel, 204
Karata, 59
Kay, John, 76
Keynes, John Maynard, 141
Kitson, James, 94

lâmpadas, 77, 131
lançamento do Sputnik 1 (1957), 75
lavouras de alto rendimento, 136, 227,
    253
Leão X, Papa, 196
Lee, William, 178
Lei da Educação (Reino Unido,
    1902), 95
lei da produtividade marginal decres-
    cente (lei de rendimentos decres-
    centes), 161
Leis de Fábrica (Reino Unido), 100
Lerna, 56
letramento matemático, 61, 85, 109
liberdades civis, 130, 155, 188
linhas de produção, 77
literatura, 74, 75, 78, 256
locomotivas a vapor, 76, 119
Londres, Inglaterra, 49, 91, 182
Lutero, Martinho, 110, 196
Luxemburgo, 194

Madagascar, 246
Madri, Espanha, 56
Mágico de Oz, O (filme de 1939), 129
Mahabharata, 75
malária, 39, 127, 190, 215, 216, 243
maldição dos recursos, 216
Malthus, Thomas, 15, 41-43, 54,
    66
Manifesto Comunista, O (Marx e En-
    gels), 79, 91
mãos, evolução das, 29-30
máquinas de lavar, 124
Mar da Galileia, 239
Mar Mediterrâneo, 25, 33, 34, 155,
    253

Mar Vermelho, 32
marcenaria, 77
Marconi, Guglielmo, 128
Maria II, Rei da Inglaterra e Escócia, 179
mariposas, 67
Marx, Karl, 20, 41, 91, 92, 93, 97, 198
Massachusetts, Estados Unidos, 102
McCloskey, Deirdre, 74
McLean, Malcolm, 136
mecânica quântica, 59
Mênfis, Egito, 37
Mesoamérica
    colonialismo na, 184, 185, 187, 222-224, 244-245
    comércio na, 165
    crises malthusianas na, 48
    densidade populacional na, 189, 192
    diversidade na, 259-263
    emigração da, 155
    escrita, desenvolvimento da, 38
    industrialização na, 285
    instituições na, 183, 184, 185, 188, 222-224, 279
    padrões de vida, 18
    pobreza na, 138
    propriedade da terra na, 97, 187-188
    renda *per capita* nos, 130
    Revolução Neolítica na, 34, 240, 243, 245, 246
    taxas de fertilidade na, 137
Mesopotâmia, 34, 35, 38, 56, 75, 238 ver Crescente Fértil
Metodismo, 197
México, 127, 132, 136, 187, 244, 267
microscópio, 81
migração, 16, 32, 82, 110, 115, 138, 10, 181, 184, 188, 210, 224, 227, 245, 255, 260, 265, 266, 272, 274

Milagre Europeu, 217, 253
milho, 35, 51, 53-55, 136, 227, 241
Mill, John Stuart, 41
mineração de carvão, 75, 76, 90, 118, 216
mineração, 75, 76, 77-78, 88, 89
minério de ferro, 76
Miseráveis, Os (Hugo), 75
mito do paraíso perdido, 49
Mokyr, Joel, 205
Monte Carmelo, Israel, 25, 31
Morse, Samuel, 77
mortalidade infantil, 15, 43, 57, 73, 110, 120, 139, 149, 150, 151, 158, 159, 215
moscas tsé-tsé, 215
mosquitos, 215
motores a vapor, 77, 78, 88, 119-120
mudança climática, 142-145, 151, 284
mulheres
    diferença salarial de gênero, 112-115, 122, 150
    educação das, 112, 113, 137-138
    parto, 13, 27, 57, 262
Murasaki Shikibu, 75
música rock 'n' roll, 255
música, 75, 128-129, 256

Nações Unidas, 25
nanotecnologia, 146
Napoleão, Imperador da França, 176, 220
natalidade, 15, 43, 51, 104-107, 109-111, 114-115, 119, 137, 149, 237; *ver* taxas de fecundidade
Nativos americanos, 47, 188
Nea Nikomedeia, 56
Neandertais, 25
Newcomen, Thomas, 75
Nigéria, 63, 246
North, Douglass, 175
Noruega, 106, 127, 234
Nova Guiné, 35, 246

Nova York, 37, 76, 77, 131, 27

Nova Zelândia, 130, 186, 187, 190, 246

obesidade, 206, 237

Oceania, 18, 47, 107, 128, 240, 241, 261, 263, 268, 269

óculos, 81

Ohalo II, sítio de pesquisa em Israel, 239

olho, evolução do, 26, 68

Organização Internacional para Padronização, 137

orientação a longo prazo, *ver* orientação para o futuro

orientação para o futuro, 69, 171, 199, 203-205, 210, 224-228, 236-237, 253, 279, 281

Oriente Médio
    agricultura no, 32, 33, 34, 229, 240-242, 245, 250, 254
    casamento no, 106-107
    emigração da, 155
    expectativa de vida no, 56
    Revolução Neolítica no, 34, 35, 38, 56, 64, 150, 230, 240-243, 245, 250, 254
    sociedades de caçadores-coletores no, 47

Otimista Racional, O (Matt Ridley), 256

Owen, Robert, 94

padrão de casamentos na Europa, 106

padrões de vida, 11-21, 42, 115-116, 121, 124-131, 139, 149-152, 155-159, 284
    diversidade e, 257-258, 263-263, 264-274
    sociedades de caçadores-coletores, 45, 48
    tese malthusiana e, 13-16, 17, 41-57, 282

países sem litoral, 216

Palmer, Robert, 255

pandemia da gripe espanhola (1918–1920), 129, 284

pandemia de Covid-19, 140, 159, 284

papel, 77

Paquistão, 136

Paraguai, 127

Paris, França, 49, 56, 128, 129, 131, 181

Partilha da África (1884–1914), 192

parto, 13, 27, 57, 104

Pasteur, Louis, 125

Paulo, o Apóstolo, 196

Pawtucket, Rhode Island, 90

Península do Sinai, 32

período Mesolítico, 56

período Pleistoceno, 32

Perry, Matthew, 78

Pérsia, 64, 80, 149, 254

persistência da lactase, 38

Peru, 184, 244

Pesquisa Social Europeia, 226, 231

Peste Negra (1346–53), 49-50, 52, 180-181, 193, 252

Pickford, Mary, 129

pigmentação da pele, 68

Pigmeus, 246

Pizarro, Francisco, 244

Platão, 20

pneumonia, 116, 243

pobreza, 138-139, 140

Polinésia, 47, 64

poluição, 142

pólvora, 62, 78

população, 62-72, 73
    composição da, 66-72
    diversidade da, 20, 172, 194, 238, 254, 255-274, 280
    doenças e, 243-244
    instituições e, 247
    tecnologia e, 13, 44-45, 46, 62-72, 109, 146-152, 188-189, 214, 216, 240, 250-251

teoria unificada do crescimento econômico, 62-72

tese malthusiana, 13-16, 17, 41-57, 62, 66, 188-189

trabalho e, 49-50

transição demográfica, 16, 105-123, 130, 137-145, 210

Por que as nações fracassam (Acemoglu e Robinson), 176 -177

Portugal,, 53, 186, 218

povo bantu (bantos), 246

povo judeu; Judaísmo, 80, 109, 199-201, 204

Presley, Elvis, 256

Primeira Guerra Mundial (1914–18), 128, 129, 164, 165, 283

produtividade do trabalho, 112, 159

Protestantismo, 257
  Reforma (1517–1648), 80, 110, 111, 197, 219
  traços culturais, 197-198, 211, 220

Prússia (1525–1918), 86-87, 91, 110, 176, 185, 198

Puritanos, 211

Putnam, Robert, 207

Quakers, 211

Quebec, 70, 71

Quênia, 159

química, 77, 87

racismo, 129, 203-204, 237, 255, 256, 257-258

rádio, 128, 129, 136

rebanhos, 214-215

Reforma (1517–1648), 80, 110, 111, 197, 219

região do Ártico, 234

Reino Unido
  alfabetização no, 82
  Brexit (2016–20), 134
  colonialismo, 78, 167, 177, 185-188
  comércio, 164-165
  declínio industrial no, 132, 134
  diferença salarial de gênero nos, 114
  educação em, 85-86, 89-91, 94-96, 97, 112, 118-120
  geografia da, 221
  Guerra do Ópio, Primeira (1839–42), 78
  industrialização no, 75, 84-85, 89-90, 94, 118-120, 167, 176, 178, 216
  instituições no, 177-183, 187-188, 192
  Protestantismo no, 197
  renda *per capita* na, 250
  Revolução Neolítica no, 250
  serviço postal no, 127
  taxas de fertilidade em, 104, 113, 119
  trabalho infantil no, 99-101

relatividade geral, teoria da, 59

relógios de pêndulo, 81

Renascimento (c. 1400–1600), 81, 204, 220

rendimento calórico, 226

Restauração Meiji (1868), 78, 176, 253

Revolta da Judéia (66–70 d.C.), 199

Revolução Industrial (1760–1840), *ver* industrialização

Revolução Neolítica, 17, 21, 34-40, 44-57, 62, 64, 67, 147, 150, 238, 239-254, 250, 279-280
  doenças e, 243-244
  geografia e, 238, 241-243
  tecnologia e, 44, 64, 147, 239-240, 243, 245, 246, 249-252
  vantagem inicial e, 44, 49, 64, 240, 242, 245, 20-253, 279-280

Revolução Russa (1917), 92

Revolução Verde, 136, 142

Ricardo, David, 41, 175

Ridley, Matt, 256

Rio Eufrates, 34, 37, 245, 278

Rio Ganges, 278
Rio Nilo, 32, 34, 37, 245, 246, 278
Rio Tigre, 34, 37, 245, 278
Rio Yangtze, 150, 220, 278
Roberts, Richard, 101
Roma, antiga, 12, 56, 57, 62, 80, 107, 149, 198, 200, 204, 252
Roma, cidade de, 37
Roosevelt, Franklin, 257
Rota da Seda, 49, 53

Sacro Império Romano (800–1806), 198, 207, 209
Saduceus, 200
salários, 55, 56
  mulheres, 112-115, 122, 150
  Peste Negra e, 49-50, 52, 180-181
  taxas de fecundidade e, 100, 115
Sámi, 234-235
sarampo, 243-244
seda, 101
Segunda Guerra Mundial (1939–45), 113, 129, 139, 141, 174, 275
serviços postais, 127
Shakespeare, William, 75
Shimon ben Shetach, 199
Sibéria, 278
Singapura, 177, 187
sistema de *mita*, 184
sistemas de direito civil, 187
sistemas de direito consuetudinário, 187
sistemas judiciais, 187-188
Slater, Samuel, 90-91
Smith, Adam, 175
sociedades de caçadores-coletores, 16, 25, 34-35, 47, 48-49, 239, 242, 244, 245, 246, 279
sociedades hierárquicas, 120, 207, 236, 248, 249
sociedades multiculturais, 258
solo, 19, 34, 44, 171, 187, 222, 223, 229, 237, 242, 249, 279

Solow, Robert, 161-162
Spaichi, Hans, 181
Sri Lanka, 127
subsistência, 11, 13, 15, 32, 45, 48, 51-52, 56, 61, 98, 116, 118, 125, 135, 149, 151, 231, 235
Sudeste Asiático, 32, 34, 35, 160, 215, 220, 241
Suécia, 56, 115, 119, 127, 165, 167, 194, 234
Suíça, 90, 127, 167, 194, 197, 216, 221
Sultanato Mameluco (1250–1517), 64
Suméria (c. 4500–1900 a.C.), 37, 38, 75
Swift, Jonathan, 204

Taiwan, 97, 177, 245
Tanna, Vanuatu, 275-276, 280
Tasmânia, 65
taxas de fecundidade, 17, 105-121, 125, 137, 143, 166, 168; *ver* natalidade
  comércio e, 167-168
tecnologia, 13, 33, 35, 38, 39, 135-137, 147-152, 178, 283
  acelerações, 74-79
  competição e, 217-222
  diversidade e, 255-256, 267-272
  educação e, 79-104, 121, 134, 135, 135-37
  instituições e, 177-183, 213, 274
  mãos, evolução das, 30
  padrões de vida e, 127
  população e, 15, 42-45, 46, 62-72, 109-110, 146-152, 189, 214, 219, 240, 250-251
  regressões em, 65
  Revolução Neolítica e, 43-45, 64, 147, 239-240, 243, 245, 246, 249-254
  traços culturais e, 68-72, 149, 203-205, 213, 273

vantagem comparativa agrícola e, 216, 250-253, 280

vantagem inicial, 9, 49, 64, 177, 216, 221, 239-240, 244, 245, 249-252, 278-280

Tel Aswad, Síria, 240

Tel Jericó, Cisjordânia, 240

telefones, 127

telégrafo, 27, 77, 127

telescópio, 81

televisão, 124, 136

teoria da bifurcação, 61

teoria da relatividade geral, 59

Teoria de Tudo, 59

teoria dos germes, 125

teoria unificada do crescimento econômico, 59-72

terceirização, 140

terra
  estratégias de uso, 224-227
  propriedade de, 97, 187-188
  Ver agricultura

têxtil, 73, 76, 90, 94, 98, 109, 114, 115, 118, 167, 178

tifo, 53, 244

Titanic, 128

Tomás de Aquino, 196

Tonga, 64

traços culturais, 68-72, 171, 195, 197-213, 224-237, 253
  aversão à perda, 230-234
  coletivismo, 227-228
  confiança, 20, 198, 207-210, 211, 278
  cooperação, 20, 202-203, 210, 279
  crescimento e, 203-205
  empreendedorismo, 68-69, 91, 198, 217, 219-220, 213, 236
  Ética Protestante, 197-198, 211, 219
  geografia e, 216, 222-224, 247-249, 278
  hierarquias sociais, 236
  idioma e, 234-237

igualdade de gênero, *ver* igualdade de gênero

imigração e, 210

individualismo, 198, 212, 226-228, 236

instituições e, 217

investimento em capital humano, 68-72, 100, 108-112, 115-121, 150, 198, 211

orientação para o futuro, 69, 171, 199, 203-205, 210, 224-228, 236-237, 253, 279, 281

prosperidade e, 210-213

racismo e, 202

tecnologia e, 68-72, 149, 203-205, 213, 273

transmissão de, 206

vantagem de sobrevivência dos, 202

Transcaucásia, 35

transição de fase, 58-62, 66, 103-104, 119, 121-122, 150, 183

transição demográfica, 16, 105-123, 130, 137-145, 210, 212, 228, 283
  capital humano e, 108-112, 137, 210, 251

tributação, 211, 247, 248, 250-251, 277

trigo, 37, 42, 50, 51, 56, 116, 136, 161, 165, 228, 239, 241

Trump, Donald, 134

Turquia, 37, 56, 245, 250

Tversky, Amos, 230

Uganda, 159 –

União Europeia (UE), 134

União Soviética (1922–1991), 75

Universidade Brown, 11, 90, 282

Ur, 37

urbanização, 181, 185, 251, 266, 268, 280

Uruguai, 97

Uruk, 37

vacinas, 125
vantagem comparativa, 89, 166, 168, 170, 217, 251
vantagem inicial, 39, 49, 64, 177, 216, 221, 239-240, 244, 245, 249-252, 278-280
    vantagem comparativa agrícola e, 216, 250-252, 280
Vanuatu, 64, 281
varíola, 118, 125, 243, 244
Veneza, República de (697–1797), 218
vertebrados, 26
vidro, 58, 77, 90
Vietnã, 177
vikings, 62

Virgílio, 75
vitamina D, 68
Voltaire, 186

Wallace, Alfred Russel, 41
Watt, James, 75
Weber, Max, 198
Wells, Herbert George, 129
Wesley, John, 197
William III e II, Rei da Inglaterra e Escócia, 179, 193
Wittfogel, Karl, 220
World Values Survey (pesquisa), 226, 229, 233

Zelotes, 200

intrinseca.com.br

@intrinseca

editoraintrinseca

@intrinseca

@editoraintrinseca

editoraintrinseca

1ª edição	FEVEREIRO DE 2023
reimpressão	MARÇO DE 2023
impressão	IMPRENSA DA FÉ
papel de miolo	PÓLEN NATURAL 70 G/M²
papel de capa	CARTÃO SUPREMO ALTA ALVURA 250 G/M²
tipografia	SABON LT PRO